아이의
식생활

아이의 식생활

초판 1쇄 발행 2010년 3월 15일
초판 16쇄 발행 2020년 4월 30일

지은이 | EBS 다큐프라임 〈아이의 밥상〉 제작팀
발행인 | 윤호권·박헌용

본부장 | 김경섭
기획편집 | 정은미·정상미·정인경·김하영
디자인 | 정정은·김덕오·양혜민
마케팅 | 윤주환·어윤지·이강희
제작 | 정웅래·김영훈

발행처 | 지식채널
출판등록 | 2008년 11월 13일 (제321-2008-00139호)
주소 | 서울특별시 서초구 사임당로 82 (우편번호 06641)
문의전화 | 편집 (02) 3487-1141, 영업 (02) 3471-8044

ISBN 978-89-527-5801-9 13590

'지식채널'은 (주)시공사의 브랜드입니다.
이 책의 내용을 무단 복제하는 것은 저작권법에 의해 금지되어 있습니다.
파본이나 잘못된 책은 구입하신 곳에서 교환해드립니다.
이 책은 EBS와의 출판권 설정을 통해 다큐프라임 〈아이의 밥상〉을 단행본으로 엮었습니다.

ⓒ2010, EBS

아이의 식생활

EBS 〈아이의 밥상〉 제작팀 지음

여는말

내 아이의 식습관,
그 마음을 읽어 주세요

'밥상머리 전쟁'

과연 이 전쟁에서 자유로울 수 있는 부모들이 몇 명이나 될까요? 아마 지금도 수많은 가정에서 한 숟가락이라도 더 먹이려는 부모와 그 한 숟가락을 끝내 거부하고야 마는 아이와의 전쟁 아닌 전쟁이 벌어지고 있을 것입니다.

부모들이 이렇게 밥상머리 전쟁을 마다하지 않는 목적은 단 한 가지. 바로 내 아이의 건강과 올바른 성장을 위해서입니다. 그런데 아이들은 이런 부모의 마음은 아랑곳하지 않고 식탁에만 앉으면 말 그대로 '원수덩어리'가 됩니다. 그것도 매끼 식사 때마다 강도를 더해가며 안 먹겠다고 버티니 이쯤 되면 부모들의 인내심은 바닥을 드러내고 맙니다. 결국 화를 내고, 윽박지르고, 그러다가 아이에게 화를 낸 자신을 자책하게 되고……. 그런데 이상하게도 부모들이 이런 태도를 취하면 취할수록 아이들의 저항 강도는 점점 더 심해집니다.

왜 그런 걸까요?

다큐 프라임 〈아이의 밥상〉은 바로 이 의문점을 풀기 위해 기획되고 제작되었습니다. 밥상머리 전쟁의 원인이 되는 아이들의 식습관 속에는 우리가 미처 알지 못했던 과학적·심리학적·진화론적 비밀들이 숨겨져 있었습니다. 이런 비밀들 때문에 아이들은 밥상에서 많은 문제들을 일으켰던 것입니다. 〈아이의 밥상〉은 과학적 실험과 관찰, 사례 등을 통해 아이의 밥상 속에 숨겨진 비밀들을 밝혀냄으로써 근본적인 밥상머리 전쟁의 해결책을 제시하고자 했습니다.

'적을 알고 나를 알면 백전백승'이라고 했습니다. 하지만 지금까지 부모들은 눈에 보이는 한 숟가락에만 집착한 나머지 밥상머리 전쟁의 근본적인 해결책은 찾지 못한 채, 악순환만 반복했습니다.

수많은 전문가들이 '아이의 밥상'이 중요하다고 강조합니다. 그 이유는 성장기에 있는 아이들에게 충분한 영양소를 공급하는 곳이 바로 '밥상'이며, 또한 그곳이 부모와 자녀 간의 갈등이 시작되고, 커지는 곳이기 때문입니다. 여기에 '밥상머리 전쟁'을 하루라도 빨리 해결해야만 하는 이유가 있습니다. 아이와의 전쟁이 길어지면 길어질수록 아이의 건강은 물론 부모, 자녀 간 관계의 악화, 아이의 자아존중감 저하라는 돌이키기 힘든 결과까지 초래할 수 있습니다.

프로그램을 제작하며 지독히도 안 먹는 한 아이를 만났습니다. 유치원에서도 늘 꼴찌로 식사를 마치는 아이였습니다. 그 아이의 자존감은 매우 낮은 상태였고, 부모와의 관계 및 유치원 친구들과의 관계 역시 원활하지 않은 상황이었습니다. 그런데 불과 두 달여 만에 그 아이의 식습관은 우리 모두를 놀라게 할 만큼 바뀌었습니다. 이제는 잘 먹는다고 선생님께 칭찬까지 받을 정도였습니다. 아이의 이 같은 놀라운 변화는 바로 부모가 아이 밥상 속 비밀을 제대로 파악하고 대처했기 때문에 가능한 일이었습니다.

당신 아이의 밥상은 어떻습니까? 여전히 전쟁 중이십니까?
그렇다면 이 책을 통해 당신 아이의 밥상 속 비밀과 만나 보십시오. 틀림없이 놀라운 변화가 일어나게 될 것입니다.

〈아이의 밥상〉 제작진을 대표하여

김 광 호 PD

| 시 작 하 며 |

아이들은 왜
부모 마음처럼 먹지 않을까?

　아이를 키우는 일은 전쟁과도 같다. 일어나지 않겠다는 아이를 깨우고, 먹지 않겠다는 아이를 먹이고, 자지 않겠다는 아이를 재우고……. 아이들은 마치 부모와 맞서기 위해 태어난 것처럼 성장할수록 조금씩 전투태세를 취한다. 그중 가장 큰 문제가 되는 것이 바로 '먹는 것'이다. 아이들은 너무 많이 먹거나 너무 적게 먹거나 혹은 먹지 말라는 것만 달라고 조르기 바쁘다. 그래서 부모들은 혼도 내고 달래기도 하면서 어떻게든 아이에게 좋은 식습관을 만들어 주려 하지만 매번 실패한다. 부모 마음에서 엇나간 아이의 식습관은 좀처럼 고쳐지지 않는다.

　유아교육학자 블룸*Bloom*에 의하면 인간 두뇌의 50%가 만 3세까지, 80%가 만 6세까지 발달한다고 한다. 신체 발달 또한 만 5세가 되면 출생 시 키의 2배가 되고, 몸무게는 6배가 될 정도로 급격하게 성장한다. 평생을 살아갈 밑거름이 되는 두뇌 발달과 신체 발달의 대부분이 어린 시절에 이루어진다는 말이다. 그렇기 때문에 부모들은 매번 실패하지만 아이의 먹는 문제를 쉽사리 포기할 수가 없다.

그렇다면 도대체 어떤 방법으로 좋은 음식을 먹일 수 있을까? 채소나 몸에 좋은 음식은 징그럽게 싫어하고, 몸에 나쁜 음식이나 단것만 끊임없이 찾는 아이의 식습관을 해결할 방법은 과연 어디에 있을까?

지금까지의 국내 조사 연구나 논문, 단행본 서적들은 '아이들은 원래 그렇다'는 것을 전제로 두고 식습관 해결책을 제시해왔다. 대부분의 아이들이 가지는 식습관 특징에 "왜 그럴까?"라는 의문을 달지 않았던 것이다. 사탕이나 초콜릿을 좋아하고, 채소를 싫어하고, 밥은 안 먹고 패스트푸드나 인스턴트 음식만 먹으려고 드는 것을 원래 아이들이 가지고 있는 특성이라고만 말했다. 실제로 식습관 들이는 법, 조리법, 먹이는 방법 등 부모를 위한 정보는 제법 구체적이고 세밀한 것까지 소개되고 있지만, 정작 먹는 당사자인 아이의 입장에 대한 연구는 찾아보기 힘들었다. 전략에는 무릇 지피지기 단계가 있어야 이길 수 있는 법이다. 하지만 지금까지의 식습관 트러블 해결책에는 그것이 없었다.

본격적인 음식 심리 다큐멘터리 〈아이의 밥상〉은 철저하게 '아이'에 초점을 맞춰서 만들어졌다. 올바른 대책을 세우려면 '아이를 이해하는 것'이 전제되어야 하기 때문이다. 방송에서 미처 보여주지 못한 정보까지 펼쳐낸 이 책 또한 '아이'에 그 초점이 맞춰져 있다. 이 책은 지금까지 우리가 "아이들은 다 그래"라고 말하던 것에 하나씩 물음표를 단다.

아이가 단맛을 좋아하는 것은 본능이라고 한다. 하지만 그 본능의 근원이 무엇인지, 그 본능이 자라면서 어떻게 변하는지는 알지 못한다. '아이들은 왜 단맛에 열광하는가?'를 첫 번째 물음표로 단 챕터 1에서는 아이들의 단맛 본능을 파헤치고 그에 맞는 밥맛 해결책을 제시한다. 다음으로 아이들은 왜 채소를 싫어하는지에 대한 의문을 던졌다. 대부분의 아이들은 채소를 싫어하고 뱉어낸다. 왜 그럴까? 편식에 대한 비밀을 파헤치던 중 제작팀은 '네오포비아'라는 낯선 용어를 접했다. 그리고 그 단어 안에 아이들의 편식에 대한 비밀과 해결책이 함께 존재한다는 것을 발견했다. 챕터 2는 아이들이 채소를 싫어할 수밖에 없는 이유, 편식을 해결하는 방법, 편식을 이해하는 마음으로 대해야 하는 이유를 다룬다.

챕터 3은 너무 많이 먹는 아이들에 대한 이야기다. 좋아하는 것은 끝도 없이 먹는 아이들, 도대체 아이들의 정해진 1인분은 존재하는 것일까? 제작팀이 알아본 바에 따르면 아이들의 1인분은 무언가에 의해 철저하게 조정당하고 있었다. 내 아이가 자신도 모르게 과식하는 비밀과 이에 적합한 식습관 유도 방법 등이 소개된다. 마지막 챕터에서는 지금까지 부모들이 고민하던 다양한 식습관 트러블을 모두 만날 수 있다. 왜 적게 먹을까? 왜 이유식을 뱉어낼까? 왜 밥을 가지고 장난칠까? 왜 패스트푸드만 찾을까? 왜 씹지 않고 물고만 있을까? 왜 돌아다니면서 먹을까? 등등 다양한 식습관 트러블에 대해 소아과 의사, 아동심리 전문가, 임상영양사, 소아 한의사가 현실적인 해결책을 꼼꼼하게 말해 준다.

아이들의 식습관 트러블에는 그들만의 이유가 있다. 태어나자마자 편식을 하거나 과식을 하는 아이는 없다. 지금 아이가 잘못된 식습관을 가지고 있다면, 그것은 임신 기간, 수유 기간, 이유식 기간, 유아식, 어른식 과정을 거치면서 '어떤 일'이 있었기 때문이다. 많은 경우 그 결정적인 어떤 일은 부모에 의해 일어난다. 아이의 식습관 트러블의 비밀은 바로 부모와의 믿음, 애착과 가장 큰 연관이 있기 때문이다. 아이의 식습관 트러블을 본질적으로 해결하기 위해서 부모는 아이가 왜 그렇게 먹을 수밖에 없는지를 이해하고 아이의 마음을 알아주어야 한다.

당신은 이 책을 읽는 동안 지금까지 별로 연관 짓지 않았던 아이의 식습관과 아이의 심리, 그리고 그 뒤에 숨어 있는 '부모'의 존재에 대해 새로운 시선을 갖게 될 것이다.

차례

여는 말 내 아이의 식습관, 그 마음을 읽어 주세요. **005**

시작하며 아이들은 왜 부모 마음처럼 먹지 않을까? **008**

chapter1 왜 아이들은 단맛에 열광할까? ⁰¹⁷

01 단맛 없이 못 사는 아이들 018

당신의 아이도 단맛에 열광하는가? | 본능일까? 후천적 학습일까?
생후 50일 아기도 단맛을 안다

상식의 재발견 ❶ 고양이를 제외한 모든 포유류는 단맛을 좋아한다 **031**

02 단맛, 끌릴 수밖에 없다 032

단것을 먹으면 기분이 좋아지는 이유
숨어 있는 단맛이 아이의 입맛을 조정한다 | 단맛의 칼로리는 얼마일까?

상식의 재발견 ❷ 어린이 음료 속 단맛의 정체 **043**

03 단맛에서 밥맛을 지키려면 044

첫 이유식 재료를 점검하라 | 천연 단맛에 관대하지 마라
간식으로 배를 채우지 마라 | 단맛으로 보상하면 안 된다

상식의 재발견 ❸ 딸기 우유는 딸기맛 합성착향료와 설탕으로 만든다 **060**

보너스 정보 아이들이 선호하는 간식 속 단맛의 양은? **061**

chapter2 네오포비아 그리고 푸드 브리지 065

01 밥투정하는 아이의 마음 066
엄마의 입맛이 아이 입맛을 좌우한다 | 대부분의 아이는 채소를 싫어한다
이물감이 들면 뱉어낸다 | 엄마의 관심이 필요할 때

상식의 재발견 ❹ 산모가 섭취한 수은, 태아의 뇌에 더 많이 축적된다 080

02 네오포비아를 아시나요? 082
아이는 새로운 것에 공포를 느낀다 | 네오포비아와 자존감의 관계
네오포비아를 극복하려면 | 음식을 거부하는 또 다른 이유

상식의 재발견 ❺ 수입 밀가루 속 개미는 모두 죽고, 국산 밀가루 속 개미는 모두 살았다!? 105

03 푸드 브리지가 편식을 해결한다 106
엄마가 차단하면 아이는 더 끌린다 | 푸드 브리지, 여덟 번 노출의 법칙
8세, 아이의 평생 입맛이 결정된다

상식의 재발견 ❻ 식품첨가물은 화려한 독버섯과도 같다 126

보너스 정보 **채소 먹이는 법! 푸드 브리지 성공하기** 128

chapter3 우리 몸속 1인분 계측기 149

01 우리 아이의 1인분을 찾아서 150

포만감이냐, 칼로리냐 | 1인분 실험, 정해진 1인분은 없다!
3세, 1인분 계측기가 사라진다 | 식욕 조절 능력, 주도권은 누구에게?

상식의 재발견 ❼ 무칼로리, 저칼로리에 함정이 있다 167

02 모르는 사이, 아이가 과식한다 168

배가 아니라 눈으로 느낀다 | 눈은 색깔과 크기에 민감하다
식탁 앞 TV를 치워라 | 포만감, 식사 속도에 달려 있다

상식의 재발견 ❽ 칼로리 낮고 오메가3 풍부한 생선, 무조건 믿지 마라 188

03 과식의 또 다른 주범 190

패스트푸드, 아이의 미각을 공격하다 | 설탕보다 달콤한 액상과당의 비밀
아이의 과식, 아직 희망이 있다

상식의 재발견 ❾ 강력한 식욕 촉진 호르몬, 그렐린의 취향 203

보너스 정보 **우리 아이 1일 적정 식사량은?** 204

chapter4 밥상머리 전쟁, 끝내야 할 때 213

수유량이 현저히 부족한 아기 | 이유식 뱉어내는 아기
만 1세, 우유만 찾는 아이 | 돌아다니면서 먹는 아이
먹을 것으로 손장난 하는 아이 | 동생을 본 후 밥을 먹지 않는 아이
씹지 않고 물고만 있는 아이 | 먹고 토하는 아이
밥만 안 먹는 아이 | 잠들기 전 꼭 먹어야 하는 아이
너무 오래 먹는 아이 | 패스트푸드만 찾는 아이
청량음료를 너무 많이 먹는 아이

보너스 정보 **식습관 트러블 일으키는 소아 질병은 이것!** 260

부 록 EBS 다큐프라임 〈아이의 밥상〉, 그 이상의 의미 266
식습관 개선을 위한 10가지 생활수칙 274
책과 방송에 도움 주신 분들 278

아이의 식생활 X File

❶ 또래보다 몸무게가 덜 나가면, 또래보다 적게 먹는 것 맞다 218
❷ 아이가 이유식을 먹지 않는 이유, 꼭 있다! 222
❸ 우유, 많이 마신다고 좋은 것은 아니다 226
❹ 돌아다니며 먹는 아이, 산만한 사람으로 자란다? 229
❺ 칭찬은 아이도 밥 먹게 만든다 233
❻ 밥도 공부처럼 집중해서 먹자 239
❼ '아이의 식욕'을 인정하면, 식습관 문제는 해결된다 242
❽ 자기 전에 먹는 것은, 잠투정의 일환 248
❾ 먹지 말아야 하는 이유, 아이가 직접 듣게 한다 256

Chapter 1

왜 아이들은 단맛에 열광할까?

01 단맛 없이 못 사는 아이들

당신의 아이도 단맛에 열광하는가?

엄마를 따라 대형마트에 간 은아(만 5세)와 은혁(만 4세). 아이들은 들어서자마자 과자 코너로 돌진한다. 평소 밥을 잘 안 먹는 아이들에게 오늘도 엄마는 밥을 먹으면 초콜릿이나 사탕을 사 준다고 약속을 하고 만 것이다. 은아와 은혁이는 밥은 죽도록 싫어하지만 단것 없이는 하루도 못 사는 아이들이다. 하루에 미니아이스크림 2개, 요구르트 5~6개는 기본이고, 수첩보다 조금 작은(약 12.5×4cm) 초콜릿도 하루 1개씩은 꼭 먹는다. 어쩌다 단것을 못 먹거나 적게 먹은 날이면 '밥 안 먹기', '엄마 말 끔찍하게 안 듣기' 등의 시위를 하여, 결국 '단것'을 양껏 쟁취하고 만다. 은아는 초콜릿이 잔뜩 묻은 과자와 사탕 한 봉지를 양손에 들고 엄마 앞으로 행복한 듯 걸어온다. 은혁이는 아이스크림과 미니초콜릿 한 봉지를 들었다. 엄마는 둘 중 하나만 고르라고 말하지만 아이들은 아랑곳하지 않고 계산대로 달려간다. 엄마는 다시 아이들을 불러 세워 그나마 용량이 작은 제품들로 바꿔 계산대로 향했다. 계산이 끝나자마자 아이들은 누구보다도 행복한 표정으로 초콜릿과 아이스크림을 먹기 시작한다. 엄마가 "집에 가서 먹어야지"라고 말을 해 보지만 소용없다.

아이들이 단맛을 좋아해 과자나 초콜릿, 사탕에 열광하는 것은 당연하다. 하지만 엄마 눈에 은아와 은혁이는 조금 유별나다. 은아는 집에 초콜릿이나 사탕, 아이스크림이 없으면 딸기잼이라도 숟가락으로 퍼먹어야 하고, 은혁이 또한 엄마가 요리하려고 꺼내 놓은 설탕 그릇에까지 숟가락을 들고 달려든다. 은아와 은혁이의 모습을 보고 단것을 많이 먹으면 밥을 먹지 않으니 아예 주지 말라고 속 모르는 충고를 하는 사람들도 있다.

마음을 굳게 먹고 아이들에게 단것을 금지시켜 보기도 했지만, 친구의 과자를 뺏어먹거나 남들에게 초콜릿이나 사탕을 사달라고 조르는 민망한 상황이 벌어질 뿐이었다. 초콜릿 하나를 가지고 둘이 치고 박고 싸우는 경우도 있다. 그러니 엄마는 어쩔 수 없이 냉장실에는 어린이용 음료와 요구르트를, 냉동실에는 아이스크림을 채워 두게 된다. 주방 서랍에도 과자가 차곡차곡 쌓여 있다. 단것을 되도록 덜 먹게 하려고 옷장 안에 숨겨 보기도 하고 혼을 내 보기도 했지만 별 효과가 없다. 엄마는 매번 떼쓰는 아이들에게 밀려 손을 들고 만다. 그나마 요즘은 그때그때 허락을 받고 먹도록 하고, 식사 시간 직전에는 못 먹게 하는 정도다. 식사 시간 전에 단것을 달라고 하면 식사 후에 먹게 해 주겠다고 약속을 한다. 이럴 경우 은아와 은혁이는 단것을 손에 쥔 채로 밥을 먹고 식사가 끝난 뒤 바로 먹는다.

당신의 아이도 은아와 은혁이처럼 단맛에 열광하는가? 은아, 은혁이 남매만큼 심하지는 않아도 사탕, 초콜릿, 아이스크림, 과자, 요구르트 등이 가장 좋아하는 음식 1호는 아닌지. 대부분의 아이들은 단맛을 처음 맛보는 순간부터 단맛에 열광하게 된다. 단맛에 대한 선호도는 너무나 강해서 타이르는 정도로는 효과를 보지 못하기 일쑤다. 그러니 몸에 나쁘다는 것은 알지만 부모들은 어쩔 수 없이 막대사탕을 내주고, 초콜릿을 쥐어 주고, 요구르트 병에 빨대를 꽂아 준다. 만약 아이가 한 번 먹어 본 뒤 채소 마니아가 되거나 밥을 한 끼도 굶지 못할 정도로 좋아하거나 하루에 우유를 적어도 한 컵은 마셔야 하는 버릇이 있다면 얼마나 좋을까? 하지만 이미 많은 경험으로 알고 있듯 아이들은 부모가 좋아하는 식습관보다 피했으면 하는 식습관을 갖는 경우가 많다. 채소는 못 먹는 음식인 양 뱉어내고, 밥은 한 숟가락이라도 덜 먹으려고 도망을 다닌다. 우유 한 잔을 마시고는 마치 부모를 위해 선심이라도 썼다는 표정이다. 그러면서 사탕, 초콜릿과 같은 단것은 안 주면 줄 때까지 치열하게 졸라댄다.

도대체 아이들은 왜 이토록 단맛에 열광할까? 제작팀이 만나 본 은아와 은혁이 엄마 역시 그 이유에 대해서 무척 궁금해했다. 아이들이 단맛을 좋아하는 거야 본능적인 것이라고 막연히 생각은 하고 있지만, 은아와 은혁이는 유독 정도가 심한 것 같기 때문이다. 제작팀은 은아와 은혁이가 단것을 얼마나 좋아하는지 알아보기 위해 하루 동안 아이들을 관찰해 보았다. 관찰 결과 아이들의 상황은 엄마가 미리 귀띔해 준 것보다 심하면 심했지 덜하지는 않았다. 은아는 밥을 먹기 전에 먼저 밥을 먹으면 과자를 줄 것인지를 물어보고 엄마의 확답을 들은 뒤 식사를 시작했다. 그런데 처음 엄마의 말과 달리 은아는 반찬 중 연근조림을 무척 맛있게 먹었다. 분명 엄마는 아이들이 단것 이외에는 밥이나 반찬을 잘 먹지 않는다고 했다. 의외의 상황을 발견한 제작팀은 은아에게 연근조림이 맛있냐고 물었다. 은아는 너무 맛있다며 연신 연근조림만 집어 먹었다. 은아가 좋아하는 연근조림을 제작팀도 한번 먹어 보았다. 여느 음식보다 단맛이 매우 강했다. 엄마는 은아가 잘 먹게 하려고 물엿을 듬뿍 넣었다고 고백했다. 동생 은혁이 역시 토마토, 사과 등은 별로 좋아하지 않았지만, 골드키위나 바나나는 무척 좋아했다. 은혁이의 과일 선호도 역시 과일이 가진 단맛에 그 이유가 있었다. 과자뿐 아니라 아이들이 좋아하는 반찬 혹은 과일에도 단맛이라는 비밀이 숨어 있었던 것이다.

사탕, 초콜릿, 요구르트, 과자, 아이스크림 같은 대표적인 단맛 식품 외에도 우리가 미처 인식하지 못하고 있던 식탁 위의 음식들까지, 단맛은 생각보다 폭넓게 아이들의 식습관에 영향을 미치고 있다. 아이들은 단맛이 나는 간식을 좋아하고, 단맛이 나는 반찬만 편식하고, 단맛이 더 많은 과일을 먹으려 들었다. 하지만 모든 아이들이 은아와 은혁이처럼 단맛의 노예가 되는 것은 아니다. 아이들 대부분이 달콤한 아이스크림, 사탕, 초콜릿을 가장 좋아하는 음식으로 꼽는 것은 분명하지만, 은아나 은혁이처럼 하루 종일 단것을 외쳐대 엄마를 곤혹스럽게 하지는 않는다. 단것을 싫어하는 아이는 거의 없지만, 모든 아이가 단것의 중독자가 되지는 않는다는 것이다. 우리는 지금부터 그 이유에 대해서 알아보려고 한다. 본능적으로 단것을 좋아하지만, 어떤 아이는 단것에 노예가 되고, 또 어떤 아이는 부모가 납득할 수 있을 만큼만 단것을 먹는다. 그 이유는 무엇일까?

본능일까? 후천적 학습일까?

유치원생 혹은 초등학생 아이를 둔 부모들에게 "하루에 단것을 얼마나 먹이세요?"라고 물어보면 어쩌면 한숨부터 쉴지도 모른다. 먹이다니? 어떤 부모가 사탕, 초콜릿, 아이스크림 같은 것들을 아이에게 먹이고 싶어 할까? 그건 정말 싸우다 싸우다 어쩔 수 없이 빼앗기는 것이라고 해야 옳다. 어떤 부모도 아이에게 선뜻 사탕과 초콜릿을 건네지는 않는다. 엄마가 주는 것만 사랑스럽게 받아먹던 돌 전의 아기, 모든 엄마는 그 시절부터 간절히 바란다. '제발 과자나 사탕 따위는 모르고 살았으면 좋겠다'라고. 그러나 아장아장 걷기 시작하면서 아이들은 누가 가르쳐 주기라도 한 것처럼, 너나 할 것 없이 '사탕'을 원한다. 신기하게도 세상의 모든 아이들이 달콤한 '사탕', '초콜릿', '아이스크림', '과자'에 열광한다. 아이들의 이런 모습은 마치 돌이 되면 걷고, 두 돌이 되면 말문이 트이는 것처럼 태어나기 전부터 아이의 뇌에 프로그램되어 있는 듯하다. 제작팀은 단맛에 중독되는 아이와 그렇지 않은 아이 사이의 비밀을 찾기 위해, 지금까지 우리가 너무나 당연히 여겨 별 의문을 갖지 않았던 '아이들은 모두 단맛을 좋아한다'는 명제부터 다시 따져 보기로 했다. 정말 세상의 모든 아이들이 단맛을 좋아할까? 제작팀은 미국과 일본의 유치원 아이들을 만나 직접 그 사실을 확인해 보았다.

일본 구마모토 현의 한 유치원. 유치원에 다니는 예닐곱 살 아이들에게 커다란 종이카드를 두 장씩 나누어 주었다. 카드에는 웃는 얼굴과 찡그린 얼굴이 각각 그려져 있다. 유치원 교사는 아이들에게 음식을 하나씩 제시하며 자신이 좋아하는 음식에는 웃는 얼굴이 그려진 카드를, 싫어하는 음식에는 찡그린 얼굴이 그려진 카드를 들도록 했다. 교사가 음식을 제시할 때마다 아이들은 제각기 자신의 취향에 따라 웃는 얼굴 혹은 찡그린 얼굴을 들었다. 그런데 반 아이들 모두가 일제히 웃는 얼굴의 카드를 든 음식이 있었다. 그것은 바로 초콜릿이었다. 아이들은 웃는 얼굴이 그려진 카드를 들고만 있는 것이 아니라 카드를 위아래로 흔들며 환호하기까지 했다. 미국의 아이들은 어떨까? 미국의 한 유치원에서도 똑같은 실험을 해 보았다. 미국 아이들 역시 약속이나 한 듯 모두가 웃는 얼굴이 그려진 카드를 든 음식은 사탕 혹은 초콜릿이었다. 마지막으로 한국의 유치원에 가 보았다. 초콜릿을 보여주자마자 아이들은 한껏 행복한 표정이 되어 웃는 얼굴이 그려진 카드를 들었다. 일본, 미국, 한국의 유치원 아이들에게 왜 초콜릿과 사탕을 좋아하는지 물었다. 아이들은 "달콤해서 맛있어요", "달콤하니까요", "맛있어요"라고 한결같이 대답했다.

일본 아이들

미국 아이들

한국 아이들

" 일본 아이들, 미국 아이들, 한국 아이들은 모두 단맛에 환호성을 질렀다 "

단맛을 좋아하는 것은 비단 우리나라 아이들만이 아니었다. 미국, 일본의 유치원에서 만난 아이들은 교사가 초콜릿을 들고 오자 환호성을 질렀고, 교사의 질문이 끝나자마자 '웃는 얼굴'이 그려진 카드를 높이 들었다. 제작팀은 다시 단맛의 대표주자인 '초콜릿'을 기준으로 세계 곳곳에 있는 아이들의 단맛 선호도를 조사해 보았다. 결과는 놀라웠다. 세상의 모든 아이라고 해도 과언이 아닐 정도로 대부분의 아이들이 초콜릿의 단맛을 선호했다. 일찍이 인류학자들은 아이들이 단맛을 좋아하는 건 보편적인 진리라고 밝혀낸 바 있다. 쓴맛, 매운맛, 짠맛, 신맛 등에 대한 사람의 기호는 각각의 문화에 따라 다를 수 있지만, 단맛만은 인류가 공통적으로 좋아하는 맛이라고 했다.

그렇다면 왜 단맛일까? 아이들에게 그 이유를 묻는 것은 무의미한 일일지도 모르지만, 제작팀은 아이들에게 직접 그 이유를 물어보았다. 일본, 미국, 한국의 아이들은 거기에 대해서 모두 "달콤해서 맛이 있다"라고 대답했다. 달콤한 것이 맛이 있다? 왜 달콤한 것이 맛있다고 생각할까? 왜 달콤한 것을 좋아할까? 누가 아이들에게 '달콤한 것은 맛있고, 쓴 것은 맛이 없는 것이다'라고 가르친 것일까? 아이들은 어쩌면 어른들이 모르는 사이에 '달콤한 것이 맛있다'라는 학습을 했을지도 모른다. 형이나 누나, 친구의 표정을 보고, TV광고 속 사람들의 행복한 표정을 보고, '아 저런 것이 맛있는 거구나'라고 학습했을지도 모른다. 실제로 아이를 키우다 보면 형이나 누나, 어린이집이나 유치원 친구들 때문에 과자를 더 먹고 싶어 하고, 사탕이나 초콜릿을 참지 못하는 상황을 종종 경험한다. 그렇다면 단맛은 학습된 것일까?

임신 23~28주가 되면 모든 임산부들은 당뇨 여부를 검사받는다. '임신성 당뇨 검사'이다. 포도당 용액을 마시고 1시간 뒤에 채혈을 해 당 수치를 검사하는 것이다. 임신성 당뇨병은 방치하면 임산부나 태아의 건강에 심각한 영향을 줄 수 있기 때문에, 조기 발견을 위해 모든 임산부들은 필수적으로 '임신성 당뇨 검사'를 받는다. 제작팀은 아이들이 '단맛'을 유독 좋아하는 비밀을 밝히기 위해 '임신성 당뇨 검사'를 통해 포도당 용액을 마신 임산부의 태아를 관찰했다. '임신성 당뇨 검사'란 인위적으로 단 성분인 포도당을 태내로 침투시키는 것이므로 태아가 단맛에 어떻게 반응하는지 알아볼 수 있기 때문이다. 태아는 임신 12주부터 양수를 삼키기 시작한다. 그 뒤로는 임신 기간 내내 양수를 삼킨다. 많은 연구에 의하면 태아는 단맛과 신맛을 구분할 수 있으며 양수에서 단맛이 나면 양수를 더 많이 삼키고 쓴맛이 나면 양수를 덜 삼킨다고 한다. 정말 그럴까? 엄마가 포도당 용액을 마셔 양수에서 단맛이 나게 했으니 태아는 양수를 더 많이 삼킬까? 임산부가 포도당 용액을 마신 뒤 30분이 지났을 때와 용액을 마시기 전의 태아의 움직임을 비교하여 관찰해 보았다. 태아는 엄마가 포도당 용액을 마셨을 때 더 활발하게 움직였고, 입을 벌려 양수를 삼키는 모습도 자주 보였다.

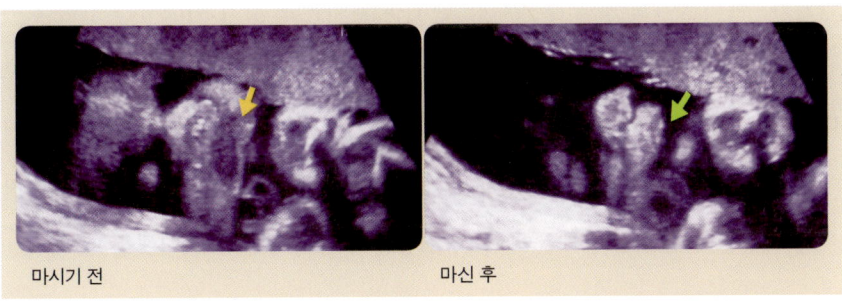

마시기 전   마신 후

세상의 모든 아이들이 단맛을 선호한다는 것을 알아낸 제작팀은 태아 미각 실험을 통해 아이들의 단맛 선호가 본능인지 아니면 태어난 뒤 주위 환경으로부터 학습된 것인지를 따져 보았다. 결론은 아이들의 단맛에 대한 선호는 주위 환경의 영향을 전혀 받을 수 없던 태아기부터 존재했다는 것이다. 태아의 미각은 임신 첫 3개월 이내에 발달하기 시작하는데, 특히 단맛에 대한 반응은 여러 보고를 통해 이미 입증된 사실이다. 우리가 음식을 먹고 맛을 느끼는 것은 혀에 있는 맛봉오리 즉 '미뢰' 때문이다. 이 맛봉오리는 수정 후 8주가 되면 처음 생겨나고, 임신 3개월 정도가 되면 입속 전체로 퍼진다. 태아가 양수를 삼키기 시작하는 임신 12주, 태아는 유아들보다는 적지만 입 전체에 맛봉오리를 가지고 있다. 태아는 양수를 삼켜 맛봉오리로 맛을 느끼고 미각을 발달시켜 나간다. 양수에는 엄마가 먹는 음식의 맛과 냄새가 들어 있다. 태아는 양수 속에서 호흡하고 양수를 삼키면서 여러 가지 맛에 대해 알게 된다. 그중에서도 단맛이 느껴지는 양수를 삼킬 때 태아는 입을 더 많이 벌리고 더 활발하게 움직인다.

그렇다면 태아들은 양수를 통해 접하는 다양한 맛 중에서 왜 유독 단맛에 끌릴까? 아이들이 단맛을 좋아하는 근원적인 이유를 찾기 위해서는 수백만 년 전으로 거슬러 올라가야 한다. 우리의 조상들은 지금 우리가 살고 있는 환경보다 훨씬 더 혹독한 환경 속에서 살았다. 간신히 비를 피하고 바람을 피할 은신처에서 각종 맹수들로부터 수도 없이 공격을 받는 생활을 하였다. 매 순간 생존 자체를 위협받았다. 그렇기 때문에 우리 조상들의 몸은 위험을 감지했을 때 대책을 세우는 시스템이 지금 우리의 몸보다 훨씬 더 발달해 있었다. 더 멀리 볼 수 있었고, 아주 작은 소리도 들을 수 있었으며, 더 빨리 달릴 수 있었다. 예를 들어, 토끼를 사냥하다가도 어디선가 들려오는 작은 으르렁 소리로, 늑대나 호랑이가 멀리서 자신을 노리고 있음을 알아차렸다. 온몸의 감각들이 맹수의 존재를 발견함과 동시에 심장박동이 빨라지고 순간 모든 에너지가 집중되어 도망가기 위한 최상의 몸 상태를 만든다. 그런데 이런 에너지는 인간의 몸속에서 자연스럽게 만들어지는 것이 아니다. 대부분 외부에서 받아들여 생존을 위해 비축해 놓은 것들이다. 그 외부의 물질이 바로 '단맛'이다. 나무 열매와 곡물에서 얻어지는 단맛, 인류에게 단맛은 생존과 직결된 성분이었던 것이다. 미국의 펜실베이니아대학교 심리학과 폴 로진*Paul Rozin* 교수는 아이들이 단맛을 좋아하는 것은 후천적인 학습이 아니라 이러한 우리 조상들의 삶에서 기인한 것이라고 한다.

인간과 포유류를 연구한 결과에 의하면 인간은 태생적으로 단맛을 좋아한다. 우리가 단 과일을 좋아하는 것도 이 때문이다. 이것은 다른 영장류도 마찬가지다. 단맛은 칼로리를 의미한다. 오래전 인류에게 칼로리는 중요한 것이었다. 인간은 칼로리를 원했다. 그것은 생존을 위해 절실한 것이었기 때문이다.

자궁에서부터 시작된 아이들의 단맛에 대한 열광은, 사실은 단맛을 통해 생존해 온 수백만 년 전 우리 조상들의 본능이 현재를 살아가는 우리의 유전자에까지 그대로 전해진 결과였다. 이제는 단맛이 주는 칼로리가 그다지 절실한 상황이 아님에도 불구하고 우리 아이들은 유전자 속에 '단맛=칼로리', '칼로리=생존'이라는 정보를 그대로 가지고 있었던 것이다.

생후 50일 아기도 단맛을 안다

태아조차 단맛을 좋아한다면 신생아는 어떨까? 제작팀은 태어난 지 두 달이 채 안 된 아기 열 명을 대상으로 맛 선호도에 관한 실험을 해 보았다. 아기들은 아직 모유 이외에는 어떤 음식에도 노출된 적이 없었다.

실험은 작고 긴 티스푼 끝에 신맛, 쓴맛, 단맛이 나는 액체를 조금 찍어서 아기의 혀끝에 대 보는 방식이었다. 첫 번째로 신맛. 신맛이 나는 액체를 찍어서 주자 첫 번째 아기가 인상을 찌푸렸다. 두 번째 아기도, 세 번째 아기도 모두 뭔가 언짢은 듯 미간까지 찌푸렸다. 결국 열 명의 아기 모두 신맛에 호감이 없음을 보여주었다. 실험에 참가한 아기 중 한 명은 티스푼을 손으로 쳐 버리기까지 했다. 그렇다면 쓴맛은 어떨까? 이번에는 쓴맛이 나는 액체를 티스푼 끝에 조금 찍어 혀에 대 보았다. 아기들은 모두 고통스럽다는 듯이 얼굴을 찡그리고 고개를 돌리는 등 싫다는 의사를 확실히 보여주었다. 그중 한 아기는 액체가 혀에 닿자마자 울음을 터뜨리기까지 했다. 아기들에게 마지막으로 준 것은 단맛. 다른 맛과 마찬가지로 티스푼 끝에 아주 조금 단맛이 나는 액체를 묻혀 아기들의 혀끝에 대 보았다. 아기들은 '바로 이 맛이야'라고 말하는 듯이 냉큼 받아먹고는 살짝 웃기도 하고, 계속 입맛을 다셨다. 아기들의 입안에는 식욕이 도는 듯 침이 고였다. 신맛, 쓴맛에 보인 반응과는 확실히 달랐다.

> 아기는 신맛, 쓴맛과 달리 단맛에는 호의적으로 반응했다

세상에 태어나서 모유 이외에는 아무것도 먹어 본 적 없는 아기들조차 단맛에는 호의적이었다. 태아와 마찬가지로 신생아 역시 단맛을 좋아했다. 관동대학교 의과대학 산부인과 양재혁 교수는 태아나 신생아가 단맛을 좋아하는 것에 대해서 다음과 같이 설명했다.

태아는 당을 통해서 에너지를 공급받는다. 그렇기 때문에 '당'이 느껴지는 단맛의 양수를 선호한다. 신생아 역시 모유를 통해 몸에 필요한 모든 에너지원을 공급받는데, 모유의 유당성분이 '단맛'이기 때문에 아기들은 단맛을 가장 편안하게 느낀다.

원초적인 본능이 전부라 할 수 있는 태아와 신생아는 생존을 보장해 주는 단맛에 가장 편안함을 느낀다. 태아나 신생아에게 '단맛'은 바로 '편안한 맛'이었다. 아기를 낳아 본 사람이라면 누구나 경험했을 것이다. 아기는 태어난 첫날부터, 아니 태어나자마자 젖의 냄새와 맛을 안다. 이것은 조물주가 신생아의 생존을 위해 부여한 아주 특별한 능력이다. 미국 시카고 의과대학의 리즈 엘리엇$Lise\ Eliot$ 교수는 아이들이 유당보다는 포도당, 포도당보다는 과당, 과당보다는 일반 설탕을 더 좋아한다고 주장한다. 조금이라도 더 단것을 좋아하는 것이다. 그녀의 주장 역시 태아와 신생아가 '단맛'을 생존을 보장해 주는 '편안한 맛'이라고 느낀다는 사실과 그 맥을 같이 한다.

아이들이 단맛을 좋아하는 데에는 분명한 이유가 있다. 단맛은 우리 몸속 세포를 살아 움직이게 해 주는 에너지, 즉 포도당의 맛이기 때문이다. 아이들이 처음 맛본 사탕, 초콜릿, 설탕, 아이스크림에 정신없이 매료되는 것은 그 안에 존재하는 단맛, 즉 포도당과 관련된 화학물질 때문이다. 진화적으로 인간에게 단맛은 곧 에너지였고, 생존을 보장해 주는 '편안한 맛'이었다. 그렇기 때문에 이후로도 인간은 단맛을 내는 음식을 포도당이 들어 있는 음식이라 여겨 무조건 선호하게 된 것이다. 먹을 것이 적고 순수한 단맛이 존재했던 수백만 년 전에는 단맛에 대한 무조건적인 선호가 우리의 생명을 연장했을지 모른다. 하지만 인공적인 단맛이 많아지고, 단맛을 인위적으로 더 강하게 조장하고 있는 지금, 진화적으로 얻은 무조건적인 '단맛 본능'이 우리의 생명을 위협하고 있다. 특히 점점 더 다양해지고 점점 더 강해지는 단맛을 접하고 있는 우리 아이들에게 제어할 수 없는 '단맛 본능'이란 마치 마약과 같은 위험한 중독이 될 수도 있다.

> 고양이를 제외한
> 모든 **포유류**는
> **단맛**을 좋아한다

상식의 재발견 ❶

단맛에 대해 강한 본능을 가진 것은 비단 인간만이 아니다. 단맛에 끌리는 것은 포유류 전체의 특성이다. 개를 키워 본 사람이면 알 것이다. 개는 주인이 즐겨 먹는 아이스크림, 사탕을 주인만큼 맛있게 먹는다. 또한 옛날 우리네 광에 숨겨 둔 달달한 음식을 몰래 맛보고 도망가곤 했던 생쥐들도 인간만큼이나 단것을 좋아한다. 아이들 만화에도 자주 등장하는 곰 또한 가장 좋아하는 음식이 '꿀'로 알려져 있을 만큼 단것을 좋아한다. 실제로 실험을 해 보면 개와 쥐를 비롯한 대부분의 포유류는 맹물과 설탕물 중 달콤한 설탕물을 택한다. 그것은 '단것'이 '영양분이 높은 음식'이라는 신호를 보내기 때문이다. 이 신호는 모든 포유류에게 공통된 사실이다. 그런데 고양이과 동물들만은 다른 포유류와 같이 반응하지 않는다.

화학적 감각인 후각과 미각을 연구하는 미국의 모넬 화학적 감각센터의 조셉 브랜드*Joseph Brand* 박사는 고양이가 맹물과 설탕물의 차이를 무시하는 것은 단맛을 느끼지 못하기 때문이라고 설명했다. 고양이과 동물들은 진화되어 오는 어느 시기에 단맛을 느끼는 수용체를 잃어버렸다는 것이다. 단맛 수용체가 없는 고양이는 설탕물과 맹물을 그냥 같은 물로 느낀다. 고양이과 동물에 속하는 호랑이, 치타 등도 모두 마찬가지다. 연구자들은 고양이과 동물들이 다른 포유류에 비해 유독 육식에 집착하는 이유를, 단맛 수용체가 없기 때문이라고 설명하기도 한다.

02 단맛, 끌릴 수밖에 없다

단것을 먹으면 기분이 좋아지는 이유

모든 아이들이 단맛을 선호하는 이유를 알기 위해서는 한 가지 사실을 더 이해해야 한다. 포도당의 단맛을 통해 에너지를 얻는 진화론적인 사실 외에도 '단맛' 자체가 가진 영향력이 또 하나 있다. 어른들은 대부분 단맛을 멀리한다. 그것은 머리가 아찔해질 정도의 강한 맛에 대한 거부감 때문이기도 하지만, 사실은 자라면서 알게 된 건강상식(비만, 성인병, 치아건강 등) 때문이다. 그러나 어른들도 부드러운 초콜릿 한입이 스트레스를 풀어 주고, 기분을 황홀하게 만든다는 걸 안다. '단것'을 먹었을 때의 그 기분, 그것이 아이들이 단맛에 중독되는 두 번째 이유이다.

초콜릿이나 케이크, 사탕 등 단맛이 강한 음식을 먹으면, 달콤한 성분들이 침에 녹아 세포막 위의 단맛 수용체에 달라붙어 뇌에 그 신호를 전달한다. 신호를 받은 뇌는 신경을 안정시키는 신경전달 물질 세로토닌을 분비시키고, 우리는 기분이 좋아진다. 또한 단맛을 내는 음식에는 세로토닌을 만드는 아미노산인 트립토판의 함유량이 많아 뇌가 쉽게 세로토닌을 만들 수 있게 도와준다. 따라서 단 음식을 먹으면 기분이 좋아지는 것이다. 하지만 단 음식 때문에 좋아진 기분은 그리 오래가지 않는다. 일시적으로 좋았던 기분은 시간이 지나면 오히려 처음보다 더 나빠진다. 이렇게 일시적으로 좋아졌다가 이내 나빠지는 느낌이 '중독'을 불러온다. 단것을 먹은 뒤 행복해진 기분을 기억하는 우리 몸이 더욱더 단것을 원하기 때문이다. 이는 짧은 시간 느꼈던 행복을 다시 느끼기 위함인데, 그 결과 습관적으로 단것을 찾게 되는 것이다.

단것에 대한 중독은 단것을 먹었을 때 분비되는 신경전달 물질 세로토닌과 도파민 때문이다. 세로토닌은 행복한 기분, 흥분, 웃음을 유발하는 것으로 알려져 있으며, 도파민은 동기부여, 기분전환, 긍정적인 마음, 식욕 등과 관련이 있다. 이러한 성분들은 짧은 시간 안에 신경전달 물질의 수치를 높여 행복감을 전해 주지만, 수치가 너무 높아지면 사람을 지나치게 예민하게 만들고, 또 갑자기 수치가 떨어지면 우울한 기분이 들게 한다. 단것에 대한 중독은 쇼핑중독과 같은 원리이다. 전문가들은 우울증이 심한 사람일수록 쇼핑중독에 걸리기 쉽다고 경고한다. 왜냐하면 쇼핑중독이란 사치적인 성향 때문이라기보다 물건을 살 때 느끼는 흥분과 설렘, 즉 쾌감 때문일 확률이 높기 때문이다. 물건의 살 때 느끼는 흥분과 쾌감 역시 우리 뇌에서 도파민과 세로토닌을 분비시켜 일시적으로 행복감에 젖게 만든다. 한 학자는 아이가 유난히 단것을 좋아한다면, 욕구불만이거나 심한 스트레스를 받고 있을 수도 있다고 추측한다. 단것과 혈당은 연결되어 있기 때문이다. 욕구불만 상태가 되면 호르몬 작용으로 혈당이 떨어지고 이로 인해 불안하고 초조해진다. 그래서 혈당을 높이려는 목적으로 자신도 모르게 단것을 원하게 되는 것이다. 단맛을 찾는 것은 욕구불만을 해소하려는 일종의 보상심리인 것이다.

하지만 단맛을 가진 모든 식품이 중독성을 갖고 있는 건 아니다. 과일은 물론이고 밥도 꼭꼭 씹어 먹으면 단맛이 난다. 그러나 누구도 과일이나 밥에 중독되지는 않는다. 문제가 되는 단맛은 단순당 중 이당류에 해당한다. 당류는 우리가 5대 영양소라고 꼽는 것 중 탄수화물을 말한다. 탄수화물에는 단당류, 이당류, 올리고당, 다당류가 있다. 단당류는 탄수화물의 최소단위로 포도당, 과당 등이다. 이당류는 단당류가 둘이 모인 형태로 설탕, 맥아당, 유당 등이다. 올리고당은 단당류가 3~10개 정도 모인 것이고, 다당류는 단당류가 10개 이상 모인 것을 말한다. 단당류와 이당류는 단순당이라고 하고, 올리고당과 다당류는 복합당이라고 한다.

우리에게 중독을 일으키고 당뇨병을 일으키는 것은 단순당 중 이당류이다. 복합당에는 현미, 통밀, 보리 등 도정이 덜 된 곡물이나 채소, 콩 등이 해당된다. 단순당 중 단당류는 우리 몸속에 빠르게 흡수되어 에너지원으로 활용되지만, 이당류는 단당류로 분리되어 쓰이는 것뿐 아니라 단맛이 강해 중독을 일으킨다. 복합당은 서서히 소화, 흡수되어 혈당을 급격히 올리지도 비만을 불러오지도 않는다. 그런데 아이들이 좋아하는 단맛의 대부분은 이당류다! 아이들이 한 번 먹어보면 황홀해 마지않는 사탕, 초콜릿, 탄산음료, 아이스크림, 요구르트 안에는 대부분 설탕보다 더 강하게 조작된 이당류들이 담겨 있다. 복합당으로는 아이들을 강력하게 끌어들일 단맛을 낼 수 없기 때문에, 어떤 업체도 비싸고 효과가 떨어지는 복합당을 사용하려 들지 않는다. 이런 이유로 아이들이 선호하는 단맛 식품의 대부분이 중독과 관련된 신경호르몬을 분비하는 당성분으로 구성되고, 아이들은 점점 더 단맛에 중독되어, 엄마가 견디지 못할 정도로 치열하게 단맛을 요구하게 되는 것이다.

숨어 있는 단맛이 아이의 입맛을 조정한다

아이들이 식사를 하기 위해 둥글게 모여 앉아 있다. 아이들 앞에는 식판이 하나씩 놓여 있다. 그런데 오늘은 여느 점심시간과 조금 달랐다. 배식을 위해 놓인 음식이 두 그룹으로 나누어져 있기 때문이다. 음식에는 커다란 보자기가 덮여 있다. "여러분, 오늘은 어떤 음식이 있을까요? 자, 오른쪽부터 열어 볼까요? 짠!" 유치원 교사는 밝게 웃으며 오른쪽 보자기를 걷었다. 오른쪽 식탁에는 김치, 나물, 밥 등이 차려져 있었다. 아이들은 교사의 '짠'하는 소리가 무색할 만큼 표정이 어두웠다. 마치 어려운 숙제를 받는 학생처럼 시무룩한 얼굴들이다. "자 이쪽에는 어떤 음식이 있을까요? 짠!" 이번에는 왼쪽 보자기를 걷었다. 왼쪽 식탁에는 과자, 피자, 치킨, 소시지 등이 차려져 있었다. 아이들은 교사의 말이 끝나기가 무섭게 "와~" 하는 함성을 질렀다. 여기저기서 감탄사가 나오고, 박수를 치고 만세를 부르며 환호했다. 아이들은 어느 쪽 음식을 더 선호할까? 유치원 교사는 "먹고 싶은 것을 담아 가세요"라고 아이들에게 말했다. 아이들은 모두 과자, 피자, 치킨이 있는 왼쪽 식탁으로 가서 줄을 섰다. 점심 식사를 하고 있는 아이들의 식판에는 온통 과자, 피자, 치킨, 소시지들뿐이었다. 오른쪽 음식에는 그야말로 파리만 날리는 지경. 점심 식사를 끝낸 아이들에게 오늘 가장 맛있었던 음식이 무엇인지 물었다. "치킨이요." "피자요." "과자요." 모두 왼쪽 식탁에 있는 음식들이었다.

서울의 한 유치원 점심시간을 빌어 아이들의 음식 선호도를 알아보는 간단한 실험이었다. 실험 결과, 치킨, 피자, 과자, 소시지의 압승이었다. 실험을 진행하는 사람 모두 아이들이 치킨, 피자, 과자, 소시지를 좋아하리라는 것은 쉽게 짐작했다. 이것은 경험상 알고 있는 지식이다. 하지만 이론상으로라면 치킨, 피자, 과자, 소시지의 압승이 이해가 되지 않을 수도 있다. 분명 우리는 지금까지 아이들 자신조차 주체할 수 없는 강한 '단맛'의 유혹에 대해서 이야기하고 있었기 때문이다. 혹 치킨, 피자, 과자, 소시지 또한 단 음식이 아닐까? 제작팀은 전문가에게 이러한 식품들의 분석을 의뢰했다. 분석 결과, 아이들이 좋아하는 간식들 대부분에 놀랄 만큼 많은 양의 단맛이 숨어 있었다. 그런데 우리는 왜 이 음식들이 달다고 느끼지 못했던 걸까?

" 양념치킨과 피자에는 과자보다 더 많은 단맛이 숨어 있다 "

과자, 양념치킨, 소시지, 피자 등은 모두 단 음식이다. 과자(100g)에는 각설탕 여덟 개에 해당하는 단맛이, 양념 치킨(100g)에는 각설탕 열한 개에 해당하는 단맛이, 소시지(100g)에는 각설탕 두 개 반에 해당하는 단맛이, 피자(100g)에는 각설탕 아홉 개에 해당하는 단맛이 숨어 있다. 이렇게 단맛이 있음에도 불구하고 그동안 우리가 달다고 못 느낀 이유는 한 가지다. 단맛을 못 느낄 정도로 다른 맛들의 성분이 많이 들어 있기 때문이다. 한마디로 맛이 너무 자극적이다.

아이들이 좋아하는 음식을 분석한 상계백병원의 이지정 임상영양사의 설명이다. 각설탕의 양을 각각의 음식과 같은 중량으로 풀어서 계산하면, 각 식품이 가진 설탕의 양이 더 쉽게 눈에 들어온다. 각설탕 하나의 중량은 4g 정도이다. 그렇다면 과자 100g에는 설탕 32g, 양념치킨 100g에는 설탕 44g, 소시지 100g에는 설탕 10g, 피자 100g에는 설탕 36g이 들어있다는 말이 된다. 과자의 1/3, 양념치킨의 2/5가 설탕이라는 뜻이다. 양념치킨과 피자에는 과자보다 더 많은 설탕이 들어 있었다. 결국, 아이들이 피자, 양념치킨, 소시지, 과자 등을 좋아하는 이유 또한 '단맛의 유혹'과 깊은 관련이 있다.

여기서, 한 가지 가정을 해 보자. 만약 어른들에게 유치원 아이들과 똑같은 실험을 했다면 결과는 어땠을까? 과자, 양념치킨, 소시지, 피자 등이 건강에는 전혀 무해한 음식이라고 하고 마음껏 먹으라고 했다면 아이들처럼 마냥 맛있게 먹었을까? 대답은 아마도 'NO'일 것이다. 우리는 나이가 들수록 어릴 때 열광했던 과자, 양념치킨, 소시지, 피자 등에 흥미를 잃어간다. 어린 시절만큼 많이 먹을 수도 없고, 솔직히 맛도 없다고 생각한다. 수업이 끝나고 집으로 가는 길에 하나씩 먹곤 했던 핫도그도, 아이스크림도 지금 먹어 보면 그다지 환상적인 맛이 아니다. 세월이 지났으니 만드는 사람도 달라지고, 맛도 달라진 걸까? 그렇지 않다. 어른들이 어린 시절 먹던 간식을, 그 시절처럼 맛있게 느낄 수 없는 것은 어른과 아이가 가진 미각의 차이에 있다.

인간은 평균 1만 개의 맛봉오리를 가지고 태어난다. 맛봉오리는 대부분 혀에 분포하는데, 혀끝, 가장자리, 뒤쪽에 특히 많다. 또한 많지는 않지만 입천장에도 있다. 맛봉오리 하나에는 보통 50~100개의 세포가 있는데, 그 세포 하나하나가 음식의 맛을 잡아내는 역할을 한다. 최근에 밝혀진 연구에 따르면 맛봉오리 하나하나가 단맛, 쓴맛, 신맛, 짠맛, 감칠맛 등을 모두 파악할 수 있다. 8세쯤 되면 맛봉오리 수는 3,000개 정도로 줄어든다. 이후 우리는 쭉 3,000개 남짓의 맛봉오리를 가지고 살아간다. 간혹 성인 중에도 태어날 때와 같이 1만 개의 맛봉오리를 가진 사람들이 있는데, 우리는 그들을 미식가 혹은 절대 미각의 소유자라고 부른다. 즉 아이들은 태어날 때 누구나 절대 미각의 소유자만큼 많은 맛봉오리를 가지고 있다는 뜻이다. 어릴수록 아이는 더 많은 맛봉오리를 가지고 있다. 그래서 아이들은 어릴수록 맛의 작은 차이에도 예민하게 반응하고, 유난히 자신이 좋아하는 맛과 싫어하는 맛의 구분이 분명한 것이다. 자기가 좋아하는 맛에는 어른들이 혀를 내두를 정도로 열광하는 이유도 그 때문이다.

어른들은 시큰둥하지만 아이들이 피자, 양념치킨, 과자, 소시지를 그토록 좋아하는 것도 절대 미각과 관련이 있다. 어른들은 미각이 둔해서 피자, 양념치킨의 단맛을 읽어낼 수 없지만, 아이들은 미각이 민감하여 음식 속에 숨겨져 있는 단맛을 찾아내고 그 단맛에 환호한다. 아이가 맛을 감지하는 행위는 거의 무의식에 가깝다. '아 이 음식에는 단맛이 있으니까 나는 이 음식이 좋아'라고 사고하고 판단하는 것이 아니라, 피자를 한입 베어 먹는 순간 '아 맛있다!'라고 느끼는 것이다. 아이들이 이렇게 맛을 빠르게 느낄 수 있는 것은 그들이 가진 절대적인 미각 때문이다.

단맛의 칼로리는 얼마일까?

태어날 때부터 단맛에 열광하는 아이들. 그렇다면 어른들이 그런 아이들을 걱정하는 이유는 뭘까? 왜 아이는 단맛에 중독되면 안 될까? 이유는 우리 아이들이 고른 영양을 섭취해야 하는 성장기에 있기 때문이다. 단맛은 대부분 설탕 덩어리의 음식이 많은데, 이런 음식들은 다른 자연식품들과 달리 영양소를 거의 함유하고 있지 않다. 설탕은 당질 99.9%, 수분 1%로 구성된다. 당질이 많다 보니 열량은 설탕 100g당 387kcal나 된다. 영양소는 거의 없고 열량만 높은 것이다. 그래서 너무 많이 섭취하면 고른 성장을 방해하는 것은 물론 영양결핍이 일어날 수 있다. 겉으로 보기에는 통통한 아이라도, 속은 텅텅 비어서 오히려 체력이나 건강은 부실한 경우가 많다. 이런 이유로 영양학자들은 설탕을 'empty calorie food' 즉 '빈 열량식품'이라고 부른다. 게다가 단맛이 많이 나는 음식은 비만, 당뇨병, 심장병, 과잉행동, 충치 등을 야기할 수 있어, 아이들이 하염없이 중독되는 것을 그냥 지켜볼 수만은 없다.

> 승재(초등학교 5학년)는 학교에서 돌아오자마자 냉장고부터 연다. 냉장고 문을 여니 시원한 청량음료가 눈에 들어온다. 아이는 얼른 청량음료 캔을 따서 벌컥벌컥 마신다. 그러고는 "엄마, 뭐 먹을 거 없어?" 하고 외친다. 베란다에서 빨래를 걷고 있던 엄마는 승재 쪽을 쳐다보면서 말한다. "식탁 위에 어제 먹다 남은 피자 한 조각 있잖아. 그거 얼른 먹고 학원 가. 오늘 왜 이렇게 늦었어? 꾸물거리다 늦겠다." 식탁 위를 보니 엄마가 방금 데워 놓은 듯 온기가 남아 있는 피자가 있다. "엄마! 콜라 조금만 마셔도 되지?" 승재는 유난히 콜라를 좋아해 벌써 이가 여덟 개나 썩은 상태다. 엄마는 승재가 콜라를 많이 마시지 못하도록 각별히 주의를 시키고 있다. "반 잔만 먹어. 이 닦는 거 잊지 말고." 승재는 컵에 콜라를 반 잔 따르고 피자에 케첩을 듬뿍 뿌려 맛있게 먹었다. 먹고 나서도 왠지 허전했지만, 엄마와의 약속대로 양치질을 한 뒤 부랴부랴 피아노학원으로 향했다.

학교에서 돌아온 아이가 가볍게 간식을 해치우는 상황이다. 아이를 키우는 집에서 흔히 볼 수 있는 장면이다. 간식으로 패스트푸드를 먹고 학원으로 향하는 아이가 마음에 걸리긴 하지만, 그렇게 많이 먹은 건 아니니 괜찮지 않을까 하고 생각할 수 있다. 과연 그럴까? 우선 승재가 먹은 간식 속의 설탕 양을 계산해 보자. 청량음료 한 캔, 보통 250ml의 양에 32.5g의 설탕이 들어 있다. 피자 한 조각과 콜라 반 잔은 앞서 말했듯이 90g의 설탕이 들어 있다. 그리고 피자에 뿌려 먹은 케첩 15g(1큰술)에는 10g의 설탕이 들어 있다. 승재가 먹은 설탕의 양은 총 132.5g으로 어른 밥숟가락으로 아홉 숟가락이 조금 못 되는 양이다. 30분도 안 되는 짧은 시간에 아이가 우유팩으로 2/3정도 되는 설탕을 먹은 것이다.

문제는 몸에 좋지 않은 설탕을, 부모나 자기 자신도 모르는 사이 퍼붓듯이 먹었다는 사실만이 아니다. 그렇게 퍼붓듯 먹은 설탕의 열량이 생각보다 높다는 것에 주목해야 한다. 당류 1g은 4kcal의 열량을 낸다. 승재가 먹은 설탕 132.5g을 칼로리로 계산하면 총 530kcal가 된다. 이것을 모두 설탕으로 섭취했다는 결론이다.

한국영양학회에서 2005년에 발표한 한국인 영양 섭취 기준을 보면, 만 9~11세 남자아이의 경우, 하루 영양 섭취 권장량이 1,900kcal이다. 그중 당류를 통해 섭취하는 열량은 총 열량의 10~20% 이내로 해야 한다. 만 9~11세의 경우 당류를 통해서 얻는 열량이 190~380kcal여야 한다는 뜻이다. 하지만 승재가 허전하다 싶게 먹은 설탕의 양은 이미 권장량을 150kcal나 초과했다. 승재가 먹은 아침, 점심, 저녁 그리고 학원에서 집으로 돌아오는 길에 먹을 간식까지 합하면, 하루 종일 먹은 설탕의 열량만으로 하루 권장 칼로리의 반 이상(약 1,000kcal)을 채울 수도 있다는 얘기다. 잠들기 전 승재는 하루 동안 섭취해야 할 칼로리를 모두 섭취하여 충분히 배가 부르다고 느낄 것이다. 하지만 승재의 뇌, 뼈, 눈, 피부, 혈액 등은 충분한 영양을 공급받지 못해 배가 고플 것이다. 이런 날이 계속된다면 승재의 몸은 원활히 작동할 수 없을 것이며, 머지않아 오작동하거나 작동을 멈추게 될지도 모른다.

인류가 최초에 단맛을 원했던 것은 포도당을 통해 에너지를 공급받기 위해서였다. 단맛은 당질로 이루어지며, 당질을 섭취하면 우리 몸의 일차적인 에너지원인 당이 쉽게 공급되어 배고픔을 느끼지도, 식욕을 느끼지도 않는다. 병원에 입원해서 포도당 수액을 맞으면 배가 그다지 안 고픈 것도 이 때문이다. 하지만 당으로 인해서 만들어지는 에너지는 단기 에너지원이다. 장기 에너지원은 단백질과 지방이다. 이런 것들이 부족하면 성장발육에 악영향을 끼친다.

연령	성별	하루 영양 섭취 권장량	하루 당류 권장량
만 6~8세	남자아이	1,600kcal	160~320kcal
만 6~8세	여자아이	1,500kcal	150~300kcal
만 9~11세	남자아이	1,900kcal	190~380kcal
만 9~11세	여자아이	1,700kcal	170~340kcal

만 6~11세 영양 섭취 권장량(한국영양학회, 2005)

> 어린이 음료 속
> 단맛의 정체

상식의 재발견 ❷

시판되고 있는 우리 아이들의 음료수를 보면 한숨이 절로 난다. 대부분 액상과당이거나 백설탕이다. 단맛 중독을 일으키는 백설탕도 당연히 나쁘지만, 아이의 뇌에 자꾸만 "먹어라, 마셔라"를 강요하는 액상과당 또한 치명적이라 딱히 선택할 것이 없다. 아무리 아이가 좋아하며 마셔도 그대로 방치해 두어서는 곤란하다. 가장 좋은 해답은 되도록 안 주는 것, 아예 사다 놓지 않는 것, 아이 눈에 띄지 않도록 하는 것이다. 어린이 음료 속 단맛의 정체, 눈여겨 봐두자.

액상과당	백설탕	기타(결정과당, 당시럽)
코알코알코알라 맛 3종	깜찍이(풍선껌 맛)	짱구는 튼튼해(결정과당)
카프리 썬	짜요짜요(딸기, 포도)	짱구는 똑똑해(결정과당)
메이플 스토리	토마스와 친구들	튼튼 짱구(결정과당)
똑똑 짱구	뼈장군	둘리(귤, 사과맛-결정과당)
스쿨주스 오렌지 2종	초롱이(매실, 오렌지)	초롱이(포도맛-당시럽)
앙팡	귀혼팡팡 2종	밀키스(액상과당+백설탕)
뽀로로와 친구들	곰탱이 딸기맛 비타친구 3종	
엔요	아일락 쉐이키붐붐	
아이짱 요구르트	뽀로로(사과, 딸기)	
이요	쿠우	
키즈 요구르트	헬로 팬돌이(딸기맛, 솜사탕맛)	
깜찍이(밀크 아이스크림)		
써니텐		
크리미		
과일촌(제주감귤)		
토마토 골드		
알로에 모닝		
갈아만든 배		
썬키스트(레몬C)		
비타 500		
미녀는 석류를 좋아해		

03 **단맛**에서 **밥맛**을 지키려면

첫 이유식 재료를 점검하라

　모든 아이들은 단맛을 좋아한다. 그것은 단순한 취향이 아니다. 최초 아이들의 단맛 선호는 생존을 위해 각인되고 훈련된 것이다. 생존을 위해서 포도당을 필요로 하던 원시 인류의 유전자, 당으로부터 몸의 에너지를 공급받던 태아기의 기억, 모유를 통해 유당이라는 단맛을 유일한 먹을거리로 공급받던 신생아기의 생활에 이르기까지 아이는 태어나기 전부터 단맛을 좋아하도록 프로그래밍 되어 있었다. 즉 아이의 단맛 선호는 탓할 수도, 막을 수도 없다.

　하지만 단맛 중독에 대해서는 심각하게 고려해 봐야 한다. 아이들은 단맛을 선호하도록 태어났을 뿐 중독되도록 태어나지는 않았다. 모든 아이들이 단맛을 선호하지만 어떤 아이는 단맛의 노예가 되고 어떤 아이는 단맛을 적절히 즐길 줄 아는 사람이 되는 것은 바로 그 때문이다. 단맛의 선호를 가지고 태어난 아이가 필요 이상으로 강력한 단맛을 원하고 요구하게 된 데에는 분명 어른들의 책임이 있다. 우리는 아이들 음식 속 여기저기에 숨어 있는 단맛을 눈치채지 못하고, 단맛 중독을 일으키는 단순당의 양을 줄이지 못한 것을 반성해야 한다. 또한 어른보다 민감한 아이의 미각을 상업적으로 악용하여 생산된 아이들의 먹을거리에 너무 관대하지는 않았는지 점검해 보아야 한다.

자, 그렇다면 이제 어떻게 할까? 어떻게 하면 아이가 단맛의 노예가 되지 않게 키울 수 있을까? 모든 아이들은 태어나기 전부터 단맛을 선호하며, '단맛 선호'라는 입맛의 특징은 단맛 중독을 일으키는 위험 요소가 될 수 있다. 돌 전 아기가 단맛을 좋아한다고 설탕물을 찍어 주고, 시판 주스를 먹이고, 달달한 과일을 골라 주는 것만으로도 돌 이후 아이가 단맛 중독이 될 가능성은 충분하다. 일단 이유식을 할 때부터 단맛에 익숙해진 아기는 돌 이후의 유아식도 단맛만 요구한다. 따라서 이유식 재료를 고를 때부터 지나치게 단맛에 익숙해지지 않도록 점검해야 한다.

아기가 모유나 분유 이외의 첫 먹을거리를 받아들이는 것은 이유식을 시작하는 생후 4~6개월 즈음이다. 이 시기는 아기의 섭식 운동능력이 음식을 받아서 넘길 수 있을 정도로 발달하는 때이며, 탄수화물을 소화시킬 수 있는 소화능력이 발달하는 시기이기도 하다. 또한 좋아하는 음식과 싫어하는 음식을 구분해 가는 시기이기도 하다. 따라서 아기가 본능적으로 단맛을 좋아하는 건 사실이지만 강한 단맛을 애초부터 주지 않으면 단맛과 그렇지 않은 맛에 대한 선호도가 덜 생길 수 있다. 초보 엄마들이 육아의 바이블로 생각하는 『삐뽀삐뽀 119 소아과,『삐뽀삐뽀 119 이유식』을 쓴 하정훈 소아청소년과 전문의는 소금, 설탕, 조미료 등 아기의 이유식에는 돌 전에는 물론이고 두 돌까지도 간을 해서는 안 된다고 강조한다. 재료 자체에 있는 소금기, 설탕기 정도면 충분하다는 것이다. 그는 시판 이유식을 사서 먹이는 것도 반대한다. 이유식을 하는 것에는 여러 가지 영양소를 골고루 보충하고자 하는 목적도 있지만, 평생의 건강을 지켜 줄 좋은 식습관을 만들어 준다는 목적도 있기 때문이다.

시판 이유식은 성분상으로 집에서 만드는 이유식보다 많은 영양을 담고 있는 듯 보인다. 하지만 영양학적 문제를 떠나 아이들의 식습관을 바로잡는 데 이것만큼 큰 걸림돌은 없다. 시판 이유식은 어디까지나 인스턴트식품이다. 보기에는 그럴싸하지만 시판 이유식은 엄마가 집에서 만드는 이유식에 비해 맛이 세다. 엄마가 만든 것보다 맛있게 느껴지는 시판 이유식에는 엄마가 만든 이유식보다 인위적인 단맛 혹은 짠맛이 많이 추가된 경우가 많다. 한 번 센 맛에 익숙해진 입맛을 되돌리는 것은 쉽지 않다. 이유식은 다양한 종류의 식품을 맛보고, 그 식품 자체의 맛을 느낄 수 있으면 된다. 이유기는 자연의 맛과 향, 질감을 경험하고 훈련하는 시기이다. 『생존의 밥상』을 쓴 김수현 생태영양학자는 시판 이유식에는 24%의 설탕이 들어 있다고 경고한다. 시판 이유식으로 이유식을 시작하면 아이가 본능적으로 가지고 있는 단맛에 대한 탐닉이 더 심해진다. 또한 시판 이유식을 먹은 아기는 과자, 요구르트 등에 숨어 있는 단맛을 익숙하게 느끼며, 인공적인 식품첨가물에 거부감을 보이지 않는다. 오히려 가공되지 않는 자연의 맛에 거부감을 보인다.

아이의 입맛이 형성되기 시작하는 이유기, 아기가 접하는 단맛은 식품 자체가 가진 단맛 정도면 충분하다. 첫 이유식은 곡물로 시작하는 것이 좋다. 생후 4~6개월쯤 곡물로 시작하여 한두 가지씩 맛이 강하지 않은 재료를 추가시킨다. 생후 6~8개월까지는 단맛이 약한 채소를 추가하는 것이 좋다. 과일도 생후 4~6개월부터 갈아서 먹일 수 있지만 마찬가지로 너무 단맛이 강한 것은 피한다. 아기가 과일즙만 먹고 밥은 먹지 않으려는 사태가 벌어질 수 있기 때문이다. 고기류는 생후 6~8개월 이후가 적당하다. 또한 이유기에는 되도록 많은 식재료를 접하게 해 주는 것이 중요하다. 이 시기에 다양한 맛을 접해야 아이의 미각이 풍부하게 발달해 다양한 맛에 대한 기호가 생길 수 있다.

천연 단맛에 관대하지 마라

아이들의 단맛 선호 자체가 위험한 것은 아니다. 문제는 아이들이 초콜릿, 사탕, 아이스크림, 요구르트 등에 숨어 있는 인공 단맛을 즐기고, 그것에 중독되었을 때이다. 그렇다면 천연 단맛이라면 얼마든지 괜찮을까?

> 윤희(만 4세)는 밥을 먹으면서 연신 엄마가 갈아준 사과주스를 마신다. 밥을 한 숟가락 먹고 주스 몇 모금 마시고 반찬 하나 먹고 또 주스를 몇 모금 마신다. 윤희 엄마는 아이가 이런 식으로 밥을 먹는 것이 걱정되지만, 그조차 먹지 않을까 식탁에서 주스를 치울 수가 없다. 이렇게 먹는 윤희의 밥 양은 다른 아이들의 1/3 정도이다.

윤희는 편식이 심하고 먹는 양도 적다. 윤희 엄마는 주스 몇 모금으로 밥을 넘기고 있는 딸을 보면 억울하다는 생각이 든다. 훌륭히 모유 수유에 성공하고 이유식도 손수 만들어 정성스럽게 먹였건만, 윤희의 상태는 아무렇게나 이유식을 먹이고, 돌이 되자마자 과자를 먹은 다른 아이들보다 못하기 때문이다. 윤희는 또래보다 작고 마르기까지 했다. 돌 전부터 인공 단맛을 철저히 차단하고 자연식 먹을거리만 고집했건만 왜 아이가 바람직하게 커 주지 않은 걸까? 제작팀은 윤희와 윤희 엄마의 식습관을 관찰한 끝에 해답을 찾을 수 있었다. 윤희 엄마는 하루 종일 지나치게 많은 과일을 먹고 있었다. 과일은 천연 단맛의 대표주자다. 과일의 천연 단맛이 초콜릿이나 사탕에 들어 있는 인공 단맛보다는 낫지만, 그 또한 '단맛'이라는 걸 잊어서는 안 된다. 지나치면 중독을 일으키고 밥맛에 흥미를 잃게 할 수 있다. 쌀이 주재료인 밥은 탄수화물이 주성분이라 꼭꼭 씹으면 단맛이 느껴지는 천연 단맛 음식이다. 하지만 과일의 단맛 강도와 밥의 단맛 강도는 엄청나게 차이가 난다. 아이들은 입안에 넣자마자 단맛이 확 퍼지는 과일을 더 좋아할 수밖에 없다. 게다가 과일은 힘주어 꼭꼭 씹어 먹지 않아도 쉽게 단맛을 느낄 수 있어 밥과는 비교가 되지 않는다.

아이들은 천연 단맛이든 인공 단맛이든 가리지 않고 단맛을 선호한다. 물론 천연 단맛 식품이 인공적으로 단맛을 낸 식품보다는 아이들로 하여금 당분을 덜 원하게 만든다. 그래서 초콜릿과 같은 인공 단맛을 많이 찾는 아이들에게는 과일로 만든 푸딩을 만들어 주는 것이 좋다. 전문가들은 인공적으로 단맛을 가미한 음식을 먹이기에 앞서 과일을 먹이면 커서 먹을 사탕이나 과자의 양을 줄일 수 있다는 팁을 주기도 한다. 천연 단맛으로 인공 단맛을 막을 수 있다는 것이다. 하지만 이러한 천연 단맛도 그 양이 지나치면 밥맛에 영향을 줄 수밖에 없다. 분명 설탕 섭취를 줄이는 방법으로 신선한 과일이나 천연 주스로의 대체가 좋고, 케이크나 과자 같은 후식보다는 과일이 좋지만, 천연 단맛도 단맛은 단맛이다.

과일은 사람의 건강에 이롭다. 이것은 누구나 아는 사실이다. 맛도 좋고 비타민, 섬유질, 칼륨, 마그네슘, 항산화제 등도 풍부하기 때문에 건강에 무엇보다 좋다. 또한 향이나 맛은 아이들의 미각을 발달시키고, 씹는 소리나 느낌은 우뇌를 발달시킨다. 너무 딱딱하지 않은 음식을 아삭아삭 씹는 훈련은 저작 연습에도 좋다. 그렇다고 무조건 많이 먹는 것은 좋지 않다. 과일 또한 건강하게 먹으려면 다른 음식물이 그렇듯 골고루 먹어야 한다. 골고루 먹으라는 것은, 많은 종류의 과일을 먹으라는 것이 아니다. 다양한 색깔의 과일을 먹으라는 말이다. 전문가들은 보통 하루에 다섯 가지 색깔의 과일과 채소를 먹는 것이 좋다고 충고한다. 빨강, 검정, 초록, 하양 그리고 노랑 등. 같은 색깔이라도 각기 다른 생리활성물질이 들어 있기 때문에 한 가지 종류만 고집하기보다는 여러 종류를 다양하게 섭취하는 것이 좋다. 식물은 외부의 스트레스로부터 스스로를 방어하기 위해 여러 가지 중요한 생리활성물질을 분비한다. 이것이 식품 고유의 색깔로 나타난다. 따라서 색깔이 짙고 화려할수록 건강 기능성분이 풍부하다. 이러한 성분은 우리 몸에 들어와 똑같은 효과를 내며 질병과 맞서 싸우는데, 미국의 한 영양학 저널은 사과만 1,000g 먹은 것과 여러 색깔의 과일을 섞어서 100g 먹은 것이 똑같은 효과를 낸다고 보고한 바 있다. 여러 색깔의 성분들을 함께 섭취하면 상승작용을 하기 때문에, 다양한 과일과 채소를 조금씩 섞어서 먹는 것이 가장 효과적이라는 것이다.

단맛이 강한 과일 한 종류만을 고집해서 먹는 것은 초콜릿을 많이 먹는 것보다 나을 뿐이지 건강상으로 전혀 좋을 것이 없다. 이 또한 몸속으로 들어오는 영양분의 불균형을 일으키는 엄연한 편식이기 때문이다. 과일의 단맛에 익숙해지는 것 역시 밥을 거부하고, 채소를 끔찍이 싫어하는 아이를 만들 수 있다. 간혹 아이가 처음으로 접한 채소를 먹지 않으면 쉽게 포기하고 영양 구성이 비슷한 과일을 주는 경우가 있는데, 이것은 잘못된 태도이다. 과일은 채소와 영양 구성은 비슷하지만 당분이 훨씬 많아 달콤하다. 아이가 처음부터 과일을 접하고 과일을 즐겨 먹게 되면 상대적으로 싱겁고 맛이 씁쓸하게 느껴지는 채소는 점점 싫어하게 된다. 너무 일찍 과일 맛에 빠진 아이는 심한 경우 이유식은 물론이고 모유나 분유조차 거부하고 과일만 먹으려고 드는 상황이 벌어진다. 과일도 과하게 먹으면 키가 안 자랄 수도 있고 영양의 불균형으로 두뇌 발달에 지장을 초래할 수도 있다. 또한 칼로리가 높은 음식이라 비만의 위험성도 있다.

과일	귤	키위	복숭아	바나나	사과
중량(g)	105	140	230	180	250
열량(kcal)	34	56	60	92	124

과일의 열량(1개 기준, 중량은 껍질 포함)

끝으로 한 가지 덧붙이고 싶은 것은 엄마가 직접 갈아 만든 과일주스가 아닌 이상, 과일주스는 과일이 아니라는 사실이다. 간혹 '과일주스' 또한 과일과 같은 역할을 한다고 오해하는 경우가 있는데, 시판되는 과즙 음료에는 설탕이 많이 함유되고, 인공 감미료와 카페인까지 들어 있는 경우도 많다. 포장에서 보여주는 대로 비타민C가 많을 수 있지만, 분명 비타민C보다 인공적인 당분이 더 많다는 것을 잊지 말아야 한다. 천연 단맛 음식인 과일도 많이 먹으면 단맛의 해악으로부터 자유로울 수 없는데, 과일주스의 경우는 말할 필요도 없을 것이다. 과일주스는 과일과 달리 무기질이 없고, 식이섬유도 함유하고 있지 않다. 그 밖에 인간이 밝히지 못한 과일의 다양한 영양분도 가지고 있지 않다. 다만 '과일'이라는 이름을 달고 인공 과일향을 뒤집어쓴 채 엄청난 당분만 갖고 있을 뿐이다. 그렇기 때문에 소아청소년과 전문의들은 생후 15개월까지는 요구르트와 마찬가지로 과일주스를 마시게 할 필요가 없다고 경고한다. 과일은 신선한 과일을 통째로 먹는 것이 가장 좋고, 어린아이라면 엄마가 직접 갈거나 익혀서 주는 것이 가장 좋다는 점을 기억하자.

간식으로 배를 채우지 마라

식사 시간에 밥은 뜨는 둥 마는 둥 하고 딴짓만 하는 은영이(생후 26개월)는, 밥 먹는 것을 징그럽게 싫어한다. 그런데 은영이의 몸무게는 벌써 18kg, 또래 아이들보다 6kg 이상 많이 나간다. 은영이 엄마는 초등학교에 다니는 큰 아이가 경도 비만 판정을 받은 상태라 둘

> 째 은영이의 이런 몸무게가 달갑지 않다. 어른들은 볼에 통통하게 살이 오른 은영이를 귀
> 엽다고 하고, 음식을 오물오물 먹고 있는 은영이의 작은 입도 귀엽다고들 하지만, 이러다
> 은영이도 비만아가 되는 것은 아닐까 엄마는 늘 조심스럽다.

밥도 잘 안 먹는 아이가 이렇게 통통해질 수 있을까? 다이어트에 실패한 성인들이 흔히 하는 넋두리처럼 '공기'만 마셔도 살이 찌는 체질인 걸까? 천만의 말씀이다. 제작팀이 살펴본 은영이의 식습관은 그야말로 밥만 안 먹는 아이였다. 끼니를 건성으로 때우고, 간식으로 초콜릿, 요구르트, 사탕, 과자 등을 마음껏 섭취하고 있었다. 은영이 엄마는 아이가 밥을 잘 안 먹는 것이 걱정이 되어, 식사 시간 이후 아이가 요구하는 '단것'을 순순히 내줬다. 그것으로나마 필요한 열량을 채우라는 마음이다. 엄마의 생각대로 은영이는 엄마가 주는 '단것'에서 열량을 충분히 공급받고 있었다. 하지만 그로 인해 딱히 밥을 먹어야 할 필요성을 못 느꼈다. 만 1~2세 아이에게 필요한 하루 권장 열량은 1,000kcal, 이 시기 아이는 하루 3번의 식사와 2번의 간식을 먹어야 하는 것을 감안하면 한 끼에 약 280kcal를 먹어야 한다(간식은 100kcal±10kcal 정도가 적당하다).

은영이가 식사를 하기 전에 작은 밀크초콜릿을 1개 먹고, 캐러멜 4개, 초코칩쿠키 3개를 먹었다면 밀크초콜릿에서 79kcal, 캐러멜에서 84kcal, 초코칩쿠키에서 231kcal의 열량을 섭취한 게 된다. 총 394kcal이다. 한 끼에 먹어야 할 열량을 100kcal나 초과한 것이다. 간식의 열량으로도 지나치게 많다. 당연히 은영이는 식사 시간에 별 흥미를 보이지 않게 된다. 은영이가 한 끼 식사와 한 번의 간식으로

먹은 열량은 밥 1/3공기(100kcal), 두부 1/2모(75kcal), 달걀 1개(75kcal), 생야채 45g(10kcal), 우유 100ml(63kcal), 사과 1/3개(50kcal)에 해당하는 양이다.

성장기 아이에게 필요한 것은 단지 하루 권장 열량만이 아니다. 필요한 열량을 5대 영양소 중 어느 한쪽에 치우치지 않고 골고루 섭취하는 것이 더 중요하다. 한국영양학회에서는 좋은 영양 상태를 유지하기 위해서는 여섯 가지 기초식품군을 균형 있게 섭취하는 것이 바람직하다고 권한다. 여섯 가지 기초식품군은 지방류, 우유 및 유제품류, 어육류, 과일류, 채소류, 곡류 및 전분류로 분류한다. 그리고 탄수화물, 단백질, 지질 등 3대 영양소의 에너지 적정 비율은 1~2세 아이의 경우, 열량 1,000kcal 중 탄수화물로 55~70%, 단백질로 7~20%, 지방으로 20~35%를 섭취하도록 하고 있다.

생각보다 많은 엄마들이 아이가 밥을 잘 먹지 않는다는 이유로 밥보다 간식에 열중한다. 또한 간식은 밥이 아니기 때문에 밥상을 차릴 때보다 엄마의 기준이 많이 느슨해진다. 단맛이 듬뿍 든 초콜릿머핀, 오렌지주스, 요구르트, 빵, 가끔은 비엔나소시지도 간식의 재료가 된다. 엄마가 이렇게 아이의 입맛에 맞는 간식을 준비하는 이유는 아이가 이전 식사를 제대로 하지 않았기 때문이다. 밥을 제대로 먹지 않았으니까 간식이라도 제대로 먹여 영양을 보충해 보겠다는 속셈인 것이다. 엄마의 속셈대로 아이는 준비한 간식을 잘 먹는다. 엄마가 단맛 간식을 준비하고, 아이가 밥을 안 먹고, 다시 단맛 간식을 준비하고 또다시 밥을 안 먹고……. 너무나 당연한 악순환이다. 아이가 밥을 잘 먹고 단맛이 나는 간식은 조금만 먹고, 다시 밥을 맛있게 먹고 간식은 조금 먹고……. 이렇게 되려면 엄마는 간식으로 아이의 배를 채우지 말아야 한다. 아이가 이전 식사를 제대로 하지 않았다 하더라도 아이의 입맛에 맞는 단맛 나는 간식을 이토록 마음껏 제공해서는 안 된다.

숙명여자대학교 교육대학원의 한 석사논문에서는 엄마들이 아이들에게 간식을 지나치게 많이 주고 있음이 드러났다. 연구자 임경희 씨는 서울 시내의 150개 유아교육기관과 유아교육기관에 다니는 자녀를 둔 200개 가정을 대상으로 조사를 실시했다. 조사 결과 유아교육기관에서 매일 1회 간식을 줌에도 불구하고 1일 1~2회 정도 간식을 주는 가정이 78.8%였고, 아이가 요구할 때마다 수시로 주는 경우도 13%나 되었다. 간식은 다음 식사에 지장을 주지 않아야 하고 시간이 규칙적이어야 한다는 원칙이 지켜지는 경우는 거의 없었다. 간식의 분량 역시 일정한 분량을 주는 가정이 62.3%였고, 아이가 원하는 대로 주는 경우가 37.7%나 되었다. 당연히 간식의 양이 과도하게 제공될 소지가 있었다. 간식의 식단을 결정할 때 고려하는 점으로는 식품의 영양가가 39.7%, 아이의 기호가 37.7%나 되었다. 결국 아이가 원하는 것을 원하는 양만큼, 원하는 시간에 주는 가정이 많다는 결론이다.

성장기 아이들은 많은 에너지와 영양소를 필요로 하기 때문에, 세 끼 식사만으로 충분한 영양소를 공급할 수는 없다. 아이는 작은 신체에 비해 영양 필요량이 체중 1kg당 성인에 비해 훨씬 많은데, 어린이의 위 용량이나 기능이 충분하지 못하므로 1일 3회 식사만으로 필요량을 충당할 수 없어 간식을 제공하는 것이다. 특히 활동량이 많은 유아는 간식을 먹지 못하면 금세 피곤해질 수 있고, 길어진 식사 간격으로 인해 위의 공복감에서 오는 정신적인 불안을 느낄 수 있으므로 간식이 반드시 필요하다. 하지만 이것은 식사를 마치고 두 시간 뒤, 다음 식사의 두 시간 전에 이루어져야 한다. 그래야 다음 식사의 식욕을 떨어뜨리지 않는다. 또한 아이의 위는 작기 때문에 양이 너무 많아도 안 된다. 하루에 섭취할 총 열량의 10~15% 정도면 충분하다. 즉 1~2세 아이는 하루 권장 총열량 1,000kcal 중 100~150kcal를 간식으로, 3~5세는 하루 권장 총열량 1,400kcal 중 140~210kcal를, 6~8세는 하루 권장 총열량 1,500~1,600kcal 중 150~240kcal를 간식으로 주는 것이 좋다.

간식은 수분과 무기질, 비타민이 풍부한 것이 좋고, 소화가 잘 되는 것, 세 끼 식사에 영향을 주지 않는 가벼운 것이어야 한다. 한 번에 많은 종류를 주는 것은 좋지 않으며 한두 가지 정도가 적당하다. 특히 사탕이나 초콜릿 등 설탕이 많이 든 것은 다른 영양소는 공급하지 않고 열량만 공급하므로 피하는 것이 좋다. 지방함량이 많고 단맛이 강한 것, 인공 착색료나 향료가 강한 것 등은 피하고 전분 중심의 간식보다는 단백질, 무기질, 비타민을 보충해 줄 수 있는 것이 좋다.

단맛으로 보상하면 안 된다

"네가 이걸 해 주면 내가 이걸 주마." 부모들은 종종 아이와 이런 식의 협상을 한다. 협상에서 내거는 조건은 사탕, 초콜릿, 아이스크림, 과자. 싫어하는 채소를 억지로 먹었을 때, 엄마의 소원대로 밥을 몇 숟가락 더 먹었을 때, 동생과 장난감을 사이좋게 나누어 가졌을 때, 놀이터에 갔다 와서 손을 깨끗이 씻었을 때, 부모들은 상으로 단맛을 선물한다. 이럴 때의 단맛은 그동안 금지해왔던 것일 때도 있고, 달콤한 맛을 아이가 좋아할 거라고 생각해서 부모가 선물하는 것일 수도 있다. 하지만 어떤 경우이건 단맛을 보상의 도구로 사용하는 것은 금해야 한다. 단맛으로 보상하면 아이는 매우 쉽게 단맛의 노예가 된다. 상으로 단맛을 처음 접했을 경우, 그 순간 아이는 단맛을 가장 특별한 것으로 인식한다. 부모가 아이에게 단맛이 좋은 것이라고 가르쳐 준 셈이 되는 것이다. 만약 이전부터 단맛을 금지당한 아이가 하기 싫은 일을 했을 때, 먹기 싫은 것을 먹었을 때 단맛으로 보상을 받았다면, 단맛은 이전보다 더 특별한 것이 되고, 보상을 받기 위해 먹은 음식이나 행동은 더 불쾌한 일이 된다. 그 순간 단기적으로 엄마가 원하는 행동을 했을지 몰라도 장기적으로는 그 행동을 더 싫어하게 된다. 만약 밥이나 채소 등의 싫어하는 음식에 대해 단맛으로 보상했다면 아이는 그 음식을 더 혐오하게 된다.

"네 방을 청소하면 아이스크림을 줄게." "밥을 다 먹으면 간식을 먹을 수 있어." "조용히 있으면 초콜릿을 줄게." "숙제를 다 하고 나면 과자를 줄게." 아이와 함께 있는 많은 상황에서 부모들은 아이들에게 무언가에 대한 대가로 단것을 준다. 아이들은 본능적으로 부모의 사랑과 인정을 받으려는 습성이 있다. 그런데 부모가 매번 무언가를 했을 때 '단것'을 들먹거리면 아이는 그 단것이 부모의 사랑과 인정의 증표라고 느낀다. 음식은 협상의 수단이 되어서는 안 된다. 초등학교에 막 들어간 아이가 젓가락으로 채소를 집고는 "이거 먹으면 뭘 줄 건데요?"라고 말한다면 그건 지금까지 엄마가 그런 식의 협상을 많이 했다는 뜻이다. 음식은 벌이 되어서도 안 되고, 상이 되어서도 안 된다. 아이가 먹기 싫어하는 음식을 벌로 주면 아이는 그 음식이 가진 진짜 맛과 식감과는 상관없이 좋지 않은 이미지만 갖게 된다. 반대로 그렇지 않아도 너무나 좋아해서 제어할 수 없는 음식을 상으로 주면, 그 음식은 아이가 더욱더 선호하는 음식이 된다. 음식은 벌이나 상이 아니라 우리에게 영양을 공급해 주는 것이고, 맛있게 먹어야 하는 것이라는 이미지를 심어주어야 한다. 그렇다면 무엇으로 보상하는 것이 좋을까? 좋은 식습관과 좋은 행동은 음식 말고 다른 것으로 보상해야 한다. 칭찬 스티커가 가장 보편적인 방법이다. 정해진 스티커를 다 모으면 아이가 좋아하는 장난감을 사 준다거나 가고 싶은 곳에 데려가 주는 것이다. 혹 아이들은 단것만 좋아하는데 다른 것으로 보상한다고 그것이 무슨 효과가 있을까 하고 생각할 수도 있다. '아이는 단맛만 좋아한다'는 것은 맞는 말이다. 하지만 아이의 입맛은 바뀔 수 있다. 인류의 모든 아이들은 단맛을 좋아한다. 가르쳐 주지 않아도 사탕을 좋아하고 초콜릿을 찾는다. 하지만 주지 않는다면 어떨까? 다른 맛을 경험시킨다면 어떨까?

2003년 춘천교육대학교 교육대학원 석사 논문을 보면 재미있는 연구 결과를 발견할 수 있다. 연구자 이희숙 씨는 춘천 시내 5개 초등학교 학생 236명을 무작위로 추출한 후 설문조사와 자료 수집을 통해 아이들의 식습관을 분석하였다. 아이들이 가장 좋아하는 맛은 단맛이 아니라 매운맛이었다. 매운맛을 좋아하는 아이는 전체의 47%였고, 단맛을 좋아하는 아이는 32.6%였다. 매운맛을 선호하는 건 전 세계의 아이들에게 해당되는 것은 아니다. 단지 우리나라 아이들만이 선호하는 맛이다. 우리나라 아이들의 매운맛 선호 현상은 그 맛이 자주 제공되고 주위에서 맛있게 먹는 모습이 관찰되기 때문에 모방 학습의 결과로 일어났을 가능성이 높다. 이 논문의 결과는 아이의 입맛은 환경에 따라 달라질 수 있다는 것을 시사한다.

지금 '아이가 지나치게 단맛을 좋아한다'고 걱정하는 부모라면, 한 번쯤 자신의 행동을 되짚어 보기 바란다. 아이가 아무리 단맛 본능을 타고났다고 해도 그것은 무소불위의 힘을 가진 것이 아니다. 단맛 본능을 중독으로 키워 갈지, 바람직하게 조절해 갈지는 아이가 태어나서 부모와 맺어 가는 애착관계, 상호작용과 관련이 깊다. 교육학자, 심리학자, 영양학자들이 입을 모아 말하는 공통된 점은, 아이의 잘못된 식습관은 대부분 부모의 양육방식에서 비롯된다는 것이다. 임신이나 모유 수유 기간 중의 음식 섭취 습관, 이유식 진행 형태, 부모가 음식을 대하는 태도, 식사 분위기, 부모와 아이의 애착관계 등에서 문제가 생기면 그것이 아이의 식습관에 그대로 영향을 준다.

> 딸기 우유는
> 딸기맛 **합성착향료**와
> **설탕**으로 만든다

상식의 재발견 ❸

2008년 11월 KBS 정보오락 프로그램 〈스펀지〉에서 방송했던 내용이다. 실험을 통해 딸기맛 우유가 탄생하는 과정을 자세히 보여주었다. 우선 우유 500ml에 3g짜리 각설탕을 18개 넣었다. 그리고 딸기맛 합성착향료를 0.5g 넣었다. 합성착향료란 아이들이 싫어하는 우유 비린내를 숨기고 과일향을 내는 역할을 한다. 이 첨가물은 두통, 복통, 주의력 결핍을 일으킬 위험이 있는 물질이다. 딸기맛 합성착향료가 들어간 우유에는 다시 딸기색을 내기 위해 코치닐 색소라는 식품 첨가물이 들어간다. 그리고 마지막으로 여러 화학제품들이 잘 섞일 수 있도록 유화제를 넣었다. 참고로 유화제는 태안 기름 유출 사건 때 기름기를 제거하기 위해 사용되었던 화학 첨가물이다. 이렇게 만든 우유의 맛은 우리 아이들이 우유 대신 즐겨 먹는 딸기맛 우유와 똑같았다.

많은 부모들이 아이의 성장을 위해 우유를 챙겨 먹이려고 한다. 하지만 아이들은 부모의 뜻대로 우유를 즐겨 먹지 않는다. 그럴 때 대안으로 선택하는 것이 바로 바나나맛, 딸기맛 우유이다. "그래도 우유니까 아이에게 좋겠지"라고 고르는 것이지만, 사실 이런 과일맛 우유는 안 먹이느니만 못하다. 우유의 득보다 안에 들어 있는 화학제품들의 실이 더 많다. 우선 1/10 이상이 설탕이라 단맛 중독을 가져올 수 있으며, 많이 먹으면 밥맛도 떨어진다. 또한 어려서부터 우유 안에 들어 있는 식품 첨가물의 맛에 길들여지면 몸에 좋은 천연 식품보다 식품 첨가물이 잔뜩 든 자극적인 음식을 좋아하게 된다. 이런 식품 첨가물의 중독은 단맛 중독보다 더 위험하다.

보너스 정보

아이들이 선호하는 간식 속 단맛의 양은?

매일매일 단맛의 간식을 챙겨 먹는 아이들. 아이들이 선호하는 대표 시판 간식들을 뽑아서 간식 속에 단맛이 얼마나 숨어 있는지 알아보았다.

어린이들이 선택한 간식 분류

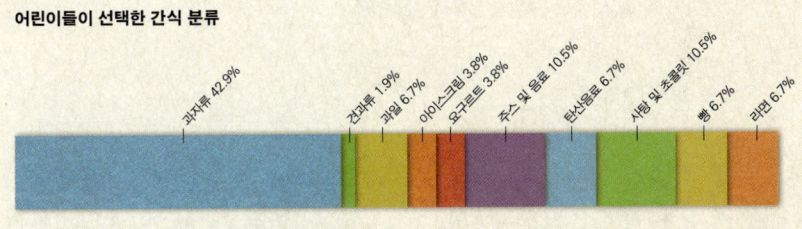

과자류 42.9% | 건과류 1.9% | 과일 6.7% | 아이스크림 3.8% | 요구르트 3.8% | 주스 및 음료 10.5% | 탄산음료 6.7% | 사탕 및 초콜릿 10.5% | 빵 6.7% | 라면 6.7%

(사)소비자시민모임에서는 2009년 3월 13일, 초등학교 어린이 21명을 대상으로 흥미로운 실험을 실행했다고 발표했다. 다양한 간식 종류가 있는 대형마트에서 좋아하는 간식 다섯 가지를 직접 골라 보게 한 것이다. 아이들이 선택한 식품은 105개, 이중 9개 제품을 제외하고는 모두 가공식품이었다. 과일, 견과류 등 가공하지 않는 식품을 선택한 아이는 일곱 명뿐이었다. 아이들이 선택한 식품 중에는 과자류가 42.9%(45개)로 가장 많았으며, 사탕이나 초콜릿, 주스나 음료는 각각 10.6% 정도였다. 다음의 명시된 제품은 2009년 3월 (사)소비자시민모임의 조사에서 아이들이 직접 고른 것이다.

품목	제품명	1봉지(상자) 당 칼로리(kcal)	각설탕 개수로 보는 당 함량
과자류	롯데 초코빼빼로	30g - 140	9g
	초코송이	41g - 222	16g
	롯데 칸쵸	50g - 250	17g
	롯데 빈츠	76g - 380	27g
	롯데 누드빼빼로	43g - 225	15g
	해태 계란과자	70g - 310	24g
	오리온 웨하스	60g - 320	20g
	해태 후렌치파이	192g - 930	51.6g
	롯데 마가렛트	228g - 1140	54g
사탕 및 초콜릿	크라운 마이쮸(딸기)	40g - 165	20g
	오리온 비틀즈	45g - 164	25g
	롯데 가나 초콜릿	20g - 110	10g
	키세스 초콜릿	175g - 845	99.1g
음료	코카콜라	250ml - 110	26g
	코카콜라 제로	250ml - 0	0
	코카콜라 라이트	250ml - 0	0
	파워에이드	240ml - 70	18g
	쿨피스 복숭아	450ml - 190	44g
	해태 레몬에이드	350ml - 144	36g
	헬로 펜돌이(솜사탕맛)	300ml - 116	29g
라면	튀김우동 큰사발	111g - 480	5g
	김치 큰사발	112g - 485	6g
아이스크림	투게더 아이스크림 (베리베리 & 굿)	700ml - 910	91g

* 각설탕은 4g을 기준으로 한다

과자 속 '당류'는 나쁜 당! 밥 속 '당류'는 좋은 당!

과자 봉지를 보면 '영양성분' 표가 일제히 적혀 있다. 영양성분을 살펴보면 소비자가 참고하도록 당류의 양이 따로 표시되어 있는 것을 발견할 수 있다. 사실 탄수화물도 당류이다. 그런데 따로 '당류'를 표시해 놓은 것은 따로 표시된 당류와 탄수화물이 우리 몸에 들어가서 일으키는 작용이 다르기 때문이다. 탄수화물의 경우 식이섬유도 포함되어 있는 복합당질로 우리 몸에 들어가면 '당' 성분으로 바뀌어 에너지원이 된다. 이에 반해 '당류'는 우리 몸에 들어가면 '중성지방'으로 바뀌어 비만, 당뇨병 등의 성인병을 일으키는 주요 원인이 된다. 한마디로 탄수화물은 좋은 당이지만 표시된 '당류'는 나쁜 당이라고 할 수 있다. 따라서 과자 봉지에 표시된 당류는 안전한 1회 섭취량이란 있을 수 없으며, 무조건 적게 먹는 것이 좋다. 또한 당류의 수치가 높은 것은 아이의 입맛을 더 강하게 유혹하고 더 강렬하게 중독을 일으킬 수 있다고 이해하도록 하자. 참고로 밥과 과일 속 당류는 0g이다. 밥과 과일 속에는 좋은 당인 탄수화물만 들어 있다.

도움말 | 이지정(상계백병원 임상영양사)
표·그림 출처 | (사)소비자시민모임

Chapter 2

네오포비아 그리고 푸드 브리지

01 밥투정하는 아이의 마음

엄마의 입맛이 아이 입맛을 좌우한다

아이들은 왜 부모가 원하는 대로 먹어 주지 않는 걸까? 우리는 그 이유를 찾기 위해 '아이가 가진 입맛'의 비밀 중 '단맛 본능'에 대해서 알아보았다. 단맛 본능은 아이들 식습관 전반에 큰 영향을 미치고 있었다. 아이의 식습관을 올바르게 형성하기 위해 부모는 아이들이 가장 선호하는 맛인 '단맛'의 비밀을 알고 있어야 한다. 하지만 아이들이 좋아하는 맛의 비밀만 알아서는 식습관 트러블을 모두 해결할 수 없다. 그래서 아이가 싫어하는 맛의 비밀 또한 파헤쳐 보려 한다. 아이들은 왜 특정한 맛을 싫어할까? 그로 인해 발생하는 밥투정은 도대체 어디에서 비롯되는 것일까?

> 다른 아이들에 비해 유난히 마른 혜린이(만 5세). 사람들은 엄마를 닮아서 그런 거라고 하지만 엄마는 오히려 억울하다. 마른 것이 싫었던 엄마는 이유식부터 정말 정성을 다해 다

양한 음식을 접하게 했고, 요리학원까지 다녀가며 혜린이의 밥상을 차려왔다. 그런데 아이는 매번 젓가락으로 반찬을 한 번씩 찔러 볼 뿐 잘 먹지 않았다. 아무리 다양한 재료로 밥상을 차려도 혜린이가 먹는 것은 오직 감자나 소시지, 햄 종류뿐이다. 어쩌다 샐러드 속에 작게 자른 당근만 들어가도 혜린이는 "우웩!" 하며 구역질하는 소리를 낸다. 엄마는 그때마다 "이런 편식대장, 왜 이렇게 싫어하는 음식이 많아!"라고 혼을 내지만, 속으로는 편식이 심했던 자신의 어린 시절이 생각나곤 한다.

아이들이 특정한 음식을 싫어하고 특정한 음식만 좋아하는 식습관 트러블을 우리는 '편식'이라고 부른다. 밥투정하는 엄마와 아이의 갈등은 좋아하는 반찬만을 사수하기 위한 아이와 골고루 먹이려는 엄마 마음이 충돌하여 일어나는 경우가 많다. 그렇다면 혜린이처럼 엄마가 어린 시절 편식이 심했을 경우, 아이가 편식을 한다면 그것은 유전일까?

2001년 미국 펜실베이니아 주 필라델피아의 모넬 화학 감각센터의 줄리 메넬라*Jullie Mennella*와 그녀의 동료들은 아이의 편식과 관련된 재미있는 실험을 실시했다. 임신부들을 세 집단으로 나눠 첫 번째 집단은 임신 기간 동안 꾸준히 당근주스를 마시도록 했고, 두 번째 집단은 모유 수유 기간 동안 꾸준히 당근주스를 마시도록 했다. 마지막 집단은 임신 기간과 수유 기간에 모두 당근주스를 마시지 않도록 관리했다. 실험한 참가한 임신부들이 낳은 아기가 돌이 지나 유아식을 시작할 즈음, 연구팀은 세 집단의 아기들에게 당근맛이 나는 음식을 먹여 보았다. 결과는 어땠을까? 자궁 속에서, 그리고 모유 수유 기간에 한 번도 당근맛을 보지 못했던 세 번째 집단의 아이들에 비해 첫 번째 집단과 두 번째 집단의 아이들이 당근을 훨씬 맛있게 잘 먹었다. 아일랜드 퀸스대학교의 피터 헤퍼*Peter Hepper*도 1995년에 비슷한 실험을 했다. 그는 임신부들을 두 집단으로 나눠 한 집단은 일주일에 네 번 마늘을 먹도록 했고, 나머지 한 집단은 마늘을 먹지 않도록 관리했다. 실험에 참여한 임신부의 아기들을 태어나자, 피터 헤퍼는 아기들이 태어난 지 12시간이 지나기 전에 한 가지 실험을 해 보았다. 바로 마늘 냄새에 대한 반응이었다. 마늘을 먹지 않은 임신부들의 아기는 마늘 냄새를 맡자마자 고개를 돌린 반면, 임신 기간 중에 마늘을 먹은 임신부들의 아기는 특별한 거부반응을 보이지 않았다.

아이는 태어나기 전부터
엄마의 입맛을 따라간다

이러한 실험 결과를 통해 아이의 입맛은, 우리가 기억하지 못하는 오랜 옛날 조상들이 물려준 입맛 탓만은 아니라는 것을 알 수 있다. 편식이 심하고 단것만 좋아하는 아이의 입맛에는 단맛을 좋아하는 유전적 특징도 있지만, 임신 기간 혹은 수유 기간에 엄마가 접한 음식과도 깊은 관련이 있다. 많은 경우, 엄마의 입맛은 아이의 입맛이 된다. 좋지 않은 식습관을 가진 아이의 엄마에게는 이 사실이 가혹하게 들릴 수도 있다. 하지만 아이가 태어나기 전부터 엄마의 입맛에 예민하게 반응하는 것은 생존을 위한 본능이다. 태아가 뱃속에서 엄마가 먹는 음식을 통해 미각 회로를 만들고 음식에 대한 기호를 형성하는 것은 출생 후 자신의 엄마를 확인하는 단서이다. 신생아는 엄마의 모유 맛이 자궁 속에서 느꼈던 양수의 맛과 비슷하다는 것을 안다. 그 맛으로 자신의 엄마임을 확인하고 편안함을 느낀다. 엄마가 임신 중에 유독 단것을 좋아하고 패스트푸드를 즐겼다면 태어난 아기도 그럴 가능성이 높다. 엄마가 모유 수유를 하는 동안 먹은 음식도 마찬가지로 아이의 입맛이 된다. 모유는 그때그때 엄마가 먹는 음식에 따라 조금씩 맛이 달라진다. 엄마가 다양한 음식을 먹으면 그만큼 아이도 다양한 맛을 경험할 수 있는 것이다. 그렇기 때문에 모유 수유 중 엄마가 편식을 했다면 아이도 편식을 할 확률이 높아진다. 따라서 아이가 몸에 좋은 채소나 생선을 유독 싫어한다면 한 번쯤 엄마 자신을 되돌아봐야 한다. 아이가 갖게 될 좋은 식습관은 아이가 태어나기 전부터 형성되기 시작한다. 아직 자신이 어떤 맛을 좋아하는지 자각할 수 없는 그 시절, 이미 입맛이 결정될 수도 있다는 이야기다. 아이의 편식은 유전적이라기보다 태어나기 전부터 엄마에게 학습된 것이라고 해야 옳다.

만약 편식하는 부모에게서 태어난 아이가 부모가 편식하는 행동을 계속 지켜본다면 결과는 더 심각하다. 아이는 부모에게서 음식에 대한 정보를 얻는다. 부모가 각 음식들에 어떤 반응을 보이느냐에 따라 그 음식에 대한 기호가 결정된다. 즉, 부모의 취향대로 아이도 편식을 할 수 있다. 또한 편식이 심한 엄마가 엄마의 입맛대로 차린 식탁 때문에 편식이 조장되기도 한다. 어린 시절에 다양한 음식을 접할 기회가 없었다면 자연스럽게 편식하는 습관이 만들어질 수밖에 없다. 그렇기 때문에 영양 전문가들은 아이가 식습관 트러블이 있는 경우 장은 주로 누가 보는지, 장 볼 품목은 누가 결정하는지, 음식은 주로 누가 만드는지 등을 모두 따져 본다. 만약 이 모든 것을 한 사람이 담당한다면 아무래도 그 사람의 기호가 강하게 반영될 수밖에 없기 때문이다.

대부분의 아이는 채소를 싫어한다

아이들이 하나같이 좋아하는 것이 사탕이나 초콜릿이라면, 유난히 싫어하는 것도 있다. 열에 아홉, 아이들은 채소를 싫어한다. 얼마나 싫어할까? 제작팀은 만 5~6세가 모여 있는 한 유치원 반의 점심시간을 관찰해 보았다. 아이들의 채소 혐오 정도를 알아보기 위해 오늘 식판에는 반드시 한 가지의 채소가 올라가도록 할 예정이다.

점심시간이 되자 유치원 교사는 아이들에게 '오늘의 음식'을 설명한다. 오늘 반찬에는 유난히 채소가 많다. 브로콜리, 콩나물, 시금치, 고구마줄기……. 교사는 아이들에게 오늘은 반드시 한 가지씩 채소를 담아 가야 한다고 말한다. 아이들은 "네!"라고 입을 모아 대답은 했지만, 어쩐지 목소리도 작고 표정도 어둡다. 배식이 시작되자 아이들은 교사가 보는 앞에서는 순순히 채소를 담았다. 간혹 교사가 보고 있지 않으면 채소를 담지 않고 얼른 자리로 가서 앉는 아이도 있었다. 교사는 그중 한 아이를 잡아 "선생님이 브로콜리 딱 두 개만 줄게요"라고 말했다. 아이는 고개를 저으며 싫다고 말한다. 아이의 얼굴은 이미 채소를 입에 넣은 것처럼 찌푸려진다. "싫어요? 그러면 딱 한 개만 줄게요." 그제야 아이는 고개를 끄덕인다. 모든 아이들이 식판에 채소를 담아 자기 자리에 앉았다. 아이들은 "잘 먹겠습니다!"라고 큰 소리로 합창을 한다.

아이들은 스스로 대답한 것처럼 억지로 담아 간 채소를 잘 먹을까? 한 아이는 시금치나물을 젓가락으로 잡았다 놓았다 하다가 "에이, 나중에 먹어야지" 하면서 내려놓는다. 미룰 수 있을 때까지 미루고 싶은 모양이다. 또 다른 아이는 고구마줄기 하나를 집어 줄기 끝을 살짝 문다. 그리고 마치 나무뿌리 씹듯이 씹고 또 씹는다. 반쯤 입에 들어간 고구마줄기는 더 이상 입안으로 들어가지 못한다. 교사가 억지로 브로콜리 한 개를 담아 준 아이는 젓가락으로 브로콜리를 집어 마치 약을 먹듯이 입안에 쑤셔 넣는다. 그러고는 바로 구역질하는 시늉을 한다. 다른 친구에 비해 빨리 채소를 먹은 아이에게 "수빈아, 브로콜리 하나만 더 먹자"라며 교사가 말을 건네 보았다. 아이는 큰 눈을 더 크게 뜨며 고개를 절레절레 흔든다. 어떤 아이는 교사 몰래 브로콜리를 아예 바닥에 떨어뜨린다. 그리고 교사가 다른 곳을 보는 사이, 떨어뜨린 브로콜리를 휴지로 집어 재빨리 쓰레기통에 버린다. 마치 실수로 일어난 일처럼 말이다. 또 다른 아이는 받아 온 채소를 끝까지 먹지 않는다. 교사가 직접 채소를 입안에 넣어 주었다. "지민아, 아 해야지." 교사가 아무리 입을 크게 벌리라고 해도 아이는 입을 아주 조그맣게 벌린다. 마지못해 채소를 입에 넣은 지민이. 채소를 삼키지 않고 입에 담고만 있던 지민이는 갑자기 '응가'가 마렵다고 말한다. 교사가 화장실에 다녀오라고 하자, 지민이는 급하게 화장실로 달려간다. 제작팀의 카메라가 지민이를 따라가 봤다. 아이는 볼일을 보지도 않고 바로 변기 물을 내렸다. 아이의 입에서 채소가 사라졌다.

아이들이 채소를 싫어하는 이유는 채소가 가지고 있는 쓴맛 때문이다. 단맛 때문에 사탕이나 초콜릿에 열광하듯, 채소는 쓴맛 때문에 혐오한다. 앞서 제작팀은 태어난 지 두 달도 안 된 아기들을 대상으로 단맛, 신맛, 쓴맛이 나는 액체에 어떻게 반응하는지 실험을 해 보았다. 아기들은 쓴맛이 나는 액체에 확실히 심한 거부반응을 보였다. 그때 쓴맛이 나는 액체의 원료는 바로 쓴맛이 강한 채소였다. 아주 어린 아기들조차 채소의 쓴맛에는 '싫다'라는 반응을 한 것이다. 아이들이 이렇게 채소의 쓴맛을 싫어하는 이유는 단맛을 좋아하는 기원처럼 원시시대 우리 조상들에서부터 비롯된다. 예부터 쓴맛이 나는 먹을거리는 독이 있을 가능성이 높았다. 우리 조상들은 자연 속에 있는 먹을거리 중 단맛이 나는 것은 좋은 것, 쓴맛이 나는 것은 나쁜 것이라고 구분했다. 펜실베이니아대학교 심리학과 폴 로진 교수는 인간은 쓴 것을 멀리하면서 생명을 유지했다고 설명한다.

" 아이들의 뇌는 채소의 '쓴맛'을 '싫다'라고 인식한다 "

채소는 비선호 음식이라고 본다. 단맛이나 씹는 느낌이 전혀 없기 때문이다. 또한 많은 채소가 약간의 쓴맛을 낸다. 쓴맛은 독과 관련이 있다. 그것은 지금도 마찬가지다. 실제로 천연 독소의 대부분이 쓴맛을 낸다.

안타까운 것은 별로 쓰지도 않고 몸에 좋은 채소마저 아이들이 싫어한다는 사실이다. 신선초나 치커리처럼 어른들의 입에도 쓴 채소는 물론이고, 삶아 놓으면 단맛이 나는 브로콜리, 시금치, 양배추, 양파까지 아이들은 모든 채소를 싫어한다. 쓴맛이 나는 채소는 그렇다 치더라도 아이들이 어른들 입에는 단맛이 나는 채소까지 모조리 싫어하는 이유는 뭘까? 그것은 성인들의 3배 정도 되는 입속의 맛봉오리, 즉 '미뢰' 때문이다. 아이들은 이러한 맛봉오리 덕분에 미각이 예민하다. 어른들이 전혀 쓴맛을 느낄 수 없는 채소라도, 아이는 쓴맛을 강하게 느낀다. 그렇기 때문에 대부분의 아이들이 채소를 싫어하는 것이다. 이러한 편식 성향은 입안의 미뢰 수가 성인만큼 줄어드는 8세 이전 유아기에 가장 두드러지게 나타난다.

이물감이 들면 뱉어낸다

정현숙 외 5인이 쓴 영양학 책 『새로운 생애주기 영양학』을 보면 아이들의 식품 선호도에 따른 분류표가 실려 있다. 만 1~5세 아이들을 대상으로 식사 시간에 흔히 접하는 식품들의 선호도를 조사하여, '아주 싫어한다', '싫어한다', '보통이다', '좋아한다', '아주 좋아한다'의 다섯 가지 척도로 나누어 정리했다.

선호도	식품
아주 싫어한다	고추, 토란, 간, 내장, 전복
싫어한다	비지, 도라지, 파, 양파, 산나물, 고사리, 가지, 셀러리, 연근, 우엉, 부추, 보리밥, 잡곡밥, 덮밥, 비빔국수, 냉면, 스파게티, 유부초밥, 굴, 다시마, 파래, 후추, 오므라이스, 하이라이스
보통이다	수제비, 무, 오리고기, 호박, 버섯, 콩나물, 당근, 상추, 배추, 시금치, 양배추, 감자, 멸치, 단무지, 햄버거, 국수장국, 볶음밥, 토스트, 샌드위치, 우동, 잡채밥, 카레라이스, 비빔밥, 버터, 치즈, 게, 새우, 생선찌개, 코코아
좋아한다	쇠고기, 닭고기, 생선구이, 달걀, 우유, 자장면, 쌀밥, 오징어, 돼지고기, 김, 미역, 만두, 김밥, 고구마, 주스류(오렌지, 포도, 복숭아), 음료(사이다 등 청량음료), 토마토케첩, 마요네즈, 초콜릿, 꿀, 요구르트, 떠먹는 요구르트, 과일류(사과, 자두, 참외, 토마토, 포도)
아주 좋아한다	수박, 딸기, 아이스크림

엄마가 먹이고 싶어 하는 도라지, 양파, 가지, 잡곡밥 등은 싫어하는 식품에 들어 있는 반면, 먹이지 않으려고 노력하는 초콜릿, 요구르트, 아이스크림은 좋아하는 식품에 속한다. 물론 이 표는 많은 아이들을 대상으로 조사하여 통계를 낸 것이므로 지금 '나의 아이'의 취향과는 조금 다를 수 있다. 하지만 몇몇 식품의 위치가 바뀐다고 하더라도 아이들이 대체로 질감이 있고 많이 씹어야 하는 식품을 싫어한다는 것에는 누구나 동의할 것이다. 딱딱하지 않고 입안에 넣었을 때 단맛이 나며 몇 번 씹지 않아도 꿀떡 넘어가는 식품들은 대부분의 아이들이 좋아하는 식품류에 속한다. 하지만 물컹하거나 혹은 딱딱하고 거친 촉감을 가졌으며 입안에 넣었을 때 쓴맛이 나며 꼭꼭 씹어야 맛을 제대로 느낄 수 있는 식품들은 거의 모든 아이들이 싫어했다.

아이들은 대부분 입안에 넣었을 때 부드럽게 녹거나 부서지는 음식을 좋아한다. 이물감이 느껴지면 거부감을 느끼고 뱉어낸다. 그것은 단맛을 내는 대부분의 음식이 이물감을 갖지 않는다는 특징과도 관련이 있다. 반대로 독초로 의심받던 쓴맛을 내는 음식들은 대부분 이물감을 가진다는 것과도 관련이 있다. 아이들은 '이물감'이 느껴지면 우선 뱉고 본다. 이물감은 먹지 못하는 것을 입에 넣은 것 같은 느낌이다. 이것은 어른들이 밥을 먹다가 돌이나 머리카락을 골라내는 것과 같다. 그런데 어른들은 돌이나 머리카락은 뱉어내지만, 채소는 뱉지 않는다.

아이들은 왜 채소를 돌이나 머리카락과 같은 이물감으로 분리해내는 걸까? 우선 뱉어내는 행위 자체는 쓴맛에 대해 각인되어 있던 유전자 정보와 마찬가지로, 이물감이 드는 것은 뱉어야 한다는 유전자 정보 때문이다. 뱉어내는 식품에 유독 '채소류'가 많은 것은 초기 이유식 등으로 음식을 접할 때 채소류의 질감을 많이 접해 보지 못했기 때문이다. 채소류를 너무 푹 익혀서 먹였거나 별로 주지 않았거나, 항상 잘게 갈아서 먹였다면 돌이 지나서도 채소의 질감을 받아들이기가 쉽지 않다. 아이에게는 채소의 질감이 낯설기 때문이다. 이것은 비단 채소만이 아니다. 이유식 시기에 고기를 항상 다져서 먹었던 아이들은 고기의 덩어리를 접해 보지 못했기 때문에, 서너 살이 되어서도 작은 고기 덩어리를 뱉어내는 행동을 한다. 또한 고기 덩어리를 넘기지 못하고 계속 껌처럼 씹고 있는 행동을 보이기도 한다. 하지만 간혹 아이가 의학적인 문제, 예를 들어 턱이나 치아의 발달, 구강 운동 기술의 습득 등에 문제가 있을 수도 있음으로, 아이가 지나치게 음식을 뱉는다면 우선 소아청소년과 전문의를 찾아 상담을 해 보는 것이 좋다.

그렇다면 아이의 이물감을 어떻게 해결할까? 만약 이유기의 아이라면 월령이 조금 높더라도 이유식을 다시 시작한다고 생각하고, 이유식의 기본 원칙대로 진행한다. 처음에는 재료를 모두 갈아서 먹이고, 그다음은 다졌다가 작은 덩어리로 주고, 점차 큰 덩어리로 진행시켜 나간다. 일반식을 먹고 있는 아이가 이물감 때문에 음식을 뱉어내는 경우라면, 이유식 때처럼 순차적으로 단계를 높여가는 것과는 조금 다른 방법을 쓴다.

첫 단계에서는 음식의 질감이 전혀 없어야 한다. 만약 아이가 당근에 이물감을 느낀다면 아주 묽게 당근주스를 만들어 준다. 이때 당근은 질감이 느껴지지 않도록 아주 곱게 갈아야 한다. 주스의 맛은 당근맛이 강하게 느껴져서는 안 된다. 두 번째 단계에서는 이렇게 완전히 간 당근 75%와 다진 당근 25%로 만든다. 세 번째 단계에서는 간 것과 다진 것을 반반씩 한다. 네 번째 단계에서는 다진 당근을 75%로 한다. 그리고 마지막 단계에서는 다진 당근만 주는 것이다. 그다음부터는 당근의 덩어리를 조금씩 키워가면서 제공하면 된다. 그렇다면 양은 어느 정도가 적당할까? 채소의 질감에 이물감이 심한 아이들은 아주 조금만 주어도 바로 뱉어낸다. 어른 숟가락으로 1/4 정도로 조금씩 먹여 보자. 아이가 구역질을 하거나 거부하지 않으면 양을 조금씩 늘려간다. 1/4 정도에서 1/2로, 3/4으로 아주 서서히 늘려가야 한다. 이때 아이가 특히 좋아하는 음식과 같이 준다면 채소에 대한 생각을 바꾸는 데 도움을 받을 수 있다. 채소의 상태를 바꾸거나 양을 늘려가는 것은 아주 천천히 진행해야 아이가 거부감을 느끼지 않는다. 동일한 양과 상태를 최소 5~6번 이상 잘 먹으면 다음 단계로 넘어간다.

엄마의 관심이 필요할 때

 엄마가 먹지 말라는 음식만 먹고 정성껏 만들어 준 음식은 한 숟가락도 먹지 않으면, 엄마는 속이 상하다 못해 아이가 일부러 그러는 건 아닐까 하는 생각이 든다. 제작팀이 만나 본 만 5세 여자아이 희선이의 엄마도 마찬가지였다. 희선이는 엄마가 밥을 먹으라고 하면 잘 놀다가도 '졸리다'고 말하며 식사 시간을 피한다. 엄마는 희선이가 밥을 먹지 않으려고 꾀를 부린다고 생각했다. 엄마는 아이가 그럴수록 밥을 다 먹을 때까지 한 시간이건 두 시간이건 식탁 앞에 지키고 서서 기다렸다. 아이는 밥을 반도 먹지 않은 상황에서 꾸벅꾸벅 졸기 시작하고 급기야 조는 아이를 깨워서 몇 숟가락을 더 먹인 후에야 식탁을 치웠다. 가끔은 아이가 애처롭게 보이기도 하지만 또래 아이들보다 마른 희선이를 건강하게 키우려면 엄마는 절대 세 끼 식사만큼은 양보할 수 없었다.

 그런데 희선이의 행동을 전문가에게 의뢰하여 상담한 결과, 엄마는 놀라운 사실을 알게 되었다. 밥상 앞에서 조는 행동은 스트레스로 인한 자기 보호 행동이었다는 것이다. 스스로 그 상황에서 벗어날 수 없기 때문에 '잠'으로 자신을 방어한 것이다. 아이는 자는 척 한 것이 아니라 실제로 잠이 왔던 것이다. 전문가는 엄마에게 충고했다. 어떤 이유에서든 식사 시간은 즐거워야 한다고. 엄마는 물론 아이도 즐거워야 한다. 아이가 적게 먹는다고, 골고루 먹지 않는다고, 늦게 먹는다고 엄마가 지나치게 스트레스를 받으면 식사 시간은 즐거울 수 없다. 엄마는 매 순간 아이가 무엇을 얼마나 먹는가에 집착할 것이고, 그렇게 집착하면 나머지 시간에는 탈진한 듯 기운이 빠질 것이다. 그런 상태로는 아이를 온전히 사랑할 수 없다.

채소를 싫어하든 단것을 좋아하든 그것은 아이의 식습관 문제이다. 아이를 키우면서 발생하는 여러 가지 문제 중 지혜롭게 풀어야 할 하나의 문제일 뿐이다. 아이는 그저 싫어서 안 먹고, 배가 불러서 안 먹고, 맛있어서 자꾸 찾는 것이다. 아이의 그런 문제는 본능이다. 부모에 대한 도전으로 부모가 먹으라는 채소를 먹지 않고, 먹지 말라는 단것만 먹는 것이 아니다. 아이에게 식습관 문제가 발생했을 때 부모들이 조심해야 할 것은 상황을 확대 해석하면 안 된다는 것이다. 아이의 식습관이 평생 건강을 결정지을 만큼 중요한 것은 사실이다. 하지만 먹을거리를 지키기 위해서 아이의 자존감을 짓밟아서는 안 된다. 아이에게 스트레스를 주어서는 안 된다. 건강한 먹을거리, 좋은 식습관에 집착한 나머지 그것이 누구를 위한 것인지 잊어서는 안 된다. 먹는 일은 그저 먹는 일일 뿐이다. 편식은 고쳐야 하지만 그것은 건강을 위해서다. 식탁에서 독재가가 되어 아이에게 소리를 지르고 윽박질러서는 안 된다. 그러다 보면 아이의 건강을 위해서 편식을 고치려 했다는 사실은 까맣고 잊고, 그저 자신의 뜻을 거스르는 버르장머리 없는 아이를 혼내고 있는 엄마의 모습을 발견하게 될 것이다.

미국 펜실베이니아대학교 의대 교수인 키스 E. 윌리엄스*Keith E. Williams*는 현재 10년째 펜실베이니아 주 허쉬 의료센터의 섭식 클리닉을 운영하고 있다. 그는 섭식 클리닉을 운영하면서 이유 없이 먹기를 거부하는 아이는 한 번도 본적이 없다고 한다. 더불어 부모를 이기려고 섭식 문제를 일으키는 아이는 하나도 없다고 단언한다. 아이가 식습관에 문제를 가지고 있다는 것은 엄마가 아이에게 조금 더 관심을 가져야 한다는 신호다. 또한 왜 그런 문제를 가지게 되었는지 엄마 입장이 아니라 아이 입장에서 조금 더 생각해야 한다. 문제의 원인을 찾는 것은 책임을 지우기 위해서가 아니라 아이를 더 깊이 이해하기 위해서다. 부모는 아이를 사육하는 것이 아니라 양육하는 것이라는 사실을 잊지 말자.

> 산모가 섭취한 **수은**,
> **태아의 뇌**에
> 더 많이 **축적**된다

상식의 재발견 ❹

국립환경과학원은 지난 2007년 국내 2개 지역(서울, 부산) 141명의 산모를 대상으로 산모혈액 및 제대혈의 총 수은과 메틸수은의 농도를 조사하여 발표한 바 있다. 조사 결과, 산모의 혈액 속 수은의 양보다 태아의 제대혈 속 수은의 양이 더 높은 것으로 나타났다. 혈중 수은은 주로 생선과 같은 어패류의 섭취를 통해 몸에 축적된다. 이 중금속은 저농도로 노출되어도 중추신경계에 축적되어 무력감, 피로감, 식욕부진, 체중감소 등을 가져오고, 사람의 행동이나 성격을 변화시킨다. 그런데 이런 수은이 산모보다 태아의 제대혈에 많다는 것은 무엇을 의미할까? 엄마가 생선을 먹을 경우, 그 생선을 통해 섭취되는 수은이 엄마보다 태아에게 더 많이 축적된다는 의미이다. 심각한 것은 제대혈 속 수은은 태아의 뇌 발달에 영향을 미칠 수 있다는 사실이다. 엄마가 먹는 음식이 엄마의 건강이 아니라 아이의 건강, 그것도 뇌 건강을 해칠 수 있다는 이야기다. 다소 극단적인 사례이기는 하지만, 미나마타병(50년 전 일본 미나마타 현에서 수은에 오염된 생선으로 인해 발생한 병) 환자인 일본 미나마타 현의 시노부 씨(50세)는 임신 중인 엄마가 먹은 수은에 오염된 생선으로 인해 병에 걸렸다.

제작팀은 정말 엄마가 섭취한 수은이 태아의 뇌에 축적되는가를 인하대학교 임종한 교수팀에 의

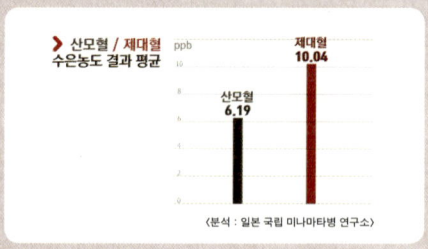

> 산모혈 / 제대혈
> 수은농도 결과 평균
> 산모혈 6.19
> 제대혈 10.04
> 〈분석 : 일본 국립 미나마타병 연구소〉

뢰하여 알아보았다. 연구팀은 열네 마리의 임신한 쥐에게 하루 2mg과 5mg의 메틸수은을 투여했다. 2주 후, 어미 쥐의 혈액과 새끼 쥐의 뇌 속 수은 양을 측정해 보았다. 5mg의 메틸수은을 투여한 쪽 그룹의 어미 쥐의 혈액과 새끼 쥐의 뇌 속에서 더 많은 수은이 축적된 것이 확인됐다. 일본 국립 미나마타병연구소의 사카모토 미네시 박사는 뇌의 신경세포는 회복해 나가는 힘이 다른 장기보다 적은 편이라 태아일 때 강한 상처를 입으면 평생 그 상처를 가지고 살아야 한다고 말한다. 생선 속의 메틸수은의 이야기는 임신부의 경우 다소 무섭게 들렸을지 모르겠다. 하지만 임신 중 엄마의 식습관은 단지 아이의 입맛을 결정하는 것뿐 아니라 아이의 평생 건강에 치명적인 영향을 줄 수도 있음을 기억해야 한다.

참고로 미국 식품의약국(FDA)에서는 산모들에게 상어, 황새치, 고등어(우리나라의 고등어와 종이 다름) 또는 옥돔류 등은 수은이 많이 함유되어 있으므로 피하고, 수은 함량이 낮은 어패류조차 주 2회로 섭취를 엄격하게 제한하고 있다. 그렇다면 생선은 어떻게 먹어야 할까? 되도록 작은 생선 위주로 먹되, 너무 자주 먹지 않도록 하고, 비타민C가 풍부한 채소와 함께 먹는 것이 좋다. 비타민C는 몸속의 수은 배출을 돕는 역할을 한다.

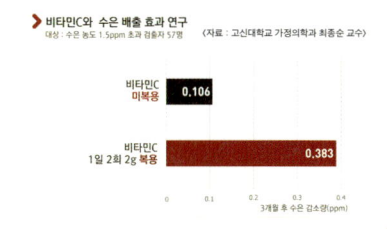

02 네오포비아를 아시나요?

아이는 새로운 것에 공포를 느낀다

현지(만 5세)네 점심시간. 오늘도 엄마는 현지에게 채소를 먹여 볼 셈으로 식단을 짰다. 오이, 김치, 돈가스, 상추, 김, 된장국, 그리고 고구마줄기. 고구마줄기는 오늘 처음으로 등장하는 음식이다. 채소를 싫어하는 현지를 위해 엄마는 질감이 최대한 덜 느껴지도록 푹 삶아서 요리했다. 그런데 현지의 손은 고구마줄기보다는 돈가스 쪽으로 자꾸만 향한다. 보다 못해 엄마가 고구마줄기를 집어 "현지야, 한 번만 먹어 보면 안 될까?"라고 말한다. 현지는 고개를 세게 흔들며 완강히 거부한다. "엄마, 그거 이상해." 엄마는 "먹어 봤어? 먹어 봐야 이상한지 안 이상한지 알지. 한번 먹어 봐. 이상하면 다음부터 안 줄게"라고 말한다. 현지는 엄마의 말에는 아랑곳하지 않고 김이랑 돈가스만 먹는다. 엄마는 고구마줄기를 슬쩍 김 속에 넣어 "아~ 엄마가 하나만 먹여 줘 볼께" 하지만 현지는 이미 눈치챈 모양이다. 엄마가 주는 김을 입속에 넣지 않고 손으로 받아 들어 숨어 있는 고구마줄기를 확인한다. 그러고는 얼굴을 잔뜩 찌푸린다. 결국 엄마는 고구마줄기를 빼서 먹고는 현지에게

> 다시 김을 건넸다. 늘 이런 식이다. 실랑이를 하고 애원하다가 결국은 엄마가 대신 먹고 만다. 현지는 항상 엄마가 준비한 채소를 먹어 보지도 않고 거부한다.

아이 입맛 중 편식에 대한 비밀을 조사하던 제작팀은 채소를 끔찍하게 싫어하고 특히 새로운 채소에 대한 거부감이 심하다는 현지를 직접 만나 간단한 인터뷰를 해 보았다. "엄마가 새로운 나물이나 채소를 주면 어때요?" "먹기 싫어요." "왜 싫어요?" "맛 없을까봐." 엄마는 새로운 채소를 줄 때마다 아이의 호기심을 자극하려고 갖가지 노력을 한다. "현지랑 엄마가 베란다에서 키운 거잖아." "이건 현지가 시장에서 고른 거잖아." "현지 할머니 좋아하지, 할머니가 보내 주신 거야." 하지만 아무리 유혹을 해도 아이는 별 흥미를 느끼지 못한다. "제발 한 번만 먹어 보면 안 되겠니?"라며 애원하는 엄마를 보며 현지가 하는 행동은 혀끝만 살짝 대 보고는 구역질하는 시늉을 하거나 맛이 없다는 듯 얼굴을 찡그리는 것뿐이다.

아이들이 채소를 싫어하는 것은 당연하다. '단맛'도 없고 질감도 좋지 않으니까. 모든 아이들이 그렇다. 하지만 세상의 모든 채소가 모두 같은 맛은 아닐 텐데, 아이의 입맛을 최대한 배려하여 새로운 채소 요리를 준비했는데도 한 번 먹어 보지도 않는다면 엄마들은 속이 상하게 마련이다. 아이들은 지금까지 먹어 본 몇 되지도 않는 채소를 기준으로, 먹어 봤더니 맛이 없어서 싫고, 새로운 채소는 맛이 없을까 봐 싫다는 식이다. 먹어 보기라도 하고 판단해 주면 얼마나 좋을까? 그런데 아이가 새로운 음식, 특히 채소를 거부하는 데에는 나름대로 과학적인 이유가 있다. 제작팀은 두 개의 장난감 로봇을 가지고 흥미로운 실험을 해 보았다. 아이가 지금까지 많이 봐 왔던 익숙한 모습의 장난감 로봇 두 개 중 하나는 원래 모습 그대로, 다른 하나는 조각 천, 나뭇가지, 보자기, 색종이 등으로 기괴하게 꾸몄다. 그리고 두 돌이 채 안 된 아이 네 명을 대상으로 그 반응을 관찰했다. 어른들이야 두 장난감이 같은 것이라는 걸 알지만, 분명 아이들에게는 전혀 다른 것으로 느껴질 것이다.

(왼쪽) 익숙한 장난감
(오른쪽) 낯선 장난감

첫 번째 아이, 익숙한 장난감 로봇을 보더니 가서 한번 만져 본다. 로봇이 움직이자 로봇을 따라다닌다. 이번에는 낯설어 보이게 장식한 장난감 로봇을 보여줬다. 아이는 장난감 로봇이 등장하자 잔뜩 긴장한 모습이다. 로봇이 움직이기 시작하자 엄마를 찾으며 울어 버린다. 두 번째 아이, 역시 익숙한 장난감 로봇은 여느 장난감 대하듯 특별한 거부반응이 없었다. 하지만 낯선 장난감 로봇이 등장하자, 그 자리에 얼어붙었다. 로봇이 움직이자 엄마가 있는 쪽을 쳐다보며 두 팔을 벌린다. 다급한 듯 "엄마!"를 연거푸 부른다. 아이는 엄마에게 이 상황에서 벗어날 수 있게 해 달라고 도움을 청하는 듯하다. 세 번째 아이는 낯선 로봇을 보자마자 도망가기 시작했다. 그러고는 엄마 손을 잡고 실험실을 나가 버렸다. 네 번째 아이는 용감하게 낯선 로봇을 한번 만져 보았다. 그런데 로봇이 움직이기 시작하자, 재빨리 도망가 엄마 품에 안겼다.

새로운 것을 싫어하고 두려워하는 것, 심리학에서는 이것을 네오포비아 *Neophobia*라고 부른다. 네오포비아는 낯설거나 새로운 것에 대해서 느끼는 공포를 말한다. 이것은 생후 6~7개월 무렵부터 나타나기 시작해서 만 1~2세가 되면 더 심해진다. 아이들의 기질에 따라 정도의 차이는 있지만 대부분의 반응은 유사하다. 생후 6개월부터 시작되는 낯가림도 네오포비아의 일환이라고 볼 수 있다. 한림대학교 심리학과 김근영 교수는 아이들의 네오포비아에 대해서 다음과 같이 설명한다.

> 아이는 낯선 장난감을 보자 엄마에게 도움을 청했다

　이 시기 아이들은 낯선 사람들에게 강력한 공포 반응을 보인다. 이때 즈음해서 낯선 장난감이라든지, 낯선 환경 등을 접할 때도 마찬가지로 큰 공포감을 보인다. 이것은 상황 네오포비아가 발달되기 때문이다. 아이들은 자신의 공포감을 표현함으로써 그 상황을 벗어나거나, 공포감이라는 사인을 통해 부모로 하여금 자신을 돕게 만든다.

　아이들은 낯선 상황에 대한 공포감, 즉 상황 네오포비아를 표현함으로써 부모가 자신을 도울 수 있도록 한다. 그렇다면 새로운 것에 대한 공포증, 그것이 음식과 연결되면 어떨까? 한 가지 실험을 더 해 보았다. 제작팀은 평소 아이들이 볼 수 없었던 낯선 색과 모양의 쿠키를 만들어 보았다. 이 쿠키를 만 4세 아이 열 명에게 주었다.

> 실험실에는 유아용 식탁과 의자가 놓여 있다. 그리고 3m쯤 뒤에는 엄마가 앉을 의자가 있다. 첫 번째 아이, 아이는 앞쪽에 있는 유아용 의자에 앉았다. 엄마는 뒤쪽에 저만치 떨어져 앉았다. 의자에 앉자, 어떤 실험인지 영문을 모르는 아이는 몸을 돌려 엄마 쪽을 보며 장난을 친다. 잠시 후, 웨이터가 접시 하나를 들고 들어와 아이 앞 식탁에 내려놓는다. 접시에는 아이가 평소 즐겨 먹던 초콜릿이 붙은 버섯 모양의 과자가 담겨 있었다. 아이는 환하게 웃으며 엄마를 한 번 돌아보더니 과자를 맛있게 먹는다. 과자를 다 먹었을 즈음, 웨이터가 다시 접시 하나를 들고 온다. 첫 번째 접시를 가져가고 이번에는 다른 접시를 내려놓는다. 접시에는 제작팀이 만든 낯선 쿠키가 놓여 있었다. 아이는 엄마 쪽을 돌아보며 묻는다. "엄마 이게 뭐야?" 걱정스럽게 낯선 쿠키를 지켜보던 아이는 다시 엄마 쪽을 돌아보더니, "남겨도 돼?"라고 묻는다. 열 명의 아이 모두 첫 번째 아이와 비슷한 반응을 보였다. 그 중에는 쿠키를 만져 보는 아이도 있었고, 과자를 들고 와서 엄마에게 직접 보여주는 아이도 있었다. 하지만 아무도 선뜻 먹지 않았다. 아이들의 반응은 하나같이 "먹기 싫다", "안 먹겠다"였다. 낯선 장난감 로봇을 봤을 때와 반응이 다르지 않았다.

새로운 음식을 바라보는 아이들의 눈에는 호기심과 두려움이 섞여 있다. 이것은 낯선 장난감이나 낯선 상황에 호기심과 함께 공포를 느끼는 것과 별반 차이가 없다. 아이들의 네오포비아는 상황이나 물건뿐 아니라 음식에도 작용한다. 음식 네오포비아*Food Neophobia*, 그것 역시 상황 네오포비아가 시작된다고 말했던 생후 6~7개월 즈음 함께 나타나기 시작한다. 음식 네오포비아는 영어 단어 그대로 'Food'는 '음식', 'Neo'는 '새로운', 'phobia'는 '공포증'으로 새로운 음식에 대한 공포증, 즉 낯선 음식에 대한 두려움이다. 아이를 키워 본 엄마라면 기억할 것이다. 생후 6~7개월은 아이가 모유를 떼고 많은 음식을 접하는 시기, 바로 초기 이유식을 진행하는 시기이다. 아이의 음식 네오포비아의 시작은 이유식을 시작하는 시기와 맞물려 있다. 하지만 다행스럽게도 음식 네오포비아는 아이가 성장하는 내내 지속되지는 않는다. 만 2~5세 즈음 가장 두드러지게 나타났다가 조금씩 줄어드는 것으로 알려져 있다. 한림대학교 심리학과 김근영 교수의 설명이다.

생후 6개월 무렵부터 시작된 음식 네오포비아는 대체로 만 2~7세에 최고조에 이른다. 이 시기의 아이들이 새로운 음식에 대한 편식이 심한 것은 이 때문이다. 하지만 초기 청소년기로 가면서 음식 네오포비아는 서서히 줄어드는 양상을 보인다. 이것은 나이가 들면서 음식에 대한 친숙성이 점점 늘어나기 때문이다. 음식에 대한 친숙성이 늘어날수록 네오포비아는 자연스럽게 줄어든다.

과자와 초콜릿의 네오포비아 지수   빵의 네오포비아 지수

채소의 네오포비아 지수

> "아이들은 과자와 빵에는 친숙함을 느끼지만 낯선 채소에는 두려움을 느낀다"

그런데 왜 아이들은 유독 채소를 싫어할까? 외국의 한 잡지에서 아이들이 갖는 음식 네오포비아 지수를 음식별로 표시했다. 음식 네오포비아는 대부분의 아이들이 가지고 있는 성향이다. 그러나 이것은 음식별로 차이가 난다. 아이들은 새로운 음식을 모두 거부하지는 않는다. 초콜릿이나 사탕은 아무리 처음 보는 모양이라도 용케 알아보고 선뜻 먹는다. 과자도 마찬가지다. 새로 나온 과자를 보면 '무슨 맛일까' 하는 기대로 더 먹어 보고 싶어 하지, 음식 네오포비아를 발동해 거부하지 않는다. 잡지에 소개된 음식별 네오포비아 지수 역시 이러한 아이들의 성향을 그대로 보여주고 있었다. 음식 네오포비아는 초콜릿, 케이크같이 단 음식에는 드물게 나타나는 반면, 채소에는 유난히 강하게 나타났다. 아이들이 이유기부터 또는 유아식을 시작하면서부터 채소를 싫어하는 것은 이런 성향을 그대로 반영한다.

네오포비아와 자존감의 관계

어느 유치원의 식사 시간, 제작팀은 유난히 밥을 잘 안 먹는 아이, 원희(만 5세)를 발견했다. 원희 식판의 음식량은 다른 아이들에 비해 현저히 적었다. 오후 12시 40분, 유치원 아이들은 "잘 먹겠습니다~"라는 인사와 함께 식사를 시작했다. 경쟁하듯이 먹고 있는 친구들과는 달리 원희는 식판의 음식을 먹을 생각을 하지 않았다. 머리를 만지고, 책상에 엎드리고, 다른 아이를 쳐다보고……. 밥 생각이 전혀 없는 아이처럼 계속 딴청만 피웠다.

식사가 시작된 지 20분쯤 지나자 친구들이 하나둘 식사를 마치기 시작했다. 원희의 식판은 처음 받아 온 그대로다. 원희는 빈 숟가락을 든 채 식사를 마치고 선생님께 칭찬을 받고 있는 친구들을 부러운 듯 바라보고 있었다. 다른 아이들이 식사를 거의 끝냈을 무렵, 교사는 원희를 재촉한다. "원희야, 빨리 먹어." 원희는 선생님의 말에 지루한 듯 기지개를 펴고는 억지로 꾸역꾸역 밥을 먹었다. 다른 친구들보다 양도 적었는데, 원희가 식사를 끝낸 시간은 오후 1시 30분. 무려 50분이나 걸렸다. 그것도 다 먹지도 못한 채였다. 원희는 가장 마지막으로 식사를 끝내고 혼자 양치질을 했다. 다른 아이들은 벌써 오후 수업에 집중해 있었다. 양치질을 끝낸 원희는 친구들 옆으로 가 슬그머니 앉았다.

아이의 식습관은 단순히 먹는 문제를 넘어서기도 한다. 원희는 전형적인 입이 짧은 아이로, 새로운 반찬은 싫어하고, 특히 채소를 잘 먹지 않는다. 또한 편식이 심한 아이들이 그렇듯 여러 가지 재료가 들어간 음식도 싫어한다. 그러다 보니 원희는 유치원 식사 시간에 별로 먹고 싶은 음식이 없다. 기운 없이 우울한 표정으로 억지로 밥을 먹는다. 그런데 이런 원희의 모습은 비단 식사 시간뿐만이 아니다. 유치원에서 다른 놀이를 할 때도 마찬가지다. 말도 없고 소극적이고 친구들과 잘 어울리지도 못한다. 밥을 잘 먹지 않는 것과 원희의 이런 행동에는 어떤 관계가 있을까? 원인을 찾아보기 위해 원희가 집에서 어떻게 생활하는지 살펴보았다. 원희가 유치원에서 돌아오자마자 엄마는 여느 엄마들처럼 간식부터 챙긴다. 아이는 엄마가 내온 간식을 맛있게 먹는다.

"원희야, 오늘 점심 먹을 때, 얼마나 걸렸어? 1등으로 먹었어?"
원희는 아무 말이 없다.
"간식을 맛있게 먹는 걸 보니, 점심 별로 안 먹었구나."
다시 식사 시간, 유치원에서는 잘 먹지 않았지만 집에서는 잘 먹을까? 엄마와 동생은 벌써부터 밥을 먹기 시작했는데, 원희는 의자에서 내려와 주방 바닥에서 딴짓을 하고 있다. 엄마가 눈을 부릅뜨자 마지못해 의자에 앉는다. 엄마는 오이김치를 잘라 원희 입에 넣어 주었다. "엄마가 골고루 먹어야 된다고 했지." 엄마는 쉴 새 없이 원희의 입에 음식을 넣어 준다. 원희는 입에 음식을 가득 문 채로 "엄마 아직 입에 있어"라고 말한다. "빨리 씹어야지. 양양양 해 봐. 너 그거 언제 들어간 건데 아직도 물고 있어?" 계속 밥을 입에 물고 있던 원희가 말한다. "엄마 안 씹혀." "아이고, 안 씹히긴 왜 안 씹혀, 그럼 뱉어." 결국 원희는 싱크대로 가서 엄마가 꾸역꾸역 넣어준 반찬과 밥을 뱉어냈다. 원희의 식사 시간은 한 시간 정도 걸렸다.

원희는 유치원에서와 마찬가지로 집에서도 밥을 잘 먹지 않았다. 차이라면 유치원 교사는 아이에게 빨리 먹으라고 강요하지 않지만, 엄마는 시도 때도 없이 '골고루', '빨리'를 강요한다는 것이다. 사실 원희 엄마가 아이의 먹을거리에 신경을 곤두세우는 것은 원희가 항상 또래보다 몸무게가 적게 나갔기 때문이다. 원희는 지금까지 한 번도 평균 몸무게였던 적이 없다. 빈혈이 너무 심해 영양제를 먹은 적도 있다. 그러다 보니 엄마는 원희가 잘 먹는 것이 소원이 되었다. 어쩌다 아이가 "엄마 이거 진짜 맛있어. 나 이거 내일 또 해 줘"라고 말하면 그날은 하루 종일 기분이 좋았다. 원희는 왜 이렇게 안 먹는 걸까? 엄마는 그 이유가 항상 궁금했다. 제작팀은 원희가 잘 먹지 않는 이유를 전문가에게 물어보았다. 원희와 같이 섭식에 문제가 있는 경우, 소아청소년과와 아동심리연구소를 찾아가 보는 게 좋다. 우선 소아청소년과를 찾아 여러 가지 검진을 받아 보았다. 특히 유난히 음식을 오래 씹고, 씹다가 뱉어 버리는 원희의 행동이 혹시 턱관절에 이상이 있어서 그런 건 아닐지 엑스레이까지 촬영해 보았다. 하지만 원희는 엄마가 예상한 것과 달리 또래보다 몸무게가 2.4kg 정도 적게 나간다는 것 외에는 별다른 문제가 없었다. 그렇다면 심리적인 문제일까? 아동심리연구소를 찾아 밥을 안 먹는 이유를 물어봤다. 연구소에서는 엄마와 원희의 관계를 알아보기 위한 심리프로그램으로 엄마와 아이가 함께 모래놀이를 해 보도록 했다. 모래놀이판에 작은 인형과 모형을 이용해서 공간을 꾸미는 놀이였다.

놀이가 시작되자 원희가 엄마한테 먼저 의견을 제시했다. "엄마! 여기를 산타 나라로 만들자." 그러고는 산타 인형을 가지고 와서 모래놀이판 위에 놓았다. 그런데 엄마는 아이의 말을 들었는지 못 들었는지 장롱과 침대 등을 가져다가 한쪽 구석에 엄마만의 집을 꾸미고 있었다. "와 여기 좀 봐, 썰매를 끄는 사슴도 있어." 원희가 엄마에게 다시 말을 걸었다. 엄마는 원희의 말에는 별 반응을 보이지 않고 "소파도 하나 있으면 좋겠는데. 원희야 소파 봤니?"라고 물었다. 그러고는 루돌프 인형이 있는 쪽과는 다른 방향으로 가서 소파를 찾는다. 원희도 엄마가 있는 쪽으로 가서 소파를 찾기 시작한다. 놀이가 진행되는 내내 같은 상황이 반복되었다. 원희가 작은 신발들을 들고 와서 신발 가게를 차리자고 하면, 엄마는 난데없이 "얘들아 앉아. 엄마가 요리해 줄게"라고 말했다. 원희가 계속 신발 가게에 관심을 보이면 엄마는 재촉하듯 "친구야, 어서 와서 밥 먹어. 내가 초대할게" 하고 말하며 아이가 자신이 원하는 방향으로 오도록 유도했다. 엄마가 놀이를 주도하고, 아이는 엄마를 따라갔다. 아이의 관심은 쉽게 무시되고, 매번 엄마가 원하는 방향으로 진행되었다. 모래 위에 집 꾸미기가 완성되었다. 꾸며진 물건들은 대부분 엄마가 가져온 것이었다. 원희가 가져온 것은 몇 개 되지 않았다.

아이와 엄마의 놀이 상황은 VCR로 녹화되었다. 놀이 상황을 지켜본 성산효대학원대학교 가족상담학과의 채경선 교수가 엄마에게 물었다. "상징물을 가져올 때 누가 먼저 가져왔지요?" "제가요." "어머니, 뭘 꾸미셨죠?" "침대랑 옷장이요." 전문가가 하나하나 묻자 엄마는 그제야 문제가 무엇인지 깨달았다. 엄마는 아이의 의견은 계속 차단한 채 엄마 마음대로 상황을 주도하는 자신의 모습을 물끄러미 바라보았다. 채경선 교수는 엄마에게 놀이 상황을 본 느낌을 물었다. "제 3자가 되어서 보니까, 아이가 만들어 놓은 것을 제가 제 마음대로 자꾸 바꾸고 있네요." 채경선 교수는 놀이 상황을 보니, 원희가 잘 먹지 않는 이유를 알겠다고 말한다.

오늘 상황을 보니 편식의 문제가 자신감 부족으로 나타날 수 있을 것 같다. 또한 자신감 부족이 편식의 문제를 만드는 건 아닐까 하는 생각이 든다. 항상 엄마가 주도적으로 먼저 실행하다 보니 아이가 자신의 욕구를 나타낼 기회가 없어진다. 아마 엄마는 식사를 할 때도 아이가 무엇을 얼마큼 먹고 싶은지 묻기보다 "이만큼 먹어야 한다", "이것을 먹어야 한다", "이때 먹어야 한다"라고 말하고 있을 것이다.

잘 먹지 않는 원희의 식습관은 엄마와의 관계에서 비롯된 듯하다. 심각한 것은 이것이 먹는 것을 넘어서 또래 관계, 수업 태도 등 유치원 생활 전반에 영향을 미치고 있다는 사실이다. 원희는 유치원 식사 시간에 자기가 먹고 싶은 것을 선뜻 고르지 못했고, 양도 정하지 못했다. 또 교사의 눈치를 살피며 숙제를 하듯 밥을 먹었다. 놀이 상황에서도 마찬가지로 남들이 하는 놀이를 따라할 뿐 자신이 이끄는 경우는 거의 없었다. 수업 중에 자신의 의견을 말할 때도, 만들기 시간에 또래에게 자신의 의견을 말할 때도 선뜻 입을 떼지 못했다. 친구가 다가오면 놀고, 그렇지 않으면 가만히 아이들을 쳐다본다. 크게 웃는 일도 드물었고, 큰 목소리로 말하는 일도 드물었다. 매사에 자신감이 없고 소극적인 원희, 이것은 원희가 낮은 자아존중감을 가지고 있다는 것을 뜻한다. 잘 먹지 않는 식습관 그리고 낮은 자아존중감. 하지만 잘 먹지 않는 식습관 자체가 자아존중감을 무조건 낮추는 것은 아니다. 모든 아이들이 음식 네오포비아를 가지고 있지만, 그렇다고 모든 아이가 편식이 심해지고 자아존중감이 낮아지는 것은 아니다. 잘 먹지 않는 것, 그것은 오히려 낮은 자아존중감이 가져온 결과일 수도 있다. 아이가 음식에 대해 네오포비아를 보이기 시작할 때, 부모가 아이를 어떻게 대하느냐에 따라 아이의 자아존중감은 높아질 수도 있고, 낮아질 수도 있다. 또한 아이의 편식이 심해질 수도 있고, 약해질 수도 있다.

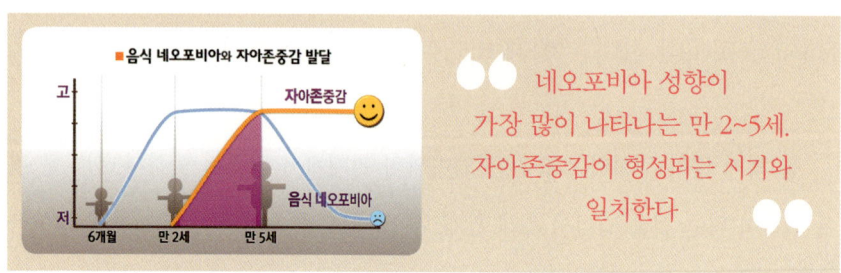

" 네오포비아 성향이 가장 많이 나타나는 만 2~5세. 자아존중감이 형성되는 시기와 일치한다 "

위 그래프를 보면 원희의 식습관과 자아존중감, 그리고 음식 네오포비아가 어떻게 연결되어 있는지 쉽게 이해할 수 있다. 편식으로 연결될 수 있는 네오포비아 성향은 만 2세부터 만 5세에 가장 많이 나타난다. 이 시기는 묘하게 자아존중감이 형성되는 시기와 일치한다. 여기서 심각하게 생각해야 할 것은 만 5세를 지나면서 음식 네오포비아는 서서히 사라지지만, 그 사이에 형성된 자아존중감은 이후로도 그대로 유지된다는 것이다. 음식 네오포비아를 보이는 아이에게 강압적인 태도를 보이느냐, 이해하는 태도를 보이느냐에 따라 아이의 자아존중감이 달라질 수 있다. 한 가지 꼭 기억해 두었으면 하는 것은, 이 시기에 한 번 형성된 자아존중감은 평생 좀처럼 바뀌지 않는다는 사실이다. 흔히 알고 있듯 자아존중감이란 스스로가 자신에게 갖는 이미지이다. 낮은 자아존중감은 자기 자신을 부정적으로 생각한다는 것을 의미하고, 높은 자아존중감은 자신을 긍정적으로 생각한다는 것을 의미한다. 높은 자아존중감을 가진 사람은 삶을 적극적이고 진취적으로 살아가고, 낮은 자아존중감을 가진 사람은 삶을 소극적이고 우울하게 살아간다.

원희가 엄마와 함께 식사를 하던 광경을 떠올려 보자. 엄마는 유치원에 다녀온 아이에게 묻는다. "오늘 점심 뭐 나왔어? 몇 등으로 먹었어?" 계속 먹는 얘기만 한다. 식사를 하는 동안에도 수도 없이 빨리 씹어야지, 넘겨야지, 이거 먹어야지, 저거 먹어야지 하며 아이를 다그친다. 엄마는 아이가 너무 안 먹는다는 강박관념에 사로잡혀 하루 종일 아이를 졸졸 따라다니며 음식 얘기만 한다. 이런 상황이라면 누군들 편하게 먹을 수 있을까? 원희 입장에서 '먹는 것'은 어쩌면 또래보다 조금 못하는 일일 수도 있다. 그런데 엄마는 따라다니면서 넌 왜 이렇게 못하니? 좀 잘하면 안 되니? 오늘은 잘했니? 못했니? 온통 아이가 못하는 것을 화제로 삼아 아이를 맥 빠지게 한다. 이런 상황이 계속되면 원희의 자아존중감은 더 낮아질 수 있다. 아이는 식사 시간만 되면 잔뜩 긴장하고 스트레스를 받을 것이다. 아이의 식욕은 점점 떨어지고, 원희는 먹는 것을 점점 싫어하게 될 수도 있다.

네오포비아를 극복하려면

아이들은 대부분 채소를 싫어한다. 하지만 모든 아이들이 그런 것은 아니다. 만 6세 민호는 못 먹는 채소가 없다. 민호네 식사 시간, 식탁을 보니 소시지, 햄,

돈가스 등 보통 엄마들이 아이를 위해 따로 준비하는 반찬이 없다. 된장국, 쌈을 싸 먹을 수 있는 각종 채소, 마늘장아찌, 생선, 김치……. 민호는 보는 사람도 침이 꼴깍 넘어갈 만큼 정말 맛있게 밥을 먹는다. 마늘장아찌를 젓가락으로 집어 입안에 넣고는 아삭아삭 맛있게 씹는다. 손바닥만 한 상추에 쑥갓, 깻잎을 얹고 거기에 밥을 얹어 맛있는 쌈을 만들어 한입에 넣고 우적우적 씹는다. 민호가 밥 먹는 모습을 보면, 다른 집 엄마들은 모두 부러운 듯 민호 엄마에게 식습관의 비법을 묻는다. 그런데 민호 엄마가 말하는 비법은 정말 간단하다. 단맛이 나는 과자보다는 채소를 자주 주었다는 것이다. 민호에게 채소를 익숙한 음식으로 만들었다는 것. 민호뿐 아니라 가족 모두 채소를 무척 좋아하기 때문에 그런 환경을 만드는 것은 어렵지 않았다. 그래서인지 민호는 만 6세 남자아이치곤 채소를 정말 잘 먹는다. 제작팀이 민호에게 좋아하는 채소 이름을 한번 말해 보라고 했다. "브로콜리, 양파, 당근, 호박, 마늘, 상추……" 아이가 좋아하는 채소의 이름은 끝날 줄을 몰랐다. 민호 엄마는 새로운 채소를 줄 때 항상 아이와 함께 요리를 했다고 한다. 아이가 만져 보고 맛도 보고 썰어도 보면서 자연스럽게 채소에 관심을 갖게 했다는 것. 이렇게 해서 민호 엄마는 민호에게 새로운 채소를 먹일 때 "먹어, 먹어"라고 말하기보다 아이의 입에서 "먹고 싶어"라는 말이 먼저 나오게 했다.

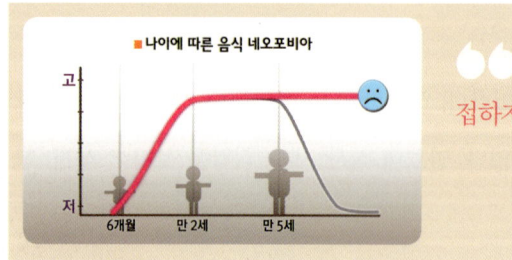

> 다양한 음식을 접하지 못한 만 2~5세의 아이들은 성인이 되어도 편식할 가능성이 높다

낯선 음식에 대한 공포감, 음식 네오포비아는 위험한 음식으로부터 우리 아이들을 보호하는 역할도 한다. 이것은 인간뿐 아니라 대부분의 동물들에게도 나타나는 현상이다. 세상 모든 음식에는 독소가 있을 가능성이 있고, 그것으로부터 생명을 유지하기 위해 안전하다고 알려진 음식만 먹는 것은 어쩌면 인간이나 동물에게 꼭 필요한 특성인지도 모른다. 그렇다면 어떻게 음식 네오포비아를 극복시킬 수 있을까? 해답의 실마리는 또래보다 많은 채소 이름을 알고 있는 민호에게서 찾을 수 있었다. 어릴 때부터 다양한 채소를 접하게 하고, 다양한 채소를 먹는 모습을 보여주어 아이가 채소를 안전한 음식으로 인식하게 하는 것. 결국 아이가 알고 있는 낯선 채소의 수를 줄여 주는 것이다. 음식 네오포비아는 만 2세에서 5세까지 최고조에 달하다가 차츰 줄어든다. 그런데 가장 큰 문제는 이 시기 다양한 음식을 경험하지 못하면 이런 편식 성향이 성인기까지 이어질 수 있다는 것이다.

미국 시카고대학교 의과대학 리즈 엘리엇 교수는 모유 수유가 음식 네오포비아를 줄이는 데 도움이 된다고 말한다. 그녀는 생후 4개월에서 6개월이 된 아기들이 음식을 거부하는 현상에 대해 조사했다. 이 시기는 초기 이유식을 시작하는 시점이며 음식 네오포비아가 서서히 나타나는 때이다. 그런데 모유를 먹은 아기가 분유를 먹은 아기에 비해 음식 네오포비아 현상을 적게 나타냈다. 모유를 먹은 아기들은 콩이나 완두로 퓌레를 만들어 주었을 때 별 거부감 없이 잘 먹었다. 이유는 한 가지, 모유를 통해 이미 그런 식품들의 맛에 익숙해졌기 때문이다.

모유를 먹은 아기에게 콩이나 완두는 새로운 음식이 아니다. 모유를 통해서 이미 그 맛을 경험했기 때문이다. 모유는 아기에게 다양한 미각 경험의 매개체가 된다. 같은 이치로 임신 중에 엄마가 다양한 음식을 먹는 것도 아이의 네오포비아를 줄이는 데 도움이 된다. 엄마가 먹은 음식을 양수로 받아들인 아기는 태어나기 전에 이미 다양한 맛을 경험한 것이기 때문이다. 음식에 대한 기호는 얼마든지 바뀔 수 있다. 선천적으로 단맛을 좋아하고 쓴맛을 싫어하긴 하지만, 엄마의 양수에서 혹은 모유에서 다양한 맛을 경험한 아이들은 그렇지 않은 아이와는 다른 취향을 보인다. 음식의 기호는 경험에 의해서 만들어진 후천적인 것이다. 이러한 음식의 기호를 결정하는 때가 바로 유아기이다. 유아기에 다양한 맛을 경험한 아이들은 자라서도 독특한 맛이나 새로운 맛에 거부감을 보이지 않는다. 음식 네오포비아를 잘 극복해냈기 때문이다.

음식 네오포비아는 그저 새로운 음식에 대한 거부가 아니다. 아이들은 음식의 종류, 질감, 색깔, 온도, 모양에 대해 감정적으로 강한 반응을 보인다. 아주 적은 양을 먹었음에도 불구하고 울음을 터뜨리고, 소리를 지르고, 구역질을 하고 토하는 경우가 많다. 이것은 의도한 거부가 아니다. 아이가 보이는 음식 네오포비아는 그저 '맛이 없으니까'의 차원을 넘어서 '공포증'에 가깝다. 가끔 엄마들이 우리 아이는 정말 채소를 먹으면 죽는 줄 안다고 농담 삼아 말하지만, 실제로 아이가 채소를 보고 느끼는 공포는 죽을 것같이 두려운 것일 수도 있다. 심리학에서는 공포증을 치료하기 위해 환자가 두려워하는 대상이나 상황에 아주 조금씩 노출시키는 방법을 쓴다. 아주 조금씩 노출되기 시작하면, 환자는 이전에 두려워하던 대상이나 상황이 자신에게 별로 위협적이지 않았다는 것을 깨닫게 된다. 아이들의 음식 네오포비아도 그렇게 접근해야 한다. 아이에게 새로운 음식을 맛보는 것이 결코 위험한 일이 아니라는 것을 아주 천천히 가르쳐 주어야 한다.

부모가 다양한 음식을 제공한다고 해서 아이가 다 먹는 것은 아니다. 새로운 음식에 대한 아이의 마음은 '공포증'에 가깝기 때문에, 다양한 음식을 접했다고 그것을 모두 맛보게 되지는 않는다. 그렇기 때문에 아주 적은 양으로 시작해야 한다. 만약 그 적은 양마저 아이가 먹기를 겁낸다면 먹으라고 강요하지 말고 다른 사람이 먹는 모습을 관찰하도록 해도 좋다. 영국의 몇몇 심리학자들은 「아이들의 식품선호도 변화: 낯선 채소를 받아들일 때 노출과 보상의 영향」이라는 한 논문에서 낯선 채소를 먹이기 위해서는 보상보다 노출이 더 효과적이라는 결과를 발표했다. 쉽게 말해 낯선 채소를 참고 먹었을 때 아이에게 상을 주는 것보다, 부모가 낯선 채소를 먹는 모습을 보여주는 편이 아이에게 채소를 먹이는 데 더 도움이 된다는 것이다.

실험은 만 5~7세 아이 49명을 대상으로 2주간 진행되었다. 낯선 음식은 '빨간 고추'. 대상 아이들 중 67%가 빨간 고추를 먹어 보려고 시도한 적이 있었다. 연구팀은 이 아이들을 노출 그룹, 보상 그룹, 대조 그룹으로 나눴다. 노출 그룹에게는 다른 사람이 먹는 걸 본 뒤 먹고 싶은 만큼 먹으라고 하고, 먹은 개수를 표시하도록 했다. 보상 그룹에게는 한 개라도 먹으면 아이들이 좋아하는 인기 만화캐릭터가 그려진 스티커를 주기로 했다. 대조 그룹에는 어떤 상황도, 어떤 조건도 달지 않았다. 결과는 노출 그룹이 선호도나 먹는 양에 있어서 가장 효과가 높았다. 보상 그룹은 대조 그룹과 노출 그룹의 중간 정도의 성과였다. 이 실험에서 인상 깊은 것은 보상을 한다고 음식에 대한 선호도가 늘지는 않았다는 점이다. 또한 아무 조치를 취하지 않은 대조 그룹에서도 선호도나 먹는 양이 어느 정도 늘어난 것을 보면, 실험을 시작할 때 단 한 번 노출된 것 역시 아이들에게 영향을 준 것으로 보였다. 단 한 번의 노출 역시, 한 번도 노출하지 않은 것보다는 선호도나 먹는 양에 긍정적인 작용을 할 수 있다는 뜻이다.

아주 적은 양이라도 아이가 먹는다면 덜컥 양을 늘리지 말고 그 상태로 오랫동안 먹인다. 몇 가지 음식만 먹는 아이들은 대개 나머지 음식이 좋은지 싫은지를 결정할 만큼 충분히 먹어 보지 못한 경우가 많다. 음식 맛에 대한 선호도는 한 번 맛본다고 결정되지 않는다. 아이들은 여러 번 맛을 보면서 음식의 선호도를 결정한다. 심리학자 버치*Birch*와 말린*Marlin*은 아이가 어떤 음식을 좋아하게 되기까지는 최소 10~20번 정도는 먹어 봐야 한다고 말한다. 물론 이런 방법으로 아이들이 모든 음식을 좋아하게 할 수는 없다. 하지만 싫어하지 않게는 만들 수 있다. 참고로 어른의 경우 하기 싫은 일을 자발적으로 하는 데 걸리는 시간이 보통 3~6개월이라고 한다. 아이의 경우는 이보다 더 긴 시간이 필요하다. 아이에게 채소를 먹는 일은 어쩌면 본능적으로 싫은 일인지도 모른다. 더구나 이미 채소 편식이 심한 아이라면 말할 것도 없다. 따라서 채소를 싫어하는 아이의 식습관에 있어서 부모는 조금 더 여유로운 마음을 가질 필요가 있다.

새로운 음식을 줄 때 아이가 좋아하는 음식에 한입 정도의 양을 끼워 넣는 방식으로 진행해도 좋다. 새로운 음식에 대한 거부반응을 조금은 줄일 수 있을 것이다. 새로운 음식의 이미지가 좋아하는 음식의 이미지와 겹쳐질 수도 있다. 그런데 아주 조금씩 새로운 음식을 맛보게 할 때 주의할 점이 있다. 아이에게 음식을 먹이기 위해서 화를 내거나, 꾸짖거나, 속이거나, 애원해서는 안 된다. 이것은 섭식장애를 치료하는 기본 원칙이기도 하다. 아이에게 새로운 음식을 제공한 뒤 부모가 해야 할 일은 단지 참을성 있게 기다리는 것뿐이다. 포기하지 않고 끈질기게 새로운 음식을 제공하면서 아이가 한 번쯤 먹어 보기를 기다리는 것뿐이다.

음식을 거부하는 또 다른 이유

아이들이 유독 채소를 싫어하는 비밀을 밝혀내던 중 제작팀은 아이들이 음식을 거부하는 또 하나의 이유를 찾아냈다. 제작팀은 만 5세 아이 열 명과 아이의 엄마 열 명을 대상으로 '맛없어 보이는 과자 실험'을 해 보았다. 실험에서 엄마는 제작팀이 제시한 음식을 처음에는 아주 맛없다는 표정으로 먹다가 조금 후에는 똑같은 음식을 아주 맛있다는 표정을 지으며 먹을 것이다. 똑같은 음식에 대한 엄마의 부정적 혹은 긍정적인 표현에 따라 아이의 반응은 어떻게 달라질까?

> 실험을 위한 방에는 작은 탁자와 의자 두 개가 놓여 있다. 엄마와 여자아이가 방으로 들어왔다. 엄마와 아이는 작은 탁자를 가운데 두고 앉았다. 잠시 후 웨이터가 접시를 하나 가지

고 들어와 탁자에 내려놓았다. 접시에는 제작팀이 만든 낯선 과자가 놓여 있었다. 이 과자는 앞서 아이들의 '음식 네오포비아'를 알아보기 위해 만들었던 맛도 없어 보이고 낯선 모양의 과자다. 엄마는 과자를 보자마자 얼굴을 찡그렸다. 마지못해 먹는 것처럼 과자를 아주 조금 베어 먹었다. 그러고는 맛이 없다는 표정을 지었다. 엄마는 아이에게 먹어 보라고 했다. 아이는 "먹기 싫다"고 말한다. 마치 과자를 먹기나 한 것처럼 얼굴을 잔뜩 찌푸린다. "지현아, 엄마 이거 먹고 배 아프면 어떡하지?" 했더니, 아이는 "내가 먹어 봤더니 배 아파. 얼른 뱉어"라고까지 말한다. "그래도 엄마 먹을까?" 했더니, 아이는 고개를 저으며 절대로 먹지 말라고 한다.

10분 뒤, 제작팀은 엄마와 아이에게 똑같은 과자를 가져다 주었다. 아까는 너무 먹기 싫어하던 과자를 이번에는 엄마가 너무 반가워한다. 보자마자 환한 표정을 지으며 "너무 맛있겠다" 하면서 긍정적인 예측까지 내놓았다. 한입 베어 먹고는 "와 이거 진짜 맛있다"라고 말하며 박수까지 친다. "지현아, 이거 정말 맛있는데" 하면서 아주 맛있게 먹는다. "너도 한번 먹어 볼래?" 과연 아이는 어떤 반응을 보일까? 아이는 손가락으로 과자를 가리키며 다른 과자도 한번 먹어 보라는 시늉을 한다. 엄마는 다른 과자도 집어 "와, 너무 맛있다. 진짜 맛있는데"라며 계속해서 맛있게 먹는다. 아이는 엄마를 한참 지켜보더니 슬며시 과자를 집어 들었다. 그러더니 엄마를 쳐다보며 한입 베어 먹고는 "와, 엄마 정말 맛있다"라고 말한다. 10분 전과는 전혀 다른 반응이다. 아이는 엄마처럼 환한 표정을 지으며 정말 맛있게 과자를 먹는다. 나머지 팀의 반응도 이와 다르지 않았다.

10분 만에 뒤바뀐 엄마의 반응. 분명 같은 음식인데도 엄마는 맛없다고 했다가 다시 맛있다고 한다. 성인들이 생각하기에는 말도 안 되는 상황 같지만, 아이는 엄마가 맛없다고 하면 자기도 먹기 싫다고 하고, 엄마가 맛있다고 하면 금방 반응을 바꿔 먹고 싶다고 한다. 그게 아이들이다. 엄마가 어떤 음식을 긍정적으로 대하느냐 혹은 부정적으로 대하느냐에 따라 아이가 그 음식에 갖는 이미지가 달라진다. 그것은 아이가 어떤 음식을 좋아하게 되느냐 싫어하게 되느냐에 엄청난 영향을 준다. 엄마의 사소한 부정적인 반응, 모양이 이상한 것 같다, 냄새가 나쁘다 등은 아이로 하여금 그 음식을 싫어하게 만든다. 반대로 아이가 맛이 없다고 생각한 음식도 엄마가 긍정적인 반응을 꾸준히 보여주면, 맛있는 음식이 된다. 똑같은 음식이라도 엄마가 긍정적인 반응을 보이면 맛이 있는 음식이 되고, 부정적인 반응을 보이면 맛이 없는 음식이 되는 것이다. 즉 부모가 어떻게 음식을 대하는가가 중요하다.

실험 중에 재미있는 에피소드가 있었다. 다른 아이들과 마찬가지로 아이는 처음에는 안 먹겠다던 과자를 엄마가 맛있게 먹으니까, 자기도 먹고 싶다고 했다. 먹어 보더니 맛이 있다고 말했다. 엄마가 맛있게 먹는 모습을 보면서 아이도 따라서 맛있게 먹은 것이다. 그런데 장난기가 발동한 엄마가 아이에게 물었다. "너 아까 이거 안 먹는다고 했던 거 아니야?" "아까 것은 이거랑 달랐어." "달랐어?" "어, 이것보다 납작했어. 납작하고 더 딱딱했어." 엄마는 웃으면서 "어, 그랬구나" 한다. 아이는 맛이 없다고 먹어 보지도 않은 이전의 과자와 지금의 과자가 다르다고 엄마한테 구체적으로 설명했다. 우리의 아이들은 이렇다. 빤히 보기에 앞뒤가 맞지 않는 행동을 해도 아이는 부모의 평가와 판단이 옳다고 믿는다. 아이에게 내 부모는 가장 신뢰할 만한 어른이다. 아이에게 내 부모는 내가 가장 안전하게 살아가는 길을 알려 주는 수호신과도 같다. 아이는 부모가 그 누구보다도 자신의 안전을 '최우선'으로 생각한다고 믿는다. 그렇기 때문에 부모가 내리는 평가와 판단을 100% 신뢰하는 것이다.

아동발달학 용어 중 사회적 참조 Social referencing라는 말이 있다. 생후 6개월이 지난 아기들이 모호한 사건이나 낯선 사람을 대할 때 이들의 정보를 얻기 위해 양육자의 얼굴을 살피는 걸 말한다. 자신에게 가장 중요한 타인의 표정을 보고 정서적인 정보를 얻어 불확실한 상황을 대처하는 것이다. 이런 경향은 물건이나 사람 혹은 상황이나 사건이 아이에게 낯설면 낯설수록 더 심해진다. 이때 아이는 양육자의 얼굴 표정뿐 아니라 목소리, 몸짓 등에서 전해지는 모든 메시지를 민감하게 받아들여 자신의 행동을 조정한다. '맛없어 보이는 과자 실험'에서 보인 아이들의 행동은 이런 사회적 참조와 관련이 있다. 아이가 새로운 음식 혹은 채소를 거부하는 데에는 분명 부모가 무의식중에 보낸 정서적인 메시지가 큰 역할을 했다고 볼 수 있다.

> **수입** 밀가루 속 개미는 모두 **죽고**,
> **국산** 밀가루 속 개미는 모두 **살았다**!?

상식의 재발견 ❺

이 이야기는 2007년 오마이뉴스의 한 기자가 직접 한 실험으로부터 비롯된 것이다. 수입 밀가루는 봄에 파종하고 가을에 수확하기 때문에 잡초나 해충의 피해가 많아 농약을 칠 수밖에 없으며, 바다를 건너오는 시간을 배려하여 방부제를 넣을 수밖에 없을 것이라는 보도들이 쏟아져 나올 즈음이다. 오마이뉴스의 한 기자는 수입 밀가루와 국산 밀가루를 직접 구입하여 그 안에 각각 여덟 마리의 개미를 넣어 보았다. 수입 밀가루는 실험 당시 호주산이었다. 실험을 시작한 지 10분이 지나자 수입 밀가루의 개미들이 실험 용기를 타고 오르기 시작했다. 실험 5시간 후, 수입 밀가루 속 개미들 중 한두 마리가 힘을 잃고 쓰러졌고, 실험 8시간 후에는 수입 밀가루 속의 개미 여덟 마리가 모두 죽었다. 반면 국산 밀가루 속의 개미들은 단 한 마리도 죽지 않았다.

실험이 기사로 발표된 뒤, 실험의 조건이나 밀가루의 보관 상황을 두고 말이 많았다. 외국에서 그 수입 밀가루를 먹고 있는 한 소비자는 자기 집에 있는 밀가루에는 벌레도 잘 생긴다고 반론을 제기하기도 했고, 많은 수입 업체로부터 항의를 받은 것도 사실이다. 그러나 아무리 전문가가 아닌 일반인이 진행한 실험이라고 하더라도, 한 쪽은 전부 죽고, 다른 한 쪽은 전부 살았다는 것은 가히 충격적이다. 한 기자의 호기심 어린 실험을 맹신할 것은 아니지만, 아이를 키우는 엄마로서 참고할 만한 가치는 있다고 여겨진다.

03 푸드 브리지가 **편식**을 해결한다

엄마가 차단하면 아이는 더 끌린다

아이들은 자라면 자랄수록 점점 더 단맛을 찾고 쓴맛을 싫어한다. 엄마는 아이들을 제어하기가 더 어려워진다. 할 수 있는 방법이라고는 고작 아이 손이 닿지 않는 곳에 단것을 숨기는 것뿐이다. 그렇게 해서 엄마가 주는 양만큼만 먹도록 하는 것이다. 언뜻 보면 엄마가 주도권을 잡고 있는 것처럼 보인다. 하지만 엄마는 생각보다 더 자주 단것을 숨긴 장소 앞에서 아이와 거래 아닌 거래를 한다. "하나만 먹는다고 했잖아." "아까도 먹었잖아." "알았어, 딱 오늘 한 번뿐이야." 엄마는 진땀을 흘리면서 아이를 제어하려 들고, 결과는 매번 아이의 입에 달콤한 사탕이 물려 있는 것으로 끝난다. 그래도 엄마들은 이렇게 숨겨 두는 것이 눈에 보이는 곳에 버젓이 두고 아이를 제어하는 것보다 나을 거라고 믿는다. 견물생심이라고 하지 않았던가? 눈에 보이면 별 생각이 없다가도 먹어 싶어질 수 있다고 생각한다. 정말 눈에 보이지 않으면 아이의 먹고 싶은 마음이 줄어들까? 제작팀은 한 가지 실험을 해 보았다.

한 유치원 아이들에게 쌀과자, 강냉이, 건포도, 쿠키, 말린 망고, 초콜릿 등 여덟 가지 간식을 맛보게 한 뒤 선호도를 조사했다. 제시한 간식 중 가장 좋아하는 음식에는 웃는 얼굴이 그려진 카드를, 그냥 그런 것에는 무표정한 얼굴이 그려진 카드를, 싫어하는 음식에는 우는 얼굴이 그려진 카드를 각각 붙이도록 했다. 이렇게 선호도를 조사하여 아이들이 싫어하지도 좋아하지도 않는 중간 선호도의 간식 두 가지를 골라냈다. 말린 망고와 건포도였다. 제작팀은 두 음식을 속이 잘 보이는 유리 항아리에 담아 교실 한 곳에 두었다. 그리고 유치원 교사에게 아이들에게 앞으로 일주일 동안 건포도를 먹을 수 없다고 말해 달라고 했다. 교사는 아이들이 보는 앞에서 건포도가 들어 있는 항아리의 뚜껑을 닫으며, "앞으로 일주일 동안은 건포도를 먹을 수 없어요. 하지만 말린 망고는 마음대로 먹어도 돼요."라고 말했다. 교사의 말이 끝나자 말린 망고를 좋아하는 아이들은 박수를 쳤고, 건포도를 좋아하는 아이들은 실망한 빛이 역력했다.

실험이 시작되고 1일째, 아이들의 반응은 가히 폭발적이었다. 아이들은 놀이 시간 중간중간에 말린 망고를 하나씩 꺼내 먹었다. 2일째, 여전히 아이들은 말린 망고를 수시로 챙겨 먹었다. 한 아이가 뚜껑이 닫힌 건포도 항아리 앞을 서성거리며 안을 들여다보았다. 다음날이 되자 말린 망고를 먹는 아이들의 수가 줄어들었다. 대신 건포도가 담긴 항아리를 들여다보는 아이들 수가 늘어났다. 어떤 아이는 닫힌 뚜껑에 괜스레 손을 대 보기도 했다. 관찰 4일째, 아이들이 건포도가 먹고 싶다고 말하기 시작했다. 어떤 아이는 실제로 먹지는 않았지만 항아리의 뚜껑을 열어 건포도를 꺼내 먹는 시늉을 하기도 한다. 주위에 있던 아이들은 혹시나 그 아이가 건포도를 먹을까봐 제지했다. "야, 건포도는 먹으면 안 되잖아?" 아이는 "먹는 게 아니고 보는 거야. 보는 것도 안 돼?"라며 둘러댔다. 관찰 7일째, 교사는 건포도 항아리의 뚜껑을 열어 주며 아이들에게 말했다. "오늘부터는 건포도를 먹을 거예요. 선생님이 하나, 둘, 셋을 세고 나면 그때부터는 건포도나 말린 망고를 아무거나 마음껏 먹어도 좋아요." 아이는 "와~" 하며 환호성을 질렀다. "자, 하나 둘 셋!" 선생님 말이 끝나기가 무섭게 아이들은 건포도 항아리 앞으로 구름처럼 몰려들었다. 말린 망고 항아리로 가는 아이는 아무도 없었다. 분명 처음 선호도 조사 때 건포도를 좋아한다고 한 아이는 한 명도 없었다. 아이들에게 건포도는 그냥 그런 음식이었다.

> 그냥 그런 간식이었던 건포도.
> 차단한 지 7일 만에
> 먹고 싶은 간식이 되었다.

제작팀은 건포도를 한 줌 꺼내 맛있게 먹고 있는 아이들에게 물었다. "뚜껑을 닫고 먹지 말라고 하니까 어땠어요?" 아이들은 너나 할 것 없이 "더 먹고 싶어졌어요", "더 많이 먹고 싶어졌어요"라고 대답했다. 선호도 조사에서 건포도가 싫다고 말했던 아이도, 건포도는 그저 그렇다고 한 아이도, 말린 망고를 가장 좋아한다고 한 아이도 모두 말린 망고보다 건포도가 더 먹고 싶었다고 대답했다. 한림대학교 심리학과 김근영 교수는 아이들의 이런 변화를 '심리적 저항'이라고 말한다.

과자가 눈에 보이는데도 먹지 못하게 하는 것은 아이들에게 인지적으로 참기 힘든 고통이다. 어떤 음식을 있다는 것을 아는데 그것을 먹지 못하게 하면 심리적 저항으로 인해 그 음식에 대한 아이들의 선호도가 오히려 더 증가한다.

심리적 저항*Psychological reactance*이라는 심리학 용어가 있다. 강하게 금지하면 할수록 그만큼 소유욕이 더 커진다는 것. 심리학자 브렘*Brehm*은 어떤 대상에 대한 선택권을 빼앗기거나 빼앗길 위험에 처하면, 그 자유를 유지하기 위한 동기가 유발되어 선택의 자유와 그것과 관련된 대상을 더욱 강렬히 원하게 된다고 말한다. 어떤 대상이 희귀해질 경우에도, 역시 선택의 자유가 침해된 것이므로 이전보다 더 강하게 그 대상을 원하게 된다. 심리적 저항을 설명하는 대표적인 실험이 있다. 미국의 어빙 재니스*I. Jennis*와 페슈바하*Feshbach*는 사람들을 네 그룹으로 나눠 '양치질 교육'을 통한 재미있는 실험을 해 보았다.

첫 번째 그룹에게는 양치질을 꼭 해야 한다고만 말했다. 양치질을 안 했을 때 발생하는 문제점에 대해서는 아무런 경고도 하지 않았다. 두 번째 그룹에게는 '치아' 모형을 보여주며 양치질을 하지 않으면 치아 속에 구멍이 생기고 충치가 생길 수 있다고 말했다. 가벼운 경고를 한 그룹이다. 세 번째 그룹에게는 양치질을 하지 않았을 때 일어날 수 있는 충치, 입 안의 질병, 치아의 커다란 구멍 등을 실제 사진을 보여주며 설명했다. 중간 정도의 경고를 받은 그룹이다. 네 번째 그룹에게는 양치질을 하지 않았을 때 생길 수 있는 최악의 상황들을 보여주고 설명을 덧붙였다. 치아에 구멍이 뚫려 뿌리까지 썩어 버리고, 결국 치아를 뽑아야 하는 상태, 충치가 암으로 발전하거나 눈을 멀게 한 사진, 흉하고 끔직한 실제 사진을 보여주며 강한 경고를 하였다. 이러한 양치질 교육을 받은 뒤 각 그룹의 반응은 어땠을까? 아마도 네 번째 그룹이 양치질의 필요성을 가장 절감했을 거라고 생각하겠지만, 결과는 그렇지 않았다. 양치질을 잘하게 된 그룹은 가벼운 경고를 받은 두 번째 그룹이었다. 가장 강력한 경고를 한 네 번째 그룹은 아무런 경고를 하지 않은 그룹보다는 나았지만, 교육 후 느낀 공포심에 비해 낮은 실천율을 보였다. 네 그룹의 양치질 실천 정도를 순서로 보면 두 번째 그룹, 세 번째 그룹, 네 번째 그룹, 첫 번째 그룹으로 나타났다. 강하게 경고하면 그만큼 더 하기 싫어졌던 것이다.

아이들의 식습관과 관련하여 심리적 저항과 관련된 실험은 이미 미국, 영국 등 많은 나라에서 이루어졌다. 미국 펜실베이니아대학교의 한 연구팀은 비스킷을 가지고 접근 제한 실험을 해 보았다. 선택의 자유를 제한한 대상은 모양과 맛이 동일하고 향만 다른 두 개의 비스킷이다. 한 반에서 복숭아향 비스킷은 1~2분 동안만 시간을 정해 놓고 먹을 수 있게 하고, 사과향 비스킷은 언제라도 먹을 수 있게 했다. 실험이 실시되고 5주 후 아이들은 모두 복숭아향 비스킷의 열성 팬이 되었다. 다른 반에서는 반대로 사과향 비스킷을 제한하고 복숭아향 비스킷을 마음껏 먹도록 했다. 결과는 예측 가능했다. 아이들은 모두 사과향 비스킷에만 열광했다. '접근 제한'이란 명령은 접근이 제한된 대상을 이전보다 더 특별하게 만들었다. 이 같은 많은 실험 끝에 전문가들이 내린 결론은 부모가 음식을 숨겨 놓고 제한하면 할수록 아이들은 더 그 음식을 찾게 된다는 것이다.

금지되는 순간, 사탕, 과자, 캐러멜, 아이스크림은 더 특별해진다. 엄마 몰래 사 먹고 싶고, 떼를 써서 먹어야 하는 음식이 되는 것이다. 아이들은 엄마가 숨겨 놓을수록, 먹지 말라고 할수록 먹고 싶은 욕구를 참을 수 없어진다. 성인은 그런 욕구가 들어도 변별력이나 판단력을 발휘하여 자신을 억제할 수 있지만, 상대적으로 자기조절능력이 부족한 아이들에게는 쉽지 않은 일이다. 과자를 집에 숨겨 두고 먹지 말라고 하는 것은 아이의 욕구만 자극할 뿐 효과적인 통제 방법이 될 수 없다.

푸드 브리지, 여덟 번 노출의 법칙

채소는 물론이고 징그럽게 밥도 안 먹는 아이. 우리 아이뿐일까? 그렇지 않다. 식습관 문제를 가지고 있는 아이는 우리 아이들 중 소수가 아니다. 지난 2006년 8월부터 2008년 4월까지 연세대학교 심리학과 정경미 교수팀은 1~12세 아이 796명을 대상으로 식습관을 조사했다. 조사 결과, 전체의 41%가 식습관에 문제가 있었다. 그중 가장 많은 것이 편식(81.7%)이었다. 그다음으로 밥알을 세면서 지나치게 오래 밥을 먹는 것이 43.1%, 고개를 돌려 음식 외면하기, 음식 뱉기, 구역질, 밥 먹다가 도망가기 등의 문제행동이 28.1%, 제대로 씹지 않고 삼키거나 너무 오래 씹기가 24.5%, 식사 거부가 18%, 먹다가 토하는 경우가 17.1% 등이었다. 아이가 이런 식습관을 보일 때 부모들의 대처 방법으로는 어르고 달래는 경우가 34%로 가장 많았고, 16%가 강제로 먹이기를 시도하고 있었으며, 혼을 내는 부모도 15.2%나 되었다. 또한 먹고 싶어 할 때만 먹이기, 수시로 먹이기도 각각 15.1%, 11.8%로 적지 않았다. 조사를 진행한 정경미 교수는 대부분의 부모들이 사용하고 있는 무조건 야단치기나 아이의 비위 맞추기는 식습관 개선에 전혀 도움이 되지 않는다고 말한다. 아이가 편식을 하거나 식사를 거부할 경우, 음식을 차릴 때마다 반드시 약간이라도 맛을 보게 하고, 새로운 음식을 줄 때는 아이가 원래 좋아하는 음식과 맛, 질감, 색깔이 비슷한 것을 선택하여 아주 조금만 주는 것이 좋다고 충고한다. 또한 처음에는 먹지 않으려고 해도 끼니때마다 반복해서 보여주고 관심을 유도하라고 말한다.

한 연구에 따르면 아이가 싫어하는 음식을 받아들이기까지는 최소한 여덟 번 이상의 노출이 필요하다고 한다(유럽 임상 영양학회지 *European Journal of Clinical Nutrition*, 2003). 최소 여덟 번이라는 말은 그 이상의 노력을 의미한다. 학자에 따라서 10~20번까지 시도해야 한다고 주장하는 사람도 있다. 결국 아이가 싫어하는 음식이라도 포기하지 말고 꾸준히 노출시켜야 한다는 것이다. 그런데 이것은 아이가 싫어하는 음식을 여덟 번이든 스무 번이든 고집스럽게 식탁에

올려놓으라는 얘기는 아니다. 채소를 꾸준히 노출시키는 것이 '누가 이기나 보자'는 식의 힘겨루기가 되어서는 안 된다. 시금치를 싫어하는 아이에게 시금치나물만 줄기차게 스무 번 주라는 게 아니다. '시금치'를 스무 번 주되 조리법을 다양하게 하라는 말이다. 생으로만 먹고 나물로만 먹던 채소를 갈아 주거나 주스로도 만들어 보고, 밀가루와 같이 반죽하여 수제비를 만들거나 국수를 만들 수도 있다. 아이가 싫어하는 채소를 그릇처럼 활용해도 좋다. 상추를 아이가 좋아하는 음식을 담는 접시로 사용해도 좋고, 파프리카를 가지고 인형을 만들어도 좋다. 여덟 번 이상의 노출은 최대한 다양한 활용을 의미한다. 갈아도 주고, 다져도 주고, 볶아도 주고, 부쳐도 주고, 삶아도 주고……. 모양과 조리법을 바꿔 가면서 자꾸만 주다 보면 언젠가는 아이가 그 채소를 먹게 된다.

같은 재료를 다양하게 제공하는 것, 전문가들은 이미 편식 습관을 형성한 아이들에게 단계별로 다양한 음식을 제공하는 방법으로 푸드 브리지*Food bridge*를 추천한다. 이것은 편식 습관을 고치기 위한 가장 좋은 방법이다.

푸드 브리지란 싫어하는 음식을 여러 가지 방법을 통해 노출시키는 것으로, 처음에는 5%나 10% 정도로 시작하여 나중에는 90% 이상으로 노출시키는 방법이다. 각 단계별로 아이들이 잘 따라오면 싫어하는 음식이 좋아하는 음식으로 바뀌는 계기가 될 수 있다. 따라서 아이들에게는 푸드 브리지 방법을 사용하는 것이 굉장히 중요하다.

상계백병원의 이지정 임상영양사는 푸드 브리지는 단것만 좋아하고 채소를 싫어하는 아이들에게 꼭 필요한 방법이라고 말한다. 같은 재료를 이용해 단계별로 다양한 음식을 제공하다 보면 싫어하는 음식도 친숙해지고 심지어 가장 좋아하는 음식으로 바뀌기도 하기 때문이다. 제작팀은 채소를 유독 싫어하는 민영이(만 5세)에게 푸드 브리지 방법을 체험해 보게 했다. 취재 중에 만난 민영이는 먹어 본 채소도 몇 가지 없었고, 새로운 채소를 먹는 것도, 먹어 본 채소를 다시 먹는 것도 모두 싫어하는 아이였다.

푸드 브리지 1단계, 아이가 채소와 친해지는 것이 가장 중요하다. 음식전문가 한 명과 민영이는 푸드 브리지 1단계를 경험해 보았다. 음식전문가는 파프리카를 보여주며 "이거 먹고 싶어요?"라고 물었다. 민영이는 고개를 절레절레 저으며 입을 막았다. 파프리카는 채소 중에서 비교적 단맛이 강한 편에 속한다. 영양소로는 특히 비타민C가 풍부한데, 딸기의 4배, 시금치의 5배 수준이다. 이런 여러 가지 정보를 아는 어른들은 건강을 위해서라도 챙겨 먹는 것이 파프리카다. 하지만 아이들은 그런 것과 상관없이 '파프리카=채소', '채소=쓰다, 맛없다, 싫다'는 생각뿐이다. 그런 아이들에게 파프리카의 영양을 설명해 봐야 효과가 없다. 아이가 채소와 친해지는 방법은 부담 없이 채소를 만지고 접하는 것이다. 이 첫 번째 단계에서는 싫어하는 재료를 놀이도구나 식기로 활용해 시각적으로 친숙하게 만든다. 이때 아이가 굳이 파프리카를 먹지 않아도 좋다. 채소에 대한 거부감을 없애는 것이 목적이므로 지나치게 먹이려고 하지 않도록 한다. 음식전문가는 파프리카를 그릇처럼 활용했다. 파프리카의 꼭지가 있는 윗부분을 잘라 뚜껑처럼 열고 그 안에 달걀찜 재료를 부었다. 달걀찜은 평소 민영이가 좋아하는 음식이다. 완성된 파프리카달걀찜을 본 민영이는 신기한 듯 꼭지를 잡아 뚜껑을 열고 맛있게 한 숟가락을 떠먹는다. 아이의 얼굴은 누구보다도 행복했다.

푸드 브리지 2단계, 푸드 브리지의 핵심은 재료는 같지만 다른 종류의 음식을 내놓는 것이다. 음식전문가는 노란 파프리카와 빨간 파프리카를 갈아서 밀가루와 섞었다. 밀가루 덩이는 노란색, 빨간색으로 예쁜 물이 들었다. 음식전문가는 민영이와 함께 마치 색깔찰흙을 조물거리듯 재미있게 밀가루 반죽을 했다. 민영이는 요리를 함께 하면서 파프리카의 향과 색에 관심을 보였다. 채소라면 첫눈에 인상부터 찌푸리는 아이였지만, 이번 요리를 하는 동안은 어떤 신나는 놀이보다 재미있게 참여했다. 반죽이 완성되자 음식전문가는 그것으로 칼국수를 만들었다. 민영이는 노랗고 빨간 국수를 보며 박수를 쳤다. 파프리카 국수를 누구보다도 맛있게 먹은 것도 물론 민영이었다. 이처럼 원래 채소가 가진 형태를 완전히 없애 거부감을 줄이는 것도 좋은 방법이다. 이 단계에서는 재료를 알아볼 수 없게 하되, 모양이나 색으로 아이의 호기심을 자극하는 것이 핵심이다.

푸드 브리지 3단계, 아이가 거부감을 갖거나 골라내지 않도록 다른 재료와 섞어서 준다. 처음에는 아이가 싫어하는 채소가 너무 많이 들어가지 않게 하는 게 요령이다. 5%, 10%, 15%로 아주 조금씩 늘려간다. 햄버거를 좋아한다면 햄버그

스테이크를 만들 때 채소를 아주 잘게 썰어서 넣는다. 또 달걀말이 안에 채소를 잘게 썰어 넣는 것도 좋다. 볶음밥에도 아이가 좋아하는 고기나 다른 재료들과 함께 채소를 약간씩 넣어 주면 좋다. 한 가지 주의할 점은 아이가 처음에 잘 받아먹는다고 금방 채소의 비중을 높여서는 안 된다. 기쁜 마음에 욕심이 나겠지만 채소를 5% 추가한 요리를 5~6번은 주어서 아이가 익숙해지도록 한 뒤 비율을 늘려간다. 한 번 잘 먹었다고 덜컥 비율을 늘리면, 채소의 맛이 너무 강해 다시 거부감이 들 수 있다. 이렇게 조금씩 섞어 먹이면 자연스럽게 잘 먹게 된다.

푸드 브리지 4단계, 채소를 싫어하는 아이를 위한 마지막 단계이다. 드디어 재료 본연의 맛을 느끼도록 하는 것인데, 셰이크나 셔벗 등의 형태로 만들어 제공한다. 아이가 앞의 3단계를 잘 먹으면 마지막으로 다른 재료와 섞이지 않은 음식을 준다. 이제야 채소를 제대로 느껴 보도록 하는 것. 이 단계의 채소를 잘 먹으면 그때 생으로 된 채소를 먹이도록 한다. 엄마들은 아이가 채소를 잘 먹지 않으면, 갈아서 주는 것이 첫 단계라고 생각한다. 물론 갈아서 주면 아이가 싫어하는 질감은 숨길 수 있다. 하지만 쓴맛은 가릴 수가 없다. 채소를 갈아서 주는 것은 채소의 쓴맛을 더 강하게 느끼게 하는 역효과를 낳을 수 있다는 것을 명심하자.

1 단계   2 단계

3 단계   4 단계

❝ 푸드 브리지는 같은 재료를 다양하게 이용해 편식 습관을 고친다.
싫어하던 파프리카는 어느새 아이의 입안에 있었다. ❞

아이와 함께 푸드 브리지를 경험한 민영 엄마는 음식에 대한 자신의 고정관념을 새삼 깨달았다고 털어놓았다. "보통 엄마들처럼 아이가 채소를 안 먹는다고 불평만 했지, 이렇게 채소의 형태를 변형시켜 볼 생각은 못했네요. 아이가 그렇게 시금치를 싫어하는데도 시금치를 변형한 음식은 생각해 보지도 않고, 매번 형태가 그대로 살아 있는 시금치나물만 주었네요." 아이는 본능적으로 채소를 싫어한다. 그것은 아이의 투정도 고집도 반항도 아니다. 그러므로 어른들은 채소를 싫어하는 아이를 대할 때 조금 더 너그러워질 필요가 있다. 성인들과 달리 아이들에게 채소는 두려울 만큼 낯선 맛이라는 것을 항상 기억하자.

8세, 아이의 평생 입맛이 결정된다

이제 편식으로 인해 자존감까지 낮았던 원희의 이야기로 돌아가 보자. 원희와 원희 엄마를 관찰한 현미숙 부모상담 전문가는 원희 엄마에게 이렇게 조언했다.

아이가 적게 먹는 것은 상관없다. 그저 아이가 먹을 수 있는 양만큼만 줘라. 그것이 세 숟가락이어도 좋고, 네 숟가락이어도 좋다. 아이가 "야, 내가 다 먹었어"라는 마음이 들게 해 주는 것이 중요하다. 그런 마음이 들어야 세 숟가락밖에 못 먹던 아이도 네 숟가락에 도전하고 싶은 생각이 든다.

지금 아이에게 필요한 것은 엄마의 강요가 아니라 '자신감'이다. 그러기 위해서 현미숙 부모상담 전문가는 식탁에서 엄마가 아이와 동시에 일어나는 것이 중요하다고 말한다. 그러면 아이는 유치원에 가서도 "저 친구가 다 먹어 가네. 그럼 나 혼자만 남겨지잖아. 절대 안 돼. 같이 일어날 거야"라는 목표를 세우게 된다. 무조건 연령별 권장량에 맞춰 아이에게 먹을 양을 정해 주면 '난 원래 남들보다 늦게 먹잖아', '난 원래 조금밖에 못 먹잖아'라는 생각을 심어주게 된다. 이러한 생각은 아이의 낮은 자존감과 연결된다. 원희와 원희 엄마를 상담한 전문가들이 내린 결론의 핵심은 두 가지다.

첫째. 아이가 먹을 수 있는 양 만큼만 줘라.
둘째. 아이와 부모가 식탁에서 함께 일어나라.

전문가의 상담을 받은 뒤 두 달이 지나서 제작팀은 원희네 집을 다시 찾아갔다. 두 달 만에 만난 원희는 전과 달리 무척 활기차 보였다. 무엇보다 궁금했던 밥 먹는 모습도 이전과는 완전히 딴판이었다. 반찬을 집어 먹는 모습도, 밥을 입어 넣는 모습도 야무졌고 가족 중에 1등으로 식사를 끝냈다. 밥을 입에 물고만 있는 일도 거의 없었다. 달라진 것은 아이의 모습뿐만이 아니었다. 엄마도 아이를 윽박지르기보다 아이의 행동을 칭찬하고 격려하는 모습을 많이 보였다. "와 맛있겠다. 원희 먹는 걸 보니 엄마도 먹고 싶은걸." 엄마는 원희가 으쓱해질 만큼 원희의 모든 행동을 존중해 줬다. 이전에는 그렇게 씹으라고 해도 잘 씹지 않더니 제법 꼭꼭 씹어서 맛있게 먹고 있는 원희에게, 제작팀은 어떻게 이렇게 변했는지 물었다.

아이의 대답은 간단했다. 요즘은 밥이 "너무 맛있다"는 것이다. 그렇게 맛없던 밥과 채소가 두 달 사이에 맛있어졌다니. 엄마의 음식 솜씨는 두 달 전이나 지금이나 별반 달라진 것이 없다. 두 달 전 전문가의 상담 내용 중에도 음식의 맛을 개선하라는 주문은 없었다. 전문가의 조언은 단지 원희의 심리, 정서, 자신감에 대한 것뿐이었다. 그것만으로도 맛없던 음식들이 두 달 만에 원희에게 너무나 맛있는 음식으로 바뀐 것이다.

전문가가 원희 부모에게 제시한 6가지 원칙

1 **씹기 운동하기**

'씹기'가 수월하지 않은 원희. 식사 시간마다 지속적인 씹기 운동을 통해 원희가 음식을 잘 씹어서 삼킬 수 있도록 해 주어야 합니다.

- ✓ **20번 씹고 삼키기**
  한 숟가락 먹을 때마다 20번씩 충분히 꼭꼭 씹을 수 있도록 지도해 주세요.

- ✓ **먹기 좋은 크기로 반찬 만들기**
  식탁에서 가위로 바로 잘라 주기보다는 조리 시에 미리 원희가 먹기 좋은 크기로 잘라서 반찬을 만들어 주세요. 작은 크기로 씹는 운동을 시작하고, 점차 음식의 크기를 늘려가면서 원희가 '씹기'에 자신감을 갖도록 해 주세요.

2 **원희와 함께 먹고 함께 일어나기**

현재 원희는 혼자서만 식사를 하는 상황이 계속되고 있습니다. 그래서 더욱 음식에 대한 흥미가 떨어지고 있습니다. 원희가 혼자가 아닌 가족과 함께 식사를 끝내는 성공 경험을 갖게 하는 것이 무엇보다 중요합니다. 절대로 혼자 남아서 먹지 않도록 해 주세요.

✓ 아무리 적은 양이라도 원희가 먹을 수 있는 양만큼만 덜어 주기
✓ 원희와 함께 먹고 함께 일어나기 혹은 원희가 먼저 먹고 일어날 수 있도록 하기

3 음식에 대한 즐거움 맛보기

원희는 현재 음식 자체에 대한 흥미가 없는 상태입니다. 원희가 음식에 대한 즐거움을 맛보기 위해서는 즐거운 식사 분위기를 경험하는 것이 무엇보다 중요합니다.

✓ **가족과 함께 즐겁게 식사하기**

서로 먹여 주기도 하고 즐겁게 이야기도 나누면서, 음식을 먹는 것이 즐겁고 행복한 일이라는 것을 경험하게 해 주세요.

✓ **친구들을 집으로 초대해서 즐거운 식사 시간 만들기**

음식은 원희가 잘 먹는 간식으로 간단하게 준비해 주세요.

✓ **엄마가 음식을 만들 때 작은 것이라도 원희가 참여할 수 있도록 하기**

장을 보거나 음식을 할 때 원희와 함께 합니다. 재료를 만져 보거나 요리에 참여시키면 음식에 대한 호기심이 높아집니다.

4 화법 바꾸기 (부담이 되는 말 하지 않기)

원희 부모님은 무의식적으로 원희와 이야기할 때 먹는 것에 대한 부담감을 주고 있습니다. 원희가 부담을 갖지 않도록 엄마의 화법을 긍정적으로 바꾸는 것이 중요합니다.

 식사 시간에 다짐의 말, 부담을 주는 말 삼가기

"네가 고구마 먹는다고 해서 삶은 거니까, 많이 먹어야 해!"
"원희가 이만큼 먹는다고 해서 이만큼 줬으니까 다 먹어야 해"
이런 식의 화법은 피해야 합니다.

 '양'이 아니라 '방법'에 대해서 묻기

"많이 먹어야 해"가 아니라, "어떻게 먹으면 더 맛있을까?"로 바꾸어 말합니다.

5 원희에게 칭찬과 보상 해 주기

 원희와 놀아 줄 때 반드시 시선을 맞추며 얘기하기

시선을 맞추고 하는 대화는 아이에게 존중받고 있다는 느낌을 줍니다.

✓ **작은 것부터 칭찬하기**

공부나 놀이 과정에서 칭찬을 기대하고 있는 원희, 잘하는 것을 끄집어내서 칭찬합니다.

✓ **공부 이외의 동적인 놀이 하기**

원희는 엄마의 보살핌이 필요한 일을 만들어내 엄마와 상호작용을 하려 하고 있습니다.

엄마의 보살핌을 받는 것이 아닌 아이의 주체성을 발휘할 수 있는 동적인 놀이를 함께 해 주세요.

아빠와 함께 해 주세요 6

✓ **엄마를 위한 시간을 가지세요**

엄마는 아이들 양육으로 인해 지칠 수 있습니다. 엄마는 자신만을 위한 시간을 갖는 것이 중요합니다. 예) 주 3회 운동하기

✓ **아빠와 함께 주 1회 이상 놀기**

원희 또래는 아빠에 대한 기대치가 높은 시기입니다. 최소 주 1회 이상 아빠가 함께 놀아 주세요.

✓ **가족들이 함께 해 주세요**

원희에게는 긍정적인 아빠 모델을 보여주고, 아이들과 함께 놀아 주거나 외식 등 가족을 위한 시간을 갖는 것이 절실히 필요합니다.

제작팀은 원희의 유치원에도 다시 찾아가 보았다. 점심시간, 원희는 숟가락 가득 밥을 떠서 정말 맛있게 먹고 있었다. 밥숟가락을 들고 딴짓을 하거나, 친구들이 다 먹고 놀고 있을 때도 혼자 남아 밥을 먹고 있던 예전의 모습은 어디에서도 찾아볼 수 없었다. 집에서처럼 야무지게 꼭꼭 씹어 먹고는 옆 자리에 앉은 친구보다 먼저 일어났다. 원희의 식판에는 밥이며 반찬이 하나도 남아 있지 않았다. 원희는 식판을 들고 일어나며 "난 벌써 다 먹었어"라고 아직 덜 먹는 친구에게 자랑까지 한다. 식사 시간이면 늘 선생님에게 재촉을 받던 아이가 이제는 칭찬을 받고 있었다. "와 원희 벌써 다 먹었어요? 맛있었어요?" "네." 원희는 어깨를 으쓱 대며 대답했다. 제작팀이 원희에게 물었다. "요즘 제일 좋아하는 반찬이 뭐예요?" 원희는 별로 주저하지 않고 "김치"라고 대답한다. "원래 김치 좋아했어요?" 힘없이 작은 목소리로 자기 의견은 좀처럼 말하지 않던 원희는 똘똘하게 자기 생각을 밝히기 시작했다. "아니요. 김치가 원래 딱딱한 줄 알았는데, 먹어 보니깐 말랑말랑했어요. 그래서 좋아하게 됐어요." 유치원에서 친구들과의 사이도 좋아졌다. 원희는 친구들과 더 많이 어울리고, 더 많이 웃는다.

8세 이전의 식습관은 부모 관계, 또래 관계의 시작이다. 어떠한 식습관도 들일 수 있으며, 어떠한 입맛도 만들어 줄 수 있다. 아이가 단맛을 좋아하고 쓴맛을 싫어하는 입맛을 타고났다고 하더라도, 부모가 아이에게 그 음식을 어떻게 접하게 하느냐에 따라 8세 이후 아이의 취향은 달라진다. 우리는 많은 연구에서 강압적으로 대하면 음식에 대한 선호가 사라지고, 긍정적으로 대하면 없던 선호도 생겨나는 것을 보았다. 유독 8세를 강조하는 것은 그 이후로는 입맛이 굳어져 변화시키기가 아주 어렵기 때문이다. 최근 프랑스의 한 연구팀에서 평균 9세 아이, 90명을 대상으로 바람직한 입맛을 길러 주기 위한 미각교육을 실시했다. 교육 기간은 7~14개월이었다. 교육 결과 9세 이상 아이들의 입맛은 연구팀이 의도한 대로 바뀐 듯 했지만, 그것은 아주 일시적인 현상으로 이후 금방 사라졌다. 결국 8세까지의 입맛이 평생 입맛이 된다는 말이다. 8세 이전에 결정되는 아이의 평생 입맛, 아이의 식습관, 아이의 취향을 어떻게 만들어 줘야 할까? 무엇보다 필요한 것은 '존중'이다. 얼마나 먹을지, 무엇을 먹을지에 대한 아이의 의견을 존중하는 것. 물론 그 시기에 독립심이 생기면서 취향대로 먹으려 하고 특정 음식을 거부할 수도 있다. 하지만 이는 생존 본능과 연결된 동물적 방어 기능에 가깝다. 부모는 아이에 대한 존중과 이해가 전제된 상황에서 다양한 음식을 꾸준히 접할 수 있는 기회를 마련해 주어 아이가 음식에 대한 바람직한 기호를 가질 수 있도록 도와주어야 한다.

> **식품첨가물**은 화려한 **독버섯**과도 같다

상식의 재발견 ❻

〈아이의 밥상〉 제작팀이 취재 중 가장 많이 접한 단어 중 하나는 '식품첨가물'이었다. 우리의 먹을거리를 좀 더 자극적이고 화려하게 만들어 준 장본인. 그러나 식품첨가물은 마치 눈을 홀리는 예쁜 색의 독버섯처럼 그 '독'도 치명적이었다. 현재 우리나라에서 사용되는 식품첨가물의 수는 600여 종. 이 많은 식품첨가물에 대한 안전성은 아무도 정확히 모른다. 특히 어른들에 비해 면역기능과 독성 물질에 대한 해독 능력이 떨어지는 아이들은 체중 당 흡입하는 독성 물질의 농도가 더 높다. 오염 물질에 더 취약함에도 불구하고 아이들이 즐겨 먹는 식품들에는 너무나 다양한 식품첨가물이 들어 있다.

최근 영국의 전문가들은 아이들이 섭취하는 색소와 보존제가 과잉행동장애, 집중력결핍, 알레르기, 분노, 발작 등의 행동장애를 일으킨다고 경고했으며, 국내 임상연구에서도 아토피가 심한 아이들이 타르색소, 안식향산나트륨, 아황산나트륨 등에서 이상 면역반응을 보인다고 입증하였다.

지난 2009년 1월, 대표적인 환경단체인 (사)환경정의에서는 어린이들이 절대 먹지 말아야 할 식품첨가물 다섯 가지를 발표했다. 타르색소, 안식향산나트륨, 아황산나트륨, 아질산나트륨, MSG가 그것이다. 알록달록 예쁜 색을 만들어내는 타르색소의 경우, 간 독성, 혈소판 감소, 천식, 암, 행동과다 등을 유발할 수 있다. 탄산음료에 주로 사용되는 안식향산나트륨의 경우 간경변, 파킨슨병, 눈 점막의 자극, 신생아 기형 유발, 두드러기 등의 피부염을 일으킬 수 있다. 아황산나트륨은 식품의 세균 발육을 억제하고 갈변 방지, 표백 작용을 위해 사용되는데, 과일주스, 물엿, 포도주, 잼 등에 사용된다. 신경염, 만성기관지염, 천식 등을 일으키는 것으로 유명하다. 1980년대에 미국에서는 천식 환자가 아황산나트륨으로 인해 발작을 일으켜 사망하는 사례가 여럿 발생했다. 햄이나 소시지 등의 예쁜 분홍색을 내는 데 쓰이는 아질산나트륨 역시, 구토, 발한, 호흡곤란, 허탈의 부작용이 있다. 발색제이면서 보존료의 역할을 하는데, 일부 기업들은 아질산나트륨을 사용하면서 '무보존료', '방부제 사용 안함'이라는 글귀를 버젓이 표기하기도 한다. 마지막으로 MSG는 조미료에 흔히 사용되는 것으로 과다 섭취할 경우 뇌의 신경세포를 상하게 할 수 있으며, 두통, 메스꺼움, 허약, 숨 가쁨, 심박 변화 등을 가져올 수 있다. 아이에게 가장 좋은 먹을거리를 제공하는 방법은 좋은 천연 재료를 사다가 직접 만들어 먹이는 것이다. 아이가 이미 식품첨가물의 맛에 길들여져 있더라도, 최선을 다해 끊어가야 한다. 트러블이 생기지 않도록 서서히 줄여 가기 위해 (사)환경정의에서 소개한 식품첨가물 제거방법을 활용해 보자.

- 슬라이스 햄은 80℃의 물에 1분간 담가 두면 첨가물의 80%가 물에 녹아 나온다.
- 캔으로 된 햄은 윗부분의 노란 기름을 제거하고 요리한다.
- 어묵과 맛살은 첨가물의 종류가 최대한 적은 것을 고르고, 자른 상태에서 뜨거운 물에 2~3분 데친 후 사용한다.
- 비엔나소시지는 칼집을 낸 상태에서 뜨거운 물에 데친다.
- 라면은 한 번 끓여서 물을 버리고 다른 물에 조리한다.
- 통조림콩, 옥수수는 물에 헹구어 사용한다.
- 식품첨가물이 들어 있는 식품은 채소와 같이 요리한다. 채소의 비타민C가 첨가물의 독성을 완화하고, 식이섬유는 첨가물을 배출시키고 발암물질을 억제하는 작용을 한다.
- 지방과 식품첨가물을 함께 섭취하면 체내에 축적되기 쉬우므로 가능한 한 기름을 사용하지 않고 조리한다.

보너스 정보

채소 먹이는 법! 푸드 브리지 성공하기

지금 내 아이가 편식을 한다면, 당장 어떻게 해야 할까? 아이들이 편식하는 음식을 살펴보면 대부분 채소와 관련된 것이 많다. 처음에는 쓴맛과 낯선 이물감으로 대부분의 아이들이 채소를 기피하고 싫어한다. 하지만 음식의 접근 방법에 따라 아이들의 편식 성향은 얼마든지 개선될 수 있다.

채소는 꼭 먹기만 하는 것이 아니다?!
아이에게 채소를 꼭 먹는 것으로만 인식시키지 말자. 채소를 그릇으로 쓰거나 장식으로 활용해서(하트 모양, 별 모양 등의 틀을 이용해서 잘라낸 후 각종 요리에 장식한다) 여러 용도에 쓰이는 좋은 재료라는 인식을 심어주도록 한다.

채소 중에서도 우열을 가릴 것!
아이가 싫어하는 채소 두 가지를 골라 요리한 후, 둘 중 하나를 선택해서 먹게 한다. 싫어하는 채소라도 선택권을 주면 아이가 조금 더 흥미를 보인다.

직접 체험하고 경험하게 할 것!
화분에 직접 상추를 기르고 직접 잘라오게 하는 행동을 통해 채소에 친근감을 갖도록 한다. 또는 재료를 반죽할 때, 다듬을 때, 모양을 찍어낼 때 등 적극적으로 아이가 요리에 참여할 수 있는 기회를 준다.

다양한 조리법 공부하기!

매일 나물만 하고 보기에도 맛없는 요리를 주면 아이도 먹고 싶은 마음이 사라진다. 가능한 다양한 방법으로 여러 가지 요리를 아이에게 선보인다.

원래 채소를 먹지 않는다?!

태어나면서부터 채소를 싫어하는 경우는 없다. 이유식 과정, 밥 먹는 과정에서 좋지 않은 기억이 남아 있을 수 있다. 어른의 입장에서 안 먹는 이유를 생각하면 평생 답은 찾을 수가 없다. 아이의 입장에서 먹지 않는 이유를 생각해 보도록 하자.

푸드 브리지의 기본은 한 가지 재료를 다양한 방식으로 꾸준히 제공하는 것이다. 여기서는 양파, 호박, 시금치, 당근, 콩, 고기 등 아이들이 편식하는 대표 식품 여섯 가지를 골라 각 식품별 푸드 브리지 방법을 소개한다.

푸드 브리지는 1단계 친해지기, 2단계 간접 노출, 3단계 소극적 노출, 4단계 적극적 노출로 진행된다. 각 단계의 기간은 아이의 호응도에 따라 달라진다. 아이의 호응도가 높다면 2단계로 쉽게 넘어갈 수 있고, 그렇지 않다면 1단계에 해당하는 방법을 좀 더 찾아봐야 한다. 편식을 하는 아이에게 푸드 브리지를 쓴다고 아이가 바로 그 식품을 먹을 수 있는 것은 아니다. 편식하는 식품을 잘 먹게 되기까지는 평균 3~6개월의 시간이 걸린다는 것을 기억하자. 또한 그 식품과 관련해 엄마가 50가지 이상의 메뉴를 요리할 수 있을 때쯤 비로소 성공할 수 있다는 것도 명심하자.

양파

푸드 브리지를 하기 전에 ● ● ● 아이가 왜 양파를 싫어하는지 가만히 생각해 보자. 덜 익은 양파를 먹고 매워서 고생했거나 엄마가 생양파를 썰 때 곁에서 매운 향을 맡고 도망간 기억이 있지는 않은지. 혹은 너무 크게 썰어 넣어서 아이에게 공포감을 준 건 아닌지 곰곰이 생각해 본다. 푸드 브리지에 성공하려면 원인에 맞는 대책을 세우는 것이 가장 중요하다.

1단계 친해지기
양파가 맵고 자극적이라는 고정관념을 깬다

아이에게 양파가 들어갔다고 생각하지 못할 정도의 음식을 제공한다. 이전부터 잘 먹는 쇠고기 수프, 채소 수프, 옥수수 수프에 양파를 아주 소량만 갈아서 넣는다. 양파 맛이 거의 느껴지지 않아야 한다. 아이가 다 먹었을 즈음, 수프 안에 양파가 들어 있다고 설명한다. 그러면서 "우리 ○○이는 양파도 참 잘 먹는구나"라는 칭찬도 아끼지 않는다. 양파는 맵고 톡 쏘는 맛도 있지만, 다른 맛도 있다는 사실을 아이에게 일깨워 준다. 음식의 느끼한 맛을 없애 주고, 게다가 익으면 설탕처럼 달콤한 맛이 난다는 것도 말해 준다. 처음엔 잘 이해하지 못하겠지만, 이런 경험이 여러 번 반복되면 양파에 대한 생각이 바뀔 수 있다. 아이가 잘 먹는 불고기나 갈비를 이용해도 좋다. 엄마가 만든 불고기나 갈비를 맛있게 먹은 아이에게 고기 양념 만드는 과정을 직접 보여준다. 양파를 큼직하게 썰어 믹서에 넣고 갈아서 양념에 넣는다.

2단계 간접 노출

아이 앞에서 양파를 넣고, 좋아하는 과자로 변신시킨다

두 번째 단계의 포인트는 아이가 양파를 모르고 먹는 것이 아니라 알고 먹는 것. 아이가 보는 앞에서 양파를 넣고, 대신 그 양파를 아이가 좋아하는 식감의 음식으로 변신시킨다. 양파로 아이가 좋아하는 과자인 '양파링'을 만들어 본다. 양파의 향을 전혀 느낄 수 없었던 1단계와는 달리 2단계에서는 아이가 은은한 양파향을 맡게 된다. 하지만 바삭거리는 식감과 재미있는 모양에 별 거부감을 느끼지 않는다. 2단계부터는 양파의 존재를 숨기지 않는 만큼 아이를 조리에 참여시키는 것이 좋다. 양파링은 양파를 링으로 잘라 튀기는 것이 아니라, 양파를 1단계와 마찬가지로 갈고, 그것을 밀가루에 넣어 링 모양으로 만드는 것을 말한다. 이런 방법으로 양파 맛이 나는 튀김, 수제비, 칼국수 등을 만들어 볼 수 있다. 아이는 음식에 분명히 양파가 들어가는 것을 보았으나, 맛이 강하지도 않고 눈에 보이지도 않으니 큰 거부감 없이 맛있게 먹게 된다.

3단계 소극적 노출

조리 후에도 눈에 보이는 양파를 먹여 본다

2단계와 다른 점은 조리 후에도 양파가 눈에 보인다는 것. 이전 같으면 아이는 눈에 보이는 양파를 모두 골라낼 것이다. 하지만 1, 2단계를 잘 거친 아이라면 양파가 간혹 씹히더라도 강한 거부감을 보이지 않는다. 이 단계에서 주의할 점은 양파가 도드라지게 해서는 안 된다는 것. 크기를 작게 자르거나 다른 재료에 파묻혀서 잘 보이지 않도록 한다. 덮밥, 볶음밥, 비빔밥, 말이, 쌈 같은 조리법이 3단계 방법으로 적절하다. 쉽게 만들어 볼 수 있는 요리는 자장이나 카레, 피자의 토마토소스에 양파를 잘게 다져서 넣는 것이다. 이런 요리의 경우 흐물흐물해지기는 하지만 조리 후에도 양파의 질감과 모양은 남는다. 게다가 자장, 카레, 피자 등은 향이 모두 강해, 아이가 싫어할 수 있는 양파의 독특한 향을 느낄 수가 없다. 다른 식재료에 비해 부드러워져서 씹을 때도 크게 거부감이 들지 않는다.

4단계 적극적 노출

보기에도 예쁜 양파를 큼직큼직하게 사용한다

양파를 대놓고 드러내는 단계이다. 양파를 가리거나 숨기지 않고 있는 그대로 보여주면서 양파를 좋아하게 만든다. 그러려면 우리가 흔히 쓰는 양파를 사용해서는 안 된다. 양파 중에 비교적 크기가 작고, 단단하며 매운 맛이 적은 보라색 양파Red onion를 사용한다. 주로 샐러드에 사용하는 양파인데, 보기에도 귀엽고 색이 아주 예쁘다. 이 양파는 가운데에 십자로 칼집을 내고 입을 벌리면 연꽃처럼 된다. 여기에 묽게 만든 전분 튀김옷을 뿌려서 통째로 튀기면 예쁜 보라색 양파꽃 튀김이 된다. 이 양파로 진짜 양파링 튀김을 만들어도 좋다. 2단계에 만들었던 과자와는 달리 양파를 가로로 링 모양이 되게 썰어 그대로 튀긴다. 이것을 아이가 좋아하는 소스에 찍어 먹게 한다. 아마 너무 예쁘고 달콤해서 양파에 대한 이미지가 많이 바뀔 것이다. 떡볶이에 양파를 큼직하게 넣는 것도 좋다. 일반 흰 양파와 보라색 양파를 썰어서 떡볶이에 넣는다. 굴 소스 약간과 소금으로 간을 해서 양파의 색이 잘 나타나도록 한다.

호박

푸드 브리지를 하기 전에 ● ● ● 아이들이 호박을 싫어하는 이유는 대부분 물컹거리는 질감, 채소의 풋내가 섞인 단맛과 향 때문이다. 그리고 초록색은 그 자체로도 식욕을 떨어뜨리는 역할을 한다. 호박에 대한 사고방식을 전환시키기 위해서는 다양한 이야기를 들려주고, 무수히 많은 호박과 박의 종류에 대해 알려 주면 호박에 대한 편견이 조금은 사라질 수 있다.

1단계 친해지기

호박과 관련된 동화로 호기심을 유발한다

아이에게 여러 종류의 호박을 보여준다. 마트에서 흔히 볼 수 있는 돼지호박(쥬키니), 애호박, 단호박, 미니 단호박, 늙은 호박, 조롱박까지 다양한 박과 호박의 종류를 알려 준다. 직접 보고 만져 보게 하는 것이 가장 좋지만 여의치 않다면 인터넷이나 백과사전을 이용해도 된다. 그 밖에도 호박마차가 나오는 '신데렐라'나 커다란 박에서 온갖 보물이 나오는 '흥부놀부' 등의 동화를 읽어 주는 것도 좋다. 서양의 핼러윈 축제 때 다양하게 변신하는 호박을 보여주는 것도 아이가 호박과 친해지게 하는 방법이다.

2단계 간접 노출
호박의 싱그러운 연둣빛으로 예쁜 만두피를 만든다

호박의 진한 초록색이 아이의 식욕을 떨어뜨릴 수도 있지만, 이것을 갈아서 밀가루 반죽에 넣으면 상황은 달라진다. 봄날 새싹처럼 예쁜 연둣빛 반죽은 한 번 조물조물 만져 보고 싶은 충동을 일으킨다. 이때 아이에게는 밀가루 반죽에 호박이 들어갔다는 말을 하지 않는다. 아이가 물어본다면 "글쎄, 어떻게 이렇게 예쁜 연둣빛이 되었을까?" 정도로 되물어 궁금증을 조금 더 품게 한다. 온 가족이 둘러앉아 이 밀가루 반죽으로 만두피를 만들고, 만두를 빚어 본다. 만두를 만들면서 엄마가 호박과 관련된 동화를 재미있게 들려준다. 1단계를 복습하는 의미도 있고, 호박에 대한 긍정적인 이미지를 갖게 하는 데에도 도움이 된다. 맛있게 만둣국을 먹은 뒤에는, 아이의 궁금증에 답을 해 준다.

3단계 소극적 노출
보이긴 하지만 맛이 강하게 느껴지지 않는다

채 썬 애호박, 당근, 양파, 고구마, 깻잎 등을 범벅하여 채소튀김을 만들자. 분명 애호박이 들어갔지만 여러 가지 채소나 튀김옷에 파묻혀서 도드라지지 않는다. 아이가 채소튀김을 씹다가 간혹 호박맛을 느낄 수 있지만, 깻잎, 고구마 등의 맛이 호박의 맛보다 강한 편이라 예민하게 반응하지 않는다. 단호박으로 죽을 만들어 주는 것도 이 단계의 유용한 음식이다. 단호박의 껍질을 벗기고 속살로만 예쁜 주황색 호박죽을 만든다. 맛깔스런 빛이라 아이가 잘 먹을 것이다. 여러 번 주었을 때도 잘 먹었다면 다음번엔 껍질째 호박죽을 만들어 죽에 진한 연둣빛이 띄도록 한다. 처음에는 의아해하겠지만 이미 호박죽의 맛에 익숙해진 터라 잘 먹을 것이다. 아이에게 애호박과 같은 연두색이라는 말도 해 주고, 단호박이 애호박과 같은 종류의 호박이라는 사실도 일깨워 주면서, 호박에 대한 긍정적인 사고방식을 갖게 한다.

4단계 적극적 노출
다른 재료와 어우러진 호박을 적극적으로 먹는다

호박이 적극적으로 노출되지만 아이는 호박이 다른 재료와 어우러져 훌륭한 맛과 모양을 만들어내는 것을 경험하는 단계이다. 여기에서 활용할 요리는 호박전과 단호박해물찜이다. 호박전의 경우, 돼지호박을 1cm 간격으로 종종 썰고 속살을 파내어 링 모양으로 만든다. 그 안에 오징어와 각종 채소를 넣어 만든 밀가루 반죽을 채워 넣는다. 그러고는 앞뒤로 노릇노릇하게 지져낸다. 맛도 좋고 집어 먹기도 좋아 대부분의 아이들이 좋아하는 음식이다. 단호박해물찜을 만들어 볼 수도 있다. 단호박은 전자레인지에 돌려 부드럽게 만든 뒤 속을 파내고, 그 안에 매콤달콤하게 간을 한 낙지, 홍합, 새우를 넣는다. 그 위에 피자치즈를 듬뿍 올린다. 단호박을 자르면 단호박이 꽃잎처럼 벌어지고 속 재료에 피자 치즈가 맛있게 녹아 모양도 예쁘고 맛도 좋은 단호박 요리가 된다. 아이에게 보는 즐거움을 주면서 호박에 대한 친근감을 심어줄 수 있다.

시금치

푸드 브리지를 하기 전에 ● ● ● 시금치는 초록색 채소 중 아이들이 가장 싫어하는 식품 중 하나이다. 동서양을 막론하고 전 세계 아이들이 시금치를 싫어한다. 채소 중에서도 풋내가 가장 많이 나고, 초록색도 매우 강해 시각적으로 식욕을 떨어뜨리기 때문이다. 조리법 또한 다양하지 않아 시금치를 좋아하게 하는 것은 사실 쉽지 않다. 시금치를 좋아하게 만들려면 우선 가장 맛이 좋은 겨울 섬초를 먹게 해 보자. 설탕을 넣은 것처럼 달디단 겨울 섬초를 얼려 두었다가 갈아서 수프를 만들고 과자나 빵을 만들 때 사용하면 거부감을 줄일 수 있다. 푸드 브리지를 할 때는 거의 모든 단계에서 아이를 참여시키는 것이 효과적이지만, 시금치의 경우 데칠 때 반드시 아이를 멀리 떨어져 있게 한다. 냄새가 지독해서 자칫하면 아이가 시금치를 영원히 싫어하게 될 수도 있다.

1단계 친해지기

아이에게 시금치를 직접 고르게 한다

'시금치'하면 엄마 아빠 세대는 만화 영화 '뽀빠이'가 생각난다. 올리브가 "뽀빠이, 도와줘요!"라고 외치면 뽀빠이는 시금치 통조림을 하나 먹고 불끈 힘을 낸다. 그렇다면 뽀빠이를 보고 우리는 시금치를 잘 먹게 되었을까? 실제로 아이들은 좋아하는 만화 캐릭터가 채소를 즐겨 먹거나 '힘이 솟는 시금치', '울트라 당근' 등의 이름을 붙여 주면 자신도 그렇게 될 거라 생각해 채소를 잘 먹는다. 그렇기 때문에 시금치와 친해지게 하기 위해서는 뽀빠이와 같은 존재가 필요하다. 이 역할은 아빠가 담당한다. 시금치를 먹을 때마다 시금치를 먹고 점점 힘이 세지는 모습을 흉내낸다. '울트라 슈퍼 시금치'라는 애칭도 붙여 준다. 그리고 아이와 함께 시장에 가서 가장 힘이 세질 것 같은 시금치를 골라 달라고 한다. 주의할 점은 아이가 먹을 시금치를 고르라고 하는 것이 아니라 반드시 아빠가 먹을 시금치를 대신 골라 달라고 해야 한다는 것이다.

2단계 간접 노출

시금치가 달콤한 맛을 낸다는 것을 알게 한다

시금치가 달콤한 맛을 낸다는 것을 경험한 적이 없는 아이에게 시금치의 진짜 맛을 느끼게 해야 한다. 시금치를 넣어 '초코칩쿠키'를 만들면 아이에게 시금치 맛에 대한 강한 인상을 심어줄 수 있다. 쿠키 재료를 사다가 그 안에 초콜릿 칩과 잘게 다진 시금치를 아주 조금 넣는다. 주의할 점은 시금치를 다질 때 나온 초록색 즙은 절대 넣지 않는다는 것이다. 과자의 색이 푸르스름하게 되어 식욕이 떨어진다. 아이가 쿠키를 다 먹고 나면 시금치를 먹은 사실을 알려 준다. 아이는 초콜릿 칩만 먹었다고 하겠지만, 시금치가 워낙 달아서 초콜릿과 맛이 비슷하다고 말해 준다. 이 단계에서 호박처럼 시금치를 넣고 밀가루 반죽을 해도 좋다. 믹서 안에서 밀가루와 시금치가 한꺼번에 갈리면서 차츰 반죽 덩어리로 변해가는 모습을 직접 보여 준다.

3단계 소극적 노출
아주 조금이지만 데친 상태를 먹여 본다

1단계에서 시금치에 대한 관심이 생기고, 2단계에서 시금치를 조금이라도 먹어 본 아이라면, 이제 시금치의 온전한 맛을 조금씩 느끼게 할 단계이다. 시금치를 삶아 무쌈말이 끈으로 활용한다. 1, 2단계를 잘 통과한 아이는 "그까짓 한 줄기 쯤이야!" 하고 무쌈말이를 먹을 것이다. 김밥에 조금 넣어 보는 것도 좋다. 이때 아이와 함께 김밥을 만들도록 한다. 다양한 재료들을 직접 넣어 보면서 아이는 요리를 만드는 즐거움도 느끼고 시금치에 대한 부정적인 이미지도 조금 덜어 낼 것이다. 어른들이 자신이 만든 음식에 애착을 갖는 것과 마찬가지로 아이도 직접 요리에 참여한 음식은 조금 더 잘 먹는 편이다.

4단계 적극적 노출

더 고소해진 시금치를 만나다

비로소 주재료가 된 시금치를 만나는 시간. 하지만 이전에 아이가 끔찍이 싫어하던 무치는 형태의 시금치나물은 별로 권하지 않는다. 무치는 나물 말고 볶아서 나물을 만들어 보자. 프라이팬에 시금치와 포도씨유, 건포도를 넣고 센 불에 단시간 동안 볶는다. 살짝 숨만 죽은 시금치는 푹 삶아서 쥐어짠 나물보다 풋내가 덜하고 고소하다. 여기에 고소한 견과류를 섞어 볶으면 고소하고 색다른 시금치나물이 된다.

당근

푸드 브리지를 하기 전에 ● ● ● 당근은 어른이 되어서도 편식하는 사례가 많다. 생당근만 못 먹는 사람도 있고, 오히려 익힌 당근을 못 먹는 사람도 있다. 아이들은 부드러운 것을 선호하기 때문에 딱딱한 당근을 싫어한다. 그러므로 처음에 당근을 줄 때는 잘게 썰거나 다져서 시도하는 것이 좋다.

1단계 친해지기

주스와 놀이감으로 당근과 친구가 된다

당근은 시금치와 달리 식욕을 돋우는 주황색이라서 푸드 브리지를 하기가 한결 수월하다. 1단계에 시도해 볼 수 있는 음식은 당근주스. 우선 당근 5%에 사과 95%를 섞어 주스를 만들어 주자. 사과향 때문에 모르고 잘 마신다. 아이가 잘 마시면 비율을 5%씩 늘리다가 최대 30%까지 당근을 넣는다. 30% 당근주스를 잘 먹는다고 당근의 농도를 더 늘리지는 말자. 적응하기까지 오랜 시간이 걸리지만 비교적 쉬운 시도법이다. 또 한 가지 푸드 브리지 첫 단계에 추천하는 방법은 아이가 당근을 가지고 재미있게 놀도록 하는 것이다. 당근의 딱딱한 질감을 이용해 동물 모양으로 파 보기도 하고, 글자를 파서 도장찍기 놀이도 해 보자. 채소와 친해진다는 것은 비단 먹는 것만을 의미하지 않는다. 푸드 브리지에 도전하는 엄마는 본인부터 고정관념을 깨고 채소에 접근하도록 한다.

2단계 간접 노출

당근을 잘게 다져 다양한 음식을 경험하게 한다

딱딱한 질감 때문에 아이가 당근을 싫어한다면, 딱딱하지 않은 당근을 경험하게 한다. 당근을 잘게 다져 케이크를 만들고, 그라탱이나 피자도 만들고, 양념간장, 고추장을 만들 수도 있다. 당근이 들어간 다양한 음식을 경험할수록 당근에 대한 아이의 생각이 바뀔 것이다. 우선 당근이 계피향과 매우 잘 어울린다는 점을 이용하여 계피향이 나는 촉촉한 케이크를 구워 보자. 당근케이크는 맛이 매우 좋아서, 수많은 빵집의 베스트아이템 중 하나이다. 당근은 치즈와도 잘 어울린다. 잘게 다진 당근을 모차렐라 치즈와 층층이 쌓은 후 그라탱이나 식빵 피자를 만들 때 사용하면 치즈와 섞여서 맛있게 먹을 수 있다. 양념간장을 만들 때도 당근을 잘게 다져서 넣어 본다. 당근을 갈아 고추장과 섞어서 먹어도 좋다. 일반 고추장보다 맵지 않으면서 훨씬 달콤한 어린이용 고추장이 완성된다. '당근고추장'이라 이름 짓고, 떡볶이, 비빔밥, 비빔국수 등 다양한 요리에 사용한다. 당근고추장을 줄 때는 처음부터 아이에게 당근을 넣었다는 사실을 말하지 말자. 맛있게 먹고 나서 일반 고추장과 맛을 비교하게 한다. 아이가 일반 고추장보다 당근고추장이 달콤해서 맛있다고 하면 그게 바로 '당근'때문이라고 설명해 준다.

3단계 소극적 노출
채 썬 당근을 다른 재료와 함께 먹는다

이 단계부터는 아이가 먹게 되는 당근의 크기가 좀 더 커진다. 당근을 채 썰어서 먹는 단계이다. 당근은 콩나물과 잘 어울리므로 채 썰어서 콩나물밥에도 넣고, 콩나물 무침에도 넣고, 콩나물국 끓일 때도 넣는다. 2단계보다는 당근의 존재가 확실히 눈에 띄지만 대부분의 아이들이 콩나물을 좋아하기 때문에 별 거부감 없이 잘 먹을 것이다. 당근이 들어간 콩나물밥의 경우 당근 양념간장에 비벼 먹으면 정말 맛있다. 또한 끓는 물에 데친 당근을 얇게 썰어서 단감과 함께 마요네즈에 버무리면 단감처럼 달콤하고 색과 질감도 비슷한 당근을 맛있게 먹을 수 있는 샐러드가 완성된다.

4단계 적극적 노출

달콤한 당근 정과와 고소한 당근칩을 만나다

이 단계에서는 당근을 갈거나 다지지 않는다. 제법 커다란 당근 조각을 이용하지만 있는 그대로의 생당근을 주는 것은 아니다. 당근에 아이들이 좋아하는 달콤한 맛을 추가한다. 꿀이나 설탕물에 졸여서 만드는 '정과'가 이 단계에서 유용한 음식이다. 당근만 정과로 만들지 말고, 사과 정과도 같이 만든다. 어차피 사과나 당근이나 똑같이 단맛만 나기 때문에 아이는 당근도 사과처럼 맛있다고 느낄 것이다. 정과로 채소를 주면 직접적으로 노출되어도 단맛이 있기 때문에 거부하지 않는다. 당근칩을 만들어 주는 것도 좋다. 당근을 필러로 얇게 깎아서 말린 뒤 소량의 묽은 전분을 입혀서 튀긴다. 기호에 따라 설탕이나 소금을 약간 뿌리면 더 맛있는 당근칩이 된다. 당근은 튀기면 맛이 더 고소해지는 특징이 있다.

콩

푸드 브리지를 하기 전에 ● ● ● 콩을 싫어하는 아이는 매우 많다. 밥에서 열심히 콩을 골라내는 모습은 애처로울 지경이다. 젓가락질도 힘든데 콩을 골라내고 나면 힘이 다 빠져서 밥도 많이 먹을 수 없다. 엄마가 왜 밥을 팍팍 먹지 않느냐고 윽박지르기까지 하면 아이는 밥 먹는 시간을 점점 더 싫어하게 된다. 아이가 나중에 부모가 되면 당연히 콩을 싫어하기 때문에 콩밥을 전혀 만들지도 먹지도 않게 된다. 그러면 그 부모에게서 태어난 아이는 콩을 접할 기회가 줄어들어 콩을 싫어하게 될 확률이 높다. 이것이 바로 편식의 대물림 현상이다. 콩은 딱딱하고 특별히 단맛이 나지도 않는다. 어른들은 푹 삶은 콩을 먹으며 구수하다고 하지만 아이들은 아직 그 맛을 모른다. 게다가 쌀알보다 몇 배나 큰 콩을 씹다 보면 힘이 들어 콩 먹는 것이 더 싫어진다. 그렇기 때문에 콩을 처음 접하게 할 때는 아이의 이런 수고스러움을 덜어 주어야 한다. 잘게 부수거나 갈아서 이용한다.

1단계 친해지기

콩을 가지고 놀게 한다

콩은 정말로 종류가 많다. 무늬도 색깔도 크기도 다양해 종류별로 모아 보면 화려하기 그지없다. 다양한 콩을 모아 아이와 함께 놀이에 사용해 보자. 구슬치기, 공기놀이도 할 수 있고, 스케치북에 놓고 풀로 붙여 예쁜 그림도 그릴 수 있다. 콩을 실에 꿰어 목걸이를 만들 수도 있다. 또는 모래놀이 도구를 이용해서 콩을 흙 대신 이용할 수도 있다. 1단계의 목표는 콩과 친해지는 것. 콩을 놀이도구로 이용하도록 한다.

2단계 간접 노출

말린 콩을 잘게 부숴 콩밥을 만든다

당근과 마찬가지로 아이들이 콩을 싫어하는 이유는 딱딱하다는 것! 푸드 브리지 2단계에서는 딱딱함을 느낄 수 없도록 말린 콩을 잘게 부숴 사용한다. 콩을 비닐에 넣고 망치로 깨면 쉽게 부숴진다. 잘게 부순 콩으로 콩밥을 만들면 콩이 눈처럼 사르르 녹아서 흔적도 없이 사라지기 때문에, 이전처럼 아이가 콩을 골라내다가 엄마한테 혼나는 일이 없어진다. 콩밥을 만들 때는 색이 밝은 노란콩, 밤콩 등을 쓰는 것이 좋다. 맛이 특별히 도드라지지 않고, 색깔도 튀지 않아 처음 먹는 아이들도 잘 먹는다. 유부초밥이나 김밥을 만들 때도 밥에 부순 콩을 넣는다. 별로 티 내지 않고 아이들에게 콩을 먹일 수 있다. 이렇게 음식에 이용하는 콩은 1단계에서 아이와 함께 가지고 놀았던 그 콩을 이용한다. 한 번씩 줄어든 콩의 양을 보여주며 아이가 콩을 먹고 있음을 일깨워 준다.

3단계 소극적 노출

콩 반찬, 콩잼, 콩떡 등을 활용한다

2단계보다 좀 더 적극적으로 콩을 먹는 단계이다. 콩 반찬이나 콩잼, 콩가루를 이용한 콩떡 등을 시도해 본다. 콩 반찬으로는 다양한 콩에 밤, 견과류를 섞어 간장을 조금 넣고 졸인 후 조청에 버무린 조림이 추천할 만하다. 쫀득하고 달콤해서 아이들이 잘 먹는다. 또한 콩을 푹 삶아서 으깬 뒤 꿀에 비벼서 먹여 보자. 그 자체로도 맛이 있지만 담백한 크래커나 식빵에 발라 먹으면 잼처럼 활용할 수도 있다. 송편을 만들 때 속에 넣어도 좋다. 콩잼을 만들 때는 밤콩을 이용한다.

잘 으깨지고 맛도 밤과 비슷해 아이들이 좋아한다. 송편의 경우 아이와 함께 만들고, 이때 아이가 만든 송편이 가장 맛있다는 칭찬을 아끼지 않는다. 아예 가루를 내어 인절미를 만들 수도 있다. 인절미를 만들기가 번거롭다면 가래떡이나 절편에 콩가루를 찍어 먹게 하는 것도 괜찮다. 아이들은 찍어 먹는 것을 좋아해 생각보다 많은 콩가루를 먹게 된다. 콩가루만 찍어 먹으면 텁텁할 수 있으므로 설탕을 조금 넣도록 한다.

4단계 적극적 노출
콩죽과 두유로 진짜 '콩'을 만나다

콩을 100% 활용해서 만들 수 있는 요리를 생각해 본다. 요즘은 두부나 두유를 만드는 조리기구가 많이 나와 있으므로 이런 조리기구들을 이용해 직접 두부나 두유 등을 만들어 준다. 그러나 조리기구 없이도 두유는 쉽게 만들 수 있다. 푹 삶은 콩을 우유와 함께 갈면 된다. 두유를 만들 때는 푹 삶은 콩을 이용하는 것이 중요한데, 생콩을 이용할 경우 비린맛이 나고 소화가 잘 되지 않으니 주의한다. 콩을 얼려 놓았다가 물과 설탕을 넣고 갈아서 콩죽을 만들어도 좋다. 강낭콩의 경우 여름이 제철이기 때문에 푹 삶은 뒤 냉동실에 얼려 놓으면 언제든지 꺼내서 먹을 수 있다. 강낭콩을 갈아서 죽을 만들면 예쁜 보라색이 되는데, 색에 반해 아이들이 더 잘 먹게 될 것이다. 콩죽을 먹을 때는 소금을 조금 넣어서 단맛이 배가 되게 한다.

고기

푸드 브리지를 하기 전에 ● ● ● 많은 아이들이 채소는 싫어해도 고기는 좋아한다. 하지만 고기조차 싫어하는 아이들도 있다. 대부분 고기의 거친 질감을 싫어한다. 이런 아이들은 두부나 햄, 계란, 생선살처럼 흐물거리고 부드러운 질감을 선호한다. 하지만 고기의 질감이 부드러워지도록 조리한다면 고기 편식은 쉽게 고칠 수 있다. 고기를 싫어한다고 살코기만 주면 지방이 적어 건강에는 이롭지만, 조리를 잘못하면 질겨져서 더 먹기 힘들어 한다. 씹다가 턱이 아플 수도 있다. 살코기도 양념과 조리법을 잘 선택하여 부드럽게 만들어 주도록 한다. 서너 살 이상의 아이에게는 고기가 몸에 얼마나 이로운지 설명해 주는 것도 효과가 있다. 예를 들어 고기를 잘 먹으면 키가 크고, 힘도 세지며, 질병과 싸우는 면역력도 생긴다고 설명해 준다.

1 단 계 친 해 지 기

콩고기와 육수로 고기를 만나게 한다

아이들이 고기를 싫어하는 이유는 고기의 결합조직이 질겨서 씹기가 힘들기 때문이다. 이런 거부감을 가지고 있는 아이에게 고기의 결이 그대로 살아 있는 요리를 주어서는 안 된다. 처음에는 육수로 도전해 보자. 아이는 육수에 고기가 들어갔다는 사실을 잘 모른다. 육수를 맛있게 우려내 떡국, 미역국 등 다양한 요리에 사용하고 아이가 맛있게 먹으면 그 이유가 고기 때문임을 알려 준다. 아이가 좋아하는 햄이나 소시지도 주재료는 고기라는 사실을 말해 준다. 고기가 변신하면 아이가 좋아하는 대부분의 음식을 만들 수 있다는 것을 알려 준다. 고기의 질감을 유난히 싫어하는 아이라면 콩고기를 조리해 주는 것도 좋다. 콩으로 만들었기 때문에 질기지 않고 맛은 고기와 비슷하여 고기에 대한 거부감을 줄일 수 있다.

2단계 간접 노출

씹기 수월하게 다져서 준다

1단계에서 육수와 콩고기에 긍정적인 반응을 보였다면 2단계에서는 다진 고기에 도전한다. 요리로는 고기만두가 적합하다. 고기가 다져진 상태이고, 모양도 아이가 좋아하는 형태라 고기 덩어리보다는 수월하게 씹어 삼킬 수 있다. 다진 고기를 볶아 비빔밥에 넣는 것도 좋다. 크기가 작아 씹는 부담감을 줄일 수 있다. 고기두부 스테이크도 추천할 만하다. 으깬 두부에 다진 고기를 넣고 동그랗게 빚어서 만든다. 소스는 흑미밥을 갈아서 고소하게 만든다.

3단계 소극적 노출

닭고기로 덩어리 고기를 먹어 본다

이 단계에서는 덩어리 고기를 먹어 보게 한다. 재료는 고기 중에서 가장 부드러운 닭고기를 택한다. 덩어리라고 큰 크기가 아니라 주사위처럼 잘게 자르는 정도로 한다. 닭고기를 잘게 잘라서 양념을 하여 볶으면 씹기에 한결 수월하다. 닭고기를 손가락 모양으로 가늘게 잘라 쌀가루와 빵가루를 입혀 튀긴 다음 다양한 소스를 찍어 먹는 방법도 좋다. 이때 감자, 고구마, 바나나 등 비슷한 색깔의 전혀 다른 재료도 같이 튀긴다. 그리고 아이와 함께 가위바위보를 하면서 이긴 사람이 고른 튀김을 진 사람에게 먹여 주는 놀이를 한다. 고기를 무척 싫어하는 아이라면 자신이 먹는 튀김이 고기가 아니길 바라겠지만, 실제로 먹었을 때 질기지도 않고 여러 가지 소스를 찍어 먹는 것이 재미있어 닭고기 튀김 먹는 것을 즐거워할 것이다.

4단계 적극적 노출

얇게 썬 부드러운 고기를 먹는다

아이가 100% 고기를 경험하는 단계, 이 단계에게는 샤브샤브 요리가 제격이다. 얇게 썬 샤브샤브용 고기를 준비해서 온 가족이 둘러앉아 샤브샤브를 먹는다. 고기를 여러 접시에 나눠 담고 아이가 직접 골라 먹을 수 있게 한다. 얇게 썬 고기는 육수에 담그자마자 바로 익고 직화 조리법보다 훨씬 부드럽다. 스스로 고른 재료라서 아이는 더욱 애착을 갖게 되며, 가족이 대화를 나누면서 맛있게 먹는 분위기에 젖어 고기를 더 잘 먹을 것이다. 고기 요리에는 반드시 키위, 파인애플, 배 등의 과일을 충분히 사용하여 연육 효과를 최대한 살리도록 한다. 질긴 고기는 아이에게 가장 큰 스트레스다.

도움말 | 이지정(상계백병원 임상영양사)

Chapter 3

우리 몸속
1인분
계측기

01 우리 아이의 1인분을 찾아서

포만감이냐, 칼로리냐

> 올해 초등학교 1학년, 여덟 살인 인혁이는 키 132cm에 몸무게가 52kg이다. 대한소아과학회에서 2007년 발표한 한국 소아·청소년 신체 발육치를 보면 8~9세 남자아이의 경우 신장은 129.1cm 체중은 27.8kg이 평균이다. 인혁이는 신장의 경우 이보다 3cm 크고, 체중의 경우 무려 2배에 가깝다.

인혁이는 흔히 말하는 비만 아동이다. 그래서 살을 빼기 위해 수영, 태권도, 검도 등 일주일에 5일은 운동을 한다. 하지만 인혁이의 몸무게는 살을 빼기 위한 노력이 무색하게 계속 늘어만 간다. 숨을 헉헉대며 수영을 하고 땀을 뻘뻘 흘리며 태권도를 하는 모습을 보면, 지켜보는 사람들에게 '저렇게 열심히 하는데도 살이 안 빠지나?'라는 의구심을 갖게 한다. 하지만 밥 먹는 모습을 보면 아이의 체중에 고개를 끄덕이게 된다. 인혁이의 밥그릇 크기는 성인인 아빠의 것과 같고, 밥의 양도 아빠의 것과 구분이 되지 않는다. 그것도 모자라 매번 인혁이는 아빠의 밥을 한 숟가락, 두 숟가락 덜어다 먹는다. 밥을 한 숟가락 가득 떠서 복스럽게 입안에 넣고 있는 인혁이에게 제작진이 물었다. "좋아하는 반찬이 나오면 한 번에 몇 공기까지 먹을 수 있어요?" 인혁이는 겸손하게 말한다. "두세 공기요. 배부르면 더는 못 먹어요." 그렇다면 인혁이는 어른 밥 한 공기로는 배가 부르지 않다는 것인가? 참고로 한국영양학회에서 2005년 밝힌 한국인 영양 섭취 기준에 따르면 인혁이 또래 아이가 하루에 필요한 열량은 1,600kcal이다. 어른 밥 한 공기에는 300kcal의 열량이 있다. 인혁이가 먹는 밥의 열량만 600~900kcal, 이 또래 아이가 먹어야 할 한 끼 열량이 500kcal 내외인 것을 감안하면, 그리고 인혁이가 섭취했을 반찬의 열량까지 따진다면 한 끼에 이미 하루에 필요한 열량을 섭취하고도 남을 듯싶다.

> 11세 민재는 키가 142cm, 몸무게가 51kg으로 역시 비만이다. 대학소아과학회에서 발표한 평균을 훌쩍 넘어선 몸무게다. 협회에서 발표한 신체 발육치를 보면 11~12세 남자아이의 경우 신장은 145cm, 체중은 40.3kg이 평균이라고 한다. 민재는 체중이 10kg 초과했고, 키는 오히려 미달이었다.

제작진이 민재를 만나러 갔을 때, 민재는 배달되어 온 닭튀김을 간식으로 먹고 있었다. 민재 엄마는 계속해서 먹을 것을 줘야 투정을 부리지 않는다고 먹어도 너무 먹는다고 걱정을 늘어놓는다. 엄마와 잠시 대화를 나누고 있는 사이, 민재는 20분 만에 닭튀김 한 마리를 몽땅 먹어 버렸다. 아이가 먹은 닭튀김의 열량은 무려 1,580kcal. 한국영양학회에서 발표한 민재 또래 아이의 하루 평균 필요량이 1,900kcal인 것을 감안하면 엄청난 양을 먹어치운 것이다. 민재의 엄마는 아들의 이런 먹성이 놀랍고 두렵다고 말한다. 하지만 민재는 닭고기 한 마리를 다 먹고도 배가 터질 정도로 배가 부르지는 않다. 그저 기분 좋을 정도의 만족감을 느낀다. 민재가 한 끼에 섭취해야 할 열량은 고작 600kcal였다. 그런데 한 번에 그것도 간식으로 두 배가 넘는 열량을 섭취해 놓고 '그냥 배가 부르다'고 말하다니 각종 전문가들이 말하는 권장 섭취량이나 필요 열량이 맞는 것인가 싶은 의심이 든다. 그것이 적당한 양이라면 정확히 그 양은 아니더라도 비슷한 양을 먹으면 어느 정도의 포만감을 느껴 그만 먹어야 하는 게 아닐까.

> 삼겹살을 어떤 음식보다 사랑한다는 수경이. 수경이는 키가 129cm, 몸무게 41kg의 여자아이다. 터질 것 같은 볼, 작은 눈. 어렸을 때의 크고 동그란 눈, 오똑한 코는 전혀 찾아볼 수 없는 10세, 초등학교 3학년의 비만아다. 이런 딸을 보고 있으면 엄마는 기분이 착잡해진다.

수경이의 엄마는 마치 자신이 아이를 학대하는 기분마저 든다고 한다. 뚱뚱한 몸 때문에 혹시라도 또래 관계나 학교생활에 지장이 있을까봐 수도 없이 아이의 살을 빼 보려고 노력했지만 배가 고파서 우울해하는 아이를 보면 항상 마음이 약해져서 먹을 것을 내주고 말았단다. 수경이의 밥그릇 역시 어른과 똑같은 크기로, 밥그릇에 밥을 가득 담고 삼겹살 한 접시를 쌈장에 찍어서 뚝딱 해치운다. 조금 남은 밥은 된장찌개에 쓱쓱 말아 복스럽게 먹고 일어선다. 제작팀이 방문한 날은 그래도 수경이가 먹을 삼겹살의 양을 제한해 놓은 게 그 정도다. 수경이는 평소보다 적은 200g을 먹었다. 하지만 아이가 부족하게 먹은 삼겹살의 열량은 662kcal이고, 밥 한 공기는 300kcal에 해당한다. 수경이 또래가 하루에 섭취해야 할 열량은 1,700kcal, 수경이는 그중 반에 해당하는 칼로리를 먹은 셈이다. 평소에는 삼겹살이라면 한정 없이 먹는다는 수경이. 아이가 먹었을 열량은 계산해 보나 마나 권장 섭취량을 훌쩍 넘어섰을 것이다.

정상 체중을 넘어선 세 아이들, 제작팀은 이 세 아이에 대한 정밀검사를 진행했다. 비만 정도를 알아보기 위한 키, 몸무게, 체질량지수, 콜레스테롤 검사와 비만으로 인한 합병증 여부를 알아보기 위한 초음파검사와 CT촬영까지. 아이들은 모두 비만 판정을 받았다. 인혁이의 경우 고도비만에 내장지방, 열 살 수경이는 고도비만에 경도 지방간 판정을 받았다. 열한 살 민재의 상태는 인혁이와 수경이보다 심각했다. 비만으로 인한 합병증인 중등도 지방간 판정을 받았다. 이 아이들은 비만으로 인해 각종 성인병에 노출되어 있었다. 1994년 대한소아학회 보건위원회의 발표에 따르면 서울 시내 초·중·고등학교의 고도 비만 학생을 조사한 결과 코콜레스테롤증이 48.1%, 지방간이 38.6%, 고혈압이 7.4%, 당뇨병이 0.4%로 전체 대상자 중 78.7%가 한 가지 이상의 합병증을 가지고 있는 것으로 나타났다. 또 최근 서울대병원 서정기 소아소화기학과 교수가 6~13세의 비만 어린이 80

명을 대상으로 간 검사를 실시한 결과, 80명 전원이 지방간이었다고 밝혔다. 그는 비만아 넷 중 한 명에 해당하는 22.5%의 어린이에게서 단순 지방간이 발견되었고, 77.5%의 어린이에게서 비알코올성 지방간염이 발견되었다고 말했다. 지방간이 모두 지방간염, 간경화, 간암으로 진행된다고 단정 지을 수는 없지만, 가능성을 배제할 수도 없다고 말했다.

비만의 가장 대표적인 원인은 과식이다. 과식이란 필요한 양보다 많이 먹는 것을 뜻한다. 즉 섭취한 칼로리가 소비한 칼로리보다 많다는 말이다. 넘치는 칼로리는 지방으로 저장되어 아이의 온몸에 쌓인다. 쉽게 말해 살이 찌는 것이다. 그렇다면 살이 찌지 않으려면 어떻게 해야 할까? 간단하다. 필요한 만큼만 먹으면 된다. 그렇다면 필요한 만큼이란 누가 알까? 앞서 제시한 한국영양학회의 평균 필요 열량이 바로 그 '필요한 만큼'이다. 평균 필요 열량이란 대상 집단을 구성하는 건강한 사람들 중 절반에 해당하는 사람들이 하루 동안 충족시키는 영양소의 섭취 수준이며, 비만 방지를 위한 기준이다. 평균 필요 열량이라는 것은 바꾸어 말하면 대상 연령의 아이들이 평균적으로 하루 동안 먹는 양을 뜻한다. 그래서 간혹 간식으로 필요한 에너지를 모두 충당한 아이들이 밥을 먹지 않아 부모의 속을 썩이기도 한다. 이럴 경우 전문가들은 밥을 먹게 하기 위해서 간식을 아예 주지 말라고 충고하기도 한다. 그런데 인혁이, 민재, 수경이의 경우 제 나이에 해당하는 필요량을 뛰어넘었음에도 불구하고 먹는 걸 멈추지 않는다. 이 아이들은 왜 밥상 앞에서 먹는 것을 멈추지 못할까? 이 아이들은 왜 충분히 배불리 먹었음에도 불구하고 배가 부르다고 느끼지 않는 것일까?

1인분 실험, 정해진 1인분은 없다!

아이들의 연령과 성장, 발달을 고려하여 통계적으로 산출한 열량의 하루 평균 필요량. 이것은 각 나라마다 그 수치가 다를 만큼 그 나라 사람들의 생활 방식까지 고려하여 만들어진 것이다. 따라서 아이들은 이 과학적인 수치만큼 먹으면 포만감을 느끼고 먹기를 멈추는 것이 옳다. 그것은 분명 연령과 발달에 맞추어 뽑아낸 과학적인 1인분이니까. 그래야 아이들이 건강하게 성장할 수 있다. 아이가 먹는 양이 과학적인 1인분에 비해 너무 모자라거나 너무 넘친다면 아이의 건강은 당연히 위협받게 된다. 그런데 문제는 이러한 수치가 아이들의 식사량을 조절할 수 없다는 것이다. 이론상으로 보면 아이는 과학적으로 정해진 1인분을 먹으면 배가 불러야 하지만, 경험상 아이는 그 수치만큼만 먹지는 않는다. 비만인 아이들은 이 수치보다 엄청나게 많이 먹는다. 정해진 1인분보다 더 많이 먹는 아이들, 그 아이들은 매끼마다 엄청나게 배가 부르다고 느낄까? 자신이 지나치게 많이 먹었다는 것을 인지할까? 제작팀은 그 답을 찾기 위해 유치원 아이들을 대상으로 흥미로운 실험을 진행했다.

경기도의 한 유치원 6~7세 반. 아이들의 점심시간이다. 오늘의 식단은 쇠고기 볶음밥. 브로콜리, 쇠고기, 양파, 당근 등 5대 영양소를 감안하여 맛있게 만든 음식이다. 6~7세 아이들의 한 끼 식사량은 470kcal. 제작팀은 배식팀에 의뢰하여 각 아이들에게 정확히 470kcal에 해당되는 120g만 주도록 했다. 신나게 오전 활동을 마쳐서인지 배식을 받은 아이들은 정말 맛있게 볶음밥을 먹었다. 15분 정도가 지나자 하나둘 다 먹은 아이들이 생기고, 30분이 지나자 모든 아이들이 식사를 마쳤다. 반 아이들은 모두 자신에게 필요한

470kcal를 섭취한 상태다. 제작팀은 아이들에게 식사를 마친 느낌을 물었다. "밥을 먹고 나니까 어때요?" 유치원 아이들은 하나같이 "배가 불러요"라고 대답했다.

다음날, 같은 반 아이들의 점심시간. 오늘의 식단도 쇠고기 볶음밥이다. 어제와 똑같은 재료를 가지고 같은 방법으로 만들었다. 그런데 오늘은 어제와 달리 705kcal에 해당하는 180g을 아이들에게 배식하도록 했다. 어제보다 무려 1.5배나 많은 양이다. 과연 아이들은 얼마나 먹을 수 있을까? 배식을 받는 아이들은 자기 자리에 앉아 "잘 먹겠습니다"라고 인사를 한 뒤 식사를 시작했다. 40분 정도가 지나자 모든 아이들이 식사를 마쳤다. 아이들의 볶음밥 그릇은 어제와 마찬가지로 아주 깨끗했다. 어제보다 시간이 조금 더 걸리기는 했지만 어떤 아이도 밥을 남기지 않았다. 게다가 식사가 끝나자마자 후식으로 쿠키 두 개와 딸기 두 개를 주었는데도 아이들은 후식까지 맛있게 먹었다. 제작팀은 어제와 같이 아이들에게 물었다. "밥을 다 먹고 나니까 어때요?" 아이들은 어제처럼 "배가 불러요"라고 대답한다. 제작팀은 아이들에게 어제 먹은 한 그릇과 오늘 먹은 한 그릇의 차이에 대해서도 물었다. 아이들은 모두 "어제처럼 배불러요", "똑같이 배불러요"라고 대답했다. 아이들은 어제의 한 그릇과 오늘의 한 그릇이 차이를 전혀 느끼지 못하는 듯했다.

"아이들은 어제의 한 그릇(120g)과 오늘의 한 그릇(180g)의 차이를 전혀 느끼지 못했다"

실험에서 아이들은 자신이 '정해진 1인분'보다 많이 먹었다는 사실을 전혀 느끼지 못했다. 분명 아이의 위 속에는 어제보다 1.5배나 많은 볶음밥이 들어가 있는데도 근소한 차이도 아닌 60g의 차이를 아이들은 전혀 눈치채지 못했다. 무려 235kcal를 더 먹었음에도 불구하고(이 칼로리는 성인의 밥 2/3공기가 넘는 양이다) 아무도 "어제보다 배가 더 불러요", "어제보다 많이 먹은 것 같아요", "어제보다 밥이 좀 많은 것 같았어요"라고 대답하지 않았다. 이러한 기이한 실험 결과에 대해 코넬대학교 소비자행동학과 브라이언 완싱크*Brian Wansink* 교수는 다음과 같이 설명한다.

먹기에 가장 적당한 양이란 그것의 실제 양과 상관없이 우리가 먹을 때 우리 앞에 차려진 양을 의미한다.

그는 우리에게 '먹기에 적당한 양'이란 존재하지 않는다고 단언한다. 그는 자신이 2006년에 출간한 저서 『나는 왜 과식하는가*Mindless Eating*』에서 제작팀이 진행한 '1인분 실험'과 유사한 실험을 소개한 바 있다. 실험은 60명의 대학생을 대상으로 진행되었다. 30명의 대학생에게는 일반 접시를, 30명의 대학생에게는 밑에 구멍이 뚫린 접시를 제공했다. 밑에 구멍이 뚫린 접시는 접시에 담긴 음식을 먹어도 계속 차오르도록 되어 있었다. 네 명의 학생이 한 테이블에 앉아 식사를 하도록 했는데, 이 중 두 명은 일반 접시에, 나머지 두 명은 구멍이 뚫린 접시에 수프를 먹도록 했다. 식사 시간은 한 테이블 당 20분 정도로 주어졌다. 실험 결과, 구멍이 뚫린 접시를 받은 학생들은 그렇지 않은 학생들에 비해 평균 두 배 정도의 수프를 먹었다. 그러나 그들은 접시가 빈 것을 보지 못했기 때문에 누구도 배가 부르다고 말하지 않았다. 배가 부르다고 말한 사람은 일반 접시에 담긴 수프를 먹은 학생들에 비해 5배에 육박하는 양을 먹은 학생을 비롯한 몇 명뿐이었다. 그도 그럴 것이 일반 접시에 담긴 수프의 칼로리는 약 150kcal밖에 되지 않았다. 그리고 학생들은 수프의 칼로리가 그 정도라는 것을 이미 알고 있었다. 그렇기 때문에 누구도 배가 부르다고 말하지 않은 것이다. 하지만 밑에 구멍이 뚫린 접시를 받은 학생들은 분명 일반 접시를 받은 학생들보다 많이 먹었다. 그들은 적게는 300kcal에서 750kcal까지 먹었다. 그러나 자신이 많이 먹었다고 느낀 사람은 거의 없었다.

인간에게는 '공복감'이라는 것과 '만복감'이라는 것이 있다. 공복 상태가 되면 뇌의 시상하부 외측에 있는 섭식중추가 흥분하여 음식을 섭취하고자 하는 욕구를 일으킨다. 식욕이 생기는 것이다. 우리가 '배가 고프다. 무언가 먹어야겠다'라고 생각하는 것은 이 섭식중추 때문이다. 섭식중추가 흥분해 음식을 섭취하게 되면 뇌의 만복중추가 작용한다. 만복중추는 음식이 충분히 채워졌을 때 식욕을 떨어뜨려 음식 섭취를 멈추게 한다. '배가 부르다. 이제 그만 먹어야겠다'라는 생각은 바로 만복중추의 명령이다. 우리 뇌에 있는 섭식중추와 만복중추는 음식의 섭취가 과잉되거나 부족하지 않도록 조절하는 역할을 한다. 그런데 제작팀이 유치원 아이들에게 실시했던 실험이나 코넬대학교의 브라이언 완싱크 교수가 실시한 실험을 보면 우리 뇌의 섭식중추와 만복중추가 제대로 작동하지 않는 것이 아닌가 하는 의문이 든다. 두 실험을 보면 인간은 주어지는 대로 필요량을 넘어서든 말든 한정 없이 먹어댈 것만 같은 느낌이다. 그렇다면 비만은 인간에게 숙명적인 일이 된다. 그러나 비만 인구가 해마다 늘어나고 있긴 하지만, 세상에는 그렇지 않은 사람들이 더 많다. 세상의 모든 사람들이, 모든 아이들이, 매일 넘치게 먹고 그로 인한 비만으로 고통 받고 있지는 않다. 그렇다면 결국 정해진 1인분을 가지지 못한 인간 중 일부만이 계속 과식을 하고 비만이 된다는 결론에 도달한다.

3세, 1인분 계측기가 사라진다

인간은 정말 자신의 식욕을 조절할 수 없는 걸까? 눈앞에 있는 양은 무조건 다 먹어치워야 배가 부르다고 느끼는 것일까? 많은 사람들이 이 말에 동감할 수 없을 것이다. 우리는 분명 배가 부르면 먹는 것을 멈춘다. 그것이 전문가들이 말하는 양과 다소 차이가 있을 수는 있다. 혹자는 그보다 적게, 그보다 조금 많은 정도를 원할 뿐이다. 하지만 대개의 경우 자신의 몸에 필요한 양만 적당히 섭취하는 사람들이 많다. 특히 지금 영유아를 키우고 있는 엄마들이라면 브라이언 완싱크 교수의 '먹기에 적당한 양은 없다. 앞에 놓인 양만큼 먹는다'는 말에 강한 반감을 가질 것이다. 왜냐하면 그 또래 아이들은 정말 징글징글하게 안 먹기 때문이다. 많은 엄마들이 안 되는 줄 알면서도 한 숟가락이라도 더 먹이려고 아이를 쫓아다닌다. 엄마들의 표현을 빌리자면 아이는 정말 병아리 눈물만큼 먹고 제

양을 다 먹은 듯 음식을 거부한다. 이런 상황은 아이가 어리면 어릴수록 심하다. 특히 돌 전 아기의 경우 잠에 겨워 눈을 감은 채 젖병을 빨고 있으면서도 엄마가 양을 늘릴 심산으로 조금 더 먹이려 해도 저 먹을 양만 먹고 젖꼭지를 혀로 밀어내 버린다. 제작팀은 돌 전 아기들을 대상으로 6~7세 유치원 아이들에게 했던 실험과 유사한 실험을 해 보았다.

생후 3개월, 생후 5개월이 된 아기들 여섯 명에게 평소에 먹던 양보다 더 많은 양의 우유를 먹여 보았다. 평소 180cc를 먹는 생후 5개월의 여자아기에게 제작진은 80cc 많은 260cc를 주었다. 처음 분유를 주자 아기는 배가 고팠는지 아주 잘 먹었다. 얼마쯤 지나자 아기는 먹는 속도가 점점 느려지고, 어느 순간 혀로 자꾸만 젖꼭지를 밀어냈다. 엄마가 계속해서 젖꼭지를 밀어 넣자 아기는 먹기 싫다는 듯 인상을 찌푸리더니 결국엔 울음을 터뜨렸다. 아기가 더 이상 먹지 않고 남긴 분유의 양은 80cc. 아기는 정확하게 180cc만 먹었다. 이런 반응은 생후 3개월 된 아기를 비롯하여 나머지 아기들에게 모두 공통적으로 나타났다. 아기들은 미리 알고 있었던 것처럼 추가한 분유량 만큼만 정확하게 남겼다.

" 남은 우유의 양은 80cc.
만 3세 이전의 아이들은 정확한 '1인분 계측기'를 가지고 있다. "

실험 결과는 아기를 키워 본 엄마들이 알고 있는 그대로였다. 대부분의 아기들은 배가 부르면 더 이상 먹지 않았다. 마치 몸 안에 1인분 계측기가 있어 그것을 넘기면 몸 안에서 경보가 울리듯 정확하게 자신들이 먹던 1인분만 먹었다. 돌 전 아기의 몸은 '충분히 먹었다. 배가 부르다'라는 신호에 누구보다 민감했고 정밀한 식욕 신호체계를 가지고 있었다. 돌 전 아기들의 섭식중추와 만복중추는 어느 시기보다 정확하게 작동하는 듯하다. 제작팀이 만났던 6~7세의 유치원 아이들 역시 돌 전에는 이처럼 정확한 '1인분 계측기'를 가졌을 것이다. 아무리 많은 양을 준다 해도 자기에게 필요한 1인분만 섭취했을 것이다. 그 아기들이 어째서 5~6년 후에는 자신이 먹은 120g의 볶음밥과 180g의 볶음밥 양을 구분하지 못하게 된 것일까? 그것은 정확히 1인분을 먹는 능력, 즉 우리 몸에 내장된 1인분 계측기는 불행히도 아기들이 성장함에 따라 점점 사라지기 때문이다. 우리 몸의 1인분 계측기가 사라지는 것은 만 3세 무렵, 우리 나이로는 5세 무렵이다. 비만 판정을 받은 아이들이 살이 찌기 시작한 것도 대부분 그 무렵부터이다. 제작팀이 만난 8세의 고도비만 인혁이, 10세 수경이, 11세 민재도 다섯 살 무렵부터 살이 찌기 시작했다고 한다. 브라이언 완싱크 교수는 그 시기가 아이들이 또래를 만나고 주변 환경의 영향을 받기 시작하는 때라고 말한다.

어려서 아직 배가 작을 때에는, 작은 배 덕분에 적은 양을 먹게 되고, 주변 환경의 영향도 거의 받지 않았다. 하지만 만으로 3~4세가 되면 아이들의 배가 조금씩 커지면서 주변 환경의 영향을 더 많이 받게 된다.

인간에게는 두 가지 식욕이 있다. 하나는 공복과 관련된 식욕이다. 공복으로 인한 식욕이란 말 그대로 공복감을 면하기 위해서 느끼는 식욕을 말한다. 이것은 인간의 몸을 유지하기 위해 꼭 필요한 것으로 생존과 직결되어 있다. 또 하나의 식욕은 생존을 위해 꼭 필요한 것은 아니지만 다른 현상에서 오는 식욕이다. 이것은 음식과 관련된 과거의 경험으로부터 비롯되는 정신적 작용에 의한 것이다. 이 식욕은 인간이 가진 미각, 후각, 시각, 청각 등의 감각이 작용하여 발생한다. 공복과 관련된 식욕은 배고픔에 의한 통증이 있는 식욕이고, 음식의 경험과 관련된 식욕은 즐거움을 동반한 식욕 혹은 기호성 식욕이라 할 수 있다. 만 3세 이전의 식욕이 공복감과 관련되어 생존과 연결된 것이었다면, 만 3세 이후의 식욕은 음식에 대한 여러 가지 경험이나 훈련으로 인해 만들어진 식욕이라고 할 수 있다. 이전 장에서 다뤘던 단맛을 지나치게 선호하는 식욕 역시 이러한 식욕이라고 볼 수 있다.

식욕 조절 능력, 주도권은 누구에게?

그렇다면 경험 혹은 훈련으로 인해 만들어지는 식욕을 조절하는 것은 누구일까? 만 3세 아이의 식욕 조절에 영향을 주는 '주변 환경'은 대체 무엇인지 생각해 보자. 선천적으로 정확한 1인분 계측기를 가지고 태어났던 아이들이지만, 그중 일부는 위의 용량이 커지고 다양한 음식을 먹을 수 있게 되면서 식욕을 조절하는 능력을 잃어버린다. 이것은 자연스러운 과정이다. 하지만 반대로 만 3세 이전처럼 정확하게 1인분을 계측할 수는 없지만 비교적 양호하게 자신의 1인분을 지키며 살아가는 아이들도 있다. 이 두 부류의 차이점은 무엇일까?

> 오후 2시, 엄마는 유치원에서 돌아온 근희(만 5세)에게 간식을 내놓는다. 근희는 오후 12시 30분쯤 유치원에서 점심 식사를 했다. 유치원에서 먹은 음식은 근희가 좋아하는 카레라이스. 먹성 좋은 근희는 카레라이스를 두 그릇이나 먹어치웠다. 그 때문에 지금 근희는 전혀 배가 고프지 않았다. 유치원 셔틀버스를 타고 오면서 친구가 준 초콜릿 두 개와 요구르트까지 합치면 근희의 배는 이미 꽉 차 있는 상태였다. 하지만 엄마가 내놓은 간식은 근희가 좋아하는 고구마 맛탕이었다. 근희는 배가 빵빵했지만 간식을 먹기 시작했다. 한 조각을 먹자 너무 배가 불러 더는 못 먹을 지경이었다. "엄마, 나 그만 먹어도 돼요?" 근희가 물었다. 엄마는 "몇 개나 된다고. 거기 있는 건 다 먹으렴. 먹을 수 있지?"라고 말했다. 근희는 몇 분 후 꾸역꾸역 한 접시를 깔끔하게 비웠다.

만 3세, 아이는 한창 자라나는 중이다. 이 시기는 여전히 두뇌 발달과 신체 발달이 중요한 나이다. 그렇기 때문에 부모들은 아이가 먹는 양에 과도하게 집착한다. 지나치게 비만이 아니라면 "먹어라, 먹어라"를 무의식중에 강요한다. 아이가 먹을 수 있는 양, 먹은 양은 고려하지 않고 계속해서 먹을 걸 주는 것이다. 알맞은 양을 먹이기보다 조금이라도 양을 늘리려고 한다. 이렇게 부모가 늘리려고 하는 양은 아이가 먹을 수 있는 양, 즉 1인분을 넘어서는 경우가 많다. 만 3세 즈음이면 부모의 이런 수고 없이도 아이는 자연스럽게 1인분 계측기를 잃어 간다. 이

때는 오히려 1인분 계측기를 지키기 위해 아이에게 올바른 양을 제공하여 아이 스스로 1인분의 양을 느끼게 해 줄 필요가 있다. 계속 먹을 것을 주고 양을 늘리려는 부모의 행동이 아이의 1인분 계측기를 더욱 빨리 사라지게 만든다.

아이들이 1인분 계측기를 잃어버리기 전에, 부모는 '정해진 1인분'을 기억할 수 있는 올바른 식습관을 길러 줘야 한다. 하지만 안타깝게도 지금 우리 아이들이 처한 현실은 1인분 계측기를 더 빨리 잃어버리도록 강요하고 있다. 더욱 다양해진 주변 환경과 풍부해진 경험 때문이다. 환경과 경험에는 아이가 만나는 또래 집단이 있고, 더 먹기를 부추기는 TV 속 장면들도 들 수 있다. 그러나 가장 큰 영향을 주는 것은 바로 아이와 늘 함께 생활하는 '부모'이다. 아이는 부모가 가진 음식에 대한 생각, 기호 등을 배운다. 또 부모가 음식을 상이나 벌로 제공하는 경우에도 새로운 기호가 생긴다. 하지만 이건 부모가 아이의 식습관에 주는 영향 중 아주 작은 부분에 불과하다. '돌 전 아기들의 분유량 실험'에서도 알 수 있듯이, 아이들은 어릴수록 에너지의 균형을 잘 유지한다. 아이들은 어떤 음식을 얼마만큼 먹어서 포만감을 채워야 하는지 알고 있다. 그러므로 환경이나 경험이 주는 2차적인 자극이 없다면 아이는 자신의 요구에 맞게 섭취량을 잘 조절해 나갈 것이다.

하지만 남기지 말고 다 먹으라는 부모의 지시가 아이의 이러한 능력을 없애거나 약하게 만들 수 있다. 부모의 지시로 인해 아이는 먹는 행동의 기준을 배고픔이나 포만감 등의 내부 신호가 아니라 외부적 신호에 두게 된다. 아이는 남김없이 먹으라고 교육을 받았기 때문에 어떤 양이 주어지든 그릇의 크기가 어떻든 무의식적으로 다 먹는 것이다. 아이의 뇌는 '배가 부르니 그만 먹어라'라고 말해도, 아이는 자신의 내부 신호보다 부모가 주는 외부 신호가 더 중요하기 때문에 그릇이 깨끗해질 때까지 다 먹는다. 이러한 외부적인 통제는 아이가 내부의 생물학적 신호에 반응하는 능력을 점점 약화시킨다. 이것은 어디까지나 잘 먹는 아이, 주는 대로 다 먹는 아이에게만 해당되는 이야기라고 반박할 수도 있다. 실제로 잘 먹지 않는 아이들은 부모가 "남김없이 먹어라", "무조건 다 먹어라"라고 아무리 강요한들 말을 듣지 않기 때문이다. 하지만 그런 아이들에게도 외부적인 통제는 영향을 미친다. 2000년 소아과학회지에 부모로부터 음식 섭취를 강요받지 않은 아이가 강요받은 아이보다 2년 뒤 체중이 더 늘어났다는 연구 결과가 발표되었다. 부모는 아이의 성장을 위해, 건강을 위해 더 먹기를 강요하지만, 실은 그 행동으로 아이는 원래 갖고 있던 식욕 조절 능력을 잃어버릴 수도 있다.

조물주는 우리 인간이 '비만'이 되기를 원치 않았다. 그래서 아기가 태어날 때 스스로 건강을 지킬 수 있도록 몸 안에 '1인분 계측기'를 선물하였다. 하지만 그것은 채 3년을 사용하기도 전에 외부의 강한 신호를 받아 약해지거나 사라진다. 이후 아이는 '눈'으로 가장 강한 신호를 받는다. 아이가 눈으로 들어오는 외부 신호를 자신의 내부에서 보내는 생리적인 신호보다 우선하게 된 것은, 아이의 1인분 계측기가 사라지는 것에 적절하게 대처하지 못한 부모 때문이다. 아이는 "더 먹어라" 혹은 "그것 말고 이것을 먹어라" 하는 부모의 명령에 따라 자신이 가졌던 소중한 1인분 계측기를 버리고, 외부 자극이나 통제에 귀를 기울이게 되었기 때문이다. 만약 아이가 1인분 계측기를 잘 사용하던 만 3세 이전부터 부모가 아이의 양을 존중해 주었다면, 아마도 아이들의 식욕이 외부의 자극과 통제에 완전히 정복되지는 않았을 것이다.

우량아 혹은 미숙아로 태어난 아기들, 워낙 큰 위를 타고나서 혹은 다른 아기들의 성장을 따라잡기 위해서 정말 잘 먹던 아기들이 생후 5~6개월이 되면 갑자기 양이 줄어 엄마들을 불안하게 하는 일이 있다. 이 또한 조물주가 선물한 '식욕 조절 능력'이다. 이대로 계속 먹으면 '비만'이 될 것이므로 아기 스스로 자신의 체중을 조절하는 것이다. 그런데 이런 경우 역시 부모는 아기가 적게 먹으려는 행동을 존중하지 않는다. 그저 불안한 마음에 이전처럼 먹기를 계속 강요한다. 그러다 보면 아기는 자포자기하는 심정으로 엄마의 뜻에 따라 다시 많이 먹게 되고 결국 비만아가 될 위험에 한 걸음 더 가까워진다.

무칼로리, 저칼로리에 함정이 있다

상식의 재발견 ❼

높은 칼로리가 비만을 유발할 수 있다는 이유로 요즘 식품들이 달라지고 있다. 칼로리 제로, 무칼로리, 저칼로리라는 슬로건을 내걸고 있는 것. 이런 식품들 속에는 대부분 칼로리가 없는 기능성 인공감미료가 들어가기 마련이다. 그렇다면 칼로리는 줄이고 맛은 그대로인 제품, 정말 비만을 줄일 수 있을까? 2009년 2월 미국 퍼듀대학의 테리 데이비슨Terry Davidson 박사와 수전 스위더스Susan Swithers 박사의 연구에 따르면, 오히려 기능성 인공감미료가 비만을 유발할 수 있다고 한다. 연구팀은 쥐를 두 집단으로 나눠 한 그룹에는 기능성 인공감미료가 첨가된 요구르트를, 다른 그룹에는 설탕이 첨가된 요구르트를 주고 체중 증가를 관찰했다.

실험 결과 기능성 인공감미료가 첨가된 요구르트를 먹은 쥐의 체증이 더 증가했다. 이는 기능성 인공감미료의 경우 쥐의 뇌가 칼로리를 계산하는 능력을 떨어뜨리기 때문이라고 연구팀은 설명했다. 모든 동물은 음식의 맛을 통해 본능적으로 칼로리를 가늠하는데 기능성 인공감미료는 설탕과 동일한 단맛을 내지만 실제 칼로리는 매우 낮아 칼로리 측정에 혼란을 가져온다는 것이다. 따라서 사람의 경우도 다이어트 콜라와 같이 기능성 인공감미료가 함유된 식품을 매일 섭취하면 혼란이 반복되어 결국 뇌의 칼로리 측정 능력이 떨어지고 결국 그 능력을 상실하게 될 수도 있다고 경고한다. 다이어트 음료를 먹다가 오히려 비만이 될 수 있다는 말이다.

02 모르는 사이, 아이가 **과식**한다

배가 아니라 눈으로 느낀다

아이의 식욕을 좌우하는 외부 자극에 가장 큰 영향을 받는 것은 '눈'이다. 만 3세가 넘으면 많은 아이들이 자신만의 1인분 계측기를 잃어버린다. 대신 시각적인 환경에 영향을 받기 시작한다. 배가 부르다는 포만감보다 눈앞에 보이는 음식에 더 많은 영향을 받는 것이다. 아이는 배가 부른 상황임에도 불구하고 식욕을 자극하는 시각적인 환경이 주어지면 먹고 또 먹는다. 마치 위를 채우기 위해서가 아니라 눈을 만족시키려는 듯. 아이는 포만감을 배가 아니라 눈으로 느낀다. 그러다 보니 정해진 1인분이란 아예 존재하지 않는 듯 보인다. 만 3세 이후로는 자기 앞에 차려진 음식이 적당한 1인분이 되어 버리기 때문이다. 그렇다면 지금 과식하는 내 아이를 보며, 과식은 어쩔 수 없는 숙명이라고 받아들여야 할까? 그렇지 않다. 아이가 과식하는 이유를 하나씩 따져 보면, 해답의 실마리를 하나씩 발견하게 된다. 제작팀이 초등학교 6학년 축구부원 다섯 명을 대상으로 실시한 '닭날개 튀김 먹기 실험' 또한 그 해답의 실마리를 보여준다.

제작팀은 초등학교 6학년 남자아이, 그것도 먹성이 좋은 축구부원 다섯 명을 실험실로 초대했다. 실험 내용은 비밀로 하고 이틀 동안 닭날개 튀김을 배가 불러서 못 먹을 때까지 마음껏 먹도록 했다. 첫날, 실험실에 온 아이들에게 "그냥 맛있게 먹으면 돼요"라고 아무런 조건을 달지 않았다. 아이들은 닭날개 튀김을 맛있게 한 조각씩 먹어치우기 시작했다. 제작팀은 아이들이 먹고 버린 뼈다귀를 나오는 대로 즉시 치웠다. 첫날 제작팀이 준비한 닭날개 튀김은 3.4kg. 다섯 명이 먹은 닭날개 튀김의 무게는 2.8kg이었다.

며칠 뒤 실험에 참여했던 축구부원 다섯 명을 다시 불렀다. 이번에도 실험 내용을 알리지 않은 채 지난번과 동일하게 맛있게 먹어 달라고 주문했다. 아이들은 첫날과 똑같이 맛있게 먹었다. 그런데 두 번째 실험에서 제작팀은 아이들이 먹고 남은 뼈다귀를 치우지 않았다. 각자 개인용 접시에 닭날개 튀김을 먹고 남은 뼈다귀를 담도록 했다. 아이들은 친구들이 먹은 뼈다귀를 보며 "네 꺼는 완전 탑 같애", "이건 완전 에펠탑 같다" 하며 이야기를 나눴다. 아이들 앞에 놓인 접시에 닭뼈가 조금씩 쌓여가자 한둘씩 더는 못 먹겠다고 하는 아이들이 나왔다. 그리고 아이들이 모두 그만 먹겠다고 말한 뒤 제작팀은 첫날과 같이 무게를 달아 보았다. 제작팀이 준비한 닭날개 튀김은 첫날과 같은 3.4kg. 아이들이 먹은 닭날개 튀김은 2kg이었다. 아이들은 뼈다귀를 치운 날은 2.8kg, 뼈다귀를 치우지 않은 날은 2kg의 닭날개 튀김을 먹었다.

> 아이들은 자신이 먹은 양을 눈으로 확인했을 때 배가 부르다는 것을 인식한다.

이틀 동안의 실험에서 첫날은 뼈다귀를 치우고, 둘째 날은 치우지 않은 것은 아이들이 자신이 먹은 양을 직접 눈으로 확인했을 때와 그렇지 않을 때 먹는 양이 얼마나 달라지는지를 알아보기 위함이었다. 다섯 명의 아이들은 모두 자신이 먹은 양을 눈으로 확인했을 때 훨씬 더 적게 먹었다. 그렇다면 아이들이 느낀 포만감은 어땠을까? 제작팀은 실험에 참여한 아이들에게 첫 번째 날과 두 번째 날의 배부른 정도에 대해서 물었다. "첫 번째 날은 아무리 먹어도 배가 부르지 않았는데, 두 번째 날은 그 전보다 적게 먹은 것 같은데도 배가 더 불렀어요." "지난번에는 더 오랫동안 먹을 수 있었는데, 이번에는 금방 배가 부른 것 같았어요." 아이들은 한결같이 뼈다귀를 치우지 않은 날, 더 배가 불렀다고 대답했다. 아이들은 자신이 먹는 양을 눈으로 확인하자 배가 부르다는 것을 인식하고 덜 먹은 것이다. 듀크대학교 신경심리학과 게리 베넷*Gary G. Bennett* 교수는 '닭날개 튀김 먹기 실험'에 대해서 다음과 같이 설명한다.

여러 상황을 미루어 보았을 때, 우리는 우리가 얼마만큼의 음식을 먹고 있는지 잘 파악하지 못한다. 우리가 먹은 양은 우리가 느끼는 포만감에 의해 결정되는 것이 아니다. 오히려 식사 시간이나, 장소, 음식의 종류, 숟가락의 크기, 그릇의 크기, 함께 식사하는 사람 등에 의해 결정된다.

게리 베넷 교수의 말처럼 아이의 먹는 양을 좌우하는 요소는 많다. 그중 제작팀이 '닭날개 튀김 먹기 실험'을 진행하며 찾은 첫 번째 실마리는 아이가 시각을 통해 먹는다는 사실을 역이용하라는 것. 아이가 자신이 얼마나 먹었는지 알게 하라는 것이다. 실험에서처럼 자신이 먹은 양을 눈으로 직접 확인하게 하는 것도 한 방법이다. 또한 그 양이 얼마만큼의 열량인지 알려 주는 것도 좋다. 참고로 17g의 닭날개 튀김 한 조각은 38kcal의 열량을 내며, 첫날 실험에서 아이들이 먹은 닭날개 튀김 2.8kg는 6,258kcal의 열량이다. 다섯 명이 골고루 먹었다고 가정하면 한 사람당 1,251kcal에 해당한다. 이것을 밥으로 따지면 어른 공기로 네 공기에 해당하는 양이다. 어른이 먹는 쌀밥 한 공기는 300kcal의 열량을 가진다. 아이가 지나치게 많이 먹을 때 그것을 칼로리로 환산하여 수치로 말해 주는 건 별 의미가 없다. 아이가 잘 아는 음식, 아이가 조금만 먹어도 배불러 하는 음식의 열량을 미리 알아 두었다가 그 음식과 비교해 열량을 말해 주는 것이 효과적이다. 물론 아이가 먹을 때마다 훈계하듯 열량을 알려 주어서는 안 된다. 편안한 상황에서 자신이 먹는 양을 가늠할 수 있도록 정보만 슬쩍 주는 편이 좋다. 아이의 식욕 조절 능력을 되찾아 주기 위해서는 스스로 덜 먹게 해야지, 억지로 그만 먹게 하면 안 된다. 억지로 못 먹게 할 경우 심리적인 저항이 발동하여 그 음식에 더욱 집착할 수 있음을 기억하자.

눈은 색깔과 크기에 민감하다

생물학적으로 인간의 먹는 행위는 입으로 음식물을 받아들여 그것을 활동에 필요한 에너지로 바꾸는 것이다. 인간이 먹을 수 있는 양이란 각자 활동에 필요한 에너지에 비례한다. 인체가 자신에게 필요한 음식의 양을 정할 때 가장 먼저 고려하는 것은 바로 '위'의 크기이다. 위 또한 인체의 한 부분이므로 뇌는 위가 건강하게 작동할 수 있는 범위에서 한 번에 섭취해야 할 양을 정한다. 하지만 이런 원론적인 정보는 제작팀이 했던 몇 가지 실험에서 벌써 깨져 버렸다. 우리는 많은 순간 몸의 조건보다는 눈이 이끄는 대로, 감각이 명령하는 대로 먹어치우기 때문이다. 그렇다면 실질적으로 식욕을 조절한다는 눈, 즉 우리의 시각은 외부 환경 중 어떤 자극에 가장 민감할까? 제작팀은 시각이 영향을 받는 상황을 알아보기 위해 다음 두 가지 실험을 해 보았다. 그중 첫 번째는 유치원에 다니는 6~7세 아이들을 대상으로 한 실험이다.

크기가 1.5배 정도 차이 나는 접시를 두 개 준비했다. 그리고 유치원 아이들이 가장 좋아하는 간식 중 하나인 '궁중떡볶이'를 준비했다. 먼저 아이들에게 작은 접시에 먹을 만큼 떡볶이를 담아 보게 했다. 아이들은 자신이 먹을 만큼 떡볶이를 담았다. 똑같은 연령이지만 아이들이 담아 온 양에는 차이가 났다. 3~4개를 담은 아이가 있는가 하면 10개나 담은 아이도 있다. 이번에는 큰 접시를 주며 다시 아이들에게 먹을 만큼 담아 보게 했다. 큰 접시를 받아든 아이들은 작은 접시 때와 마찬가지로 집게를 이용해서 자신이 먹을 만큼 떡볶이를 담았다. 떡볶이를 담아 온 큰 접시를 첫 번째 주었던 작은 접시 옆에 두도록 했다. 단 한 명의 예외도 없이, 작은 접시를 주었을 때보다 큰 접시를 주었을 때 아이들은 더 많은 양의 떡볶이를 담아 왔다. 작은 접시에는 3~4개의 떡볶이를 담았던 아이의 큰 접시에는 6~7개의 떡볶이가 담겨 있었다.

> 큰 접시를 주었을 때
> 더 많은 양의 떡볶이를 담았다

제작팀은 큰 접시를 주었을 때와 작은 접시를 주었을 때, 똑같이 아이들에게 '자기가 먹을 수 있는 만큼 담을 것'이라고 주문했다. 그러나 모든 아이가 작은 접시와 큰 접시에 담은 양에 차이를 보였다. 작은 접시에는 적게, 큰 접시에는 많이 담았다. 6~7세 아이들은 양에 대한 개념이 없는 것일까? 제작팀은 아이들에게 물었다. "작은 접시하고 큰 접시에 있는 떡볶이 중 어느 접시에 있는 것이 더 많아요?" 아이들은 모두 주저 없이 "큰 접시요"라고 대답했다. 아이들은 무의식중에 작은 접시에는 적게, 큰 접시에는 많이 담은 것이다. '자신이 먹을 수 있는 양'이라는 조건은 그릇의 크기 앞에서 별 의미가 없어 보였다. 사람들이 왜 과식을 하는지에 대해 많은 연구를 거듭해 온 코넬대학교 소비자행동학과 브라이언 완싱크 박사는 유치원 아이들의 이러한 행동에 대해서 다음과 같이 설명한다.

큰 접시에 음식을 담으면 보통 때보다 28%나 많은 음식을 담게 된다. 왜냐하면 그렇게 담아야만 적당해 보이기 때문이다. 나는 미국 의료협회에 이와 비슷한 연구 논문을 제출한 적이 있다. 나의 실험에서도 실험에 참여했던 92%의 사람들이 그릇 크기에 따라 다른 양의 음식을 담아, 그 음식을 다 먹었다. 네 살 난 아이들도 마찬가지였다.
크기가 33% 큰 그릇을 주면 아이는 33% 더 많은 음식을 담게 된다.

그릇의 크기 앞에서 아이들의 정해진 1인분이란 의미가 없었다. 아이들은 그릇의 크기에 맞춰 자신이 먹을 수 있는 1인분을 다시 정하고, 그것을 먹었다. 음식을 담을 때, 그릇의 2/3 정도가 자신의 양이라고 생각하는 사람은, 그릇의 크기가 바뀌어도 그 그릇의 2/3가 자신이 먹을 수 있는 양이라고 생각한다. 또한 항상 그릇의 1/5 정도를 남기는 버릇이 있는 사람은 그릇이 두 배로 커져도 그 그릇의 1/5을 남긴다. "설마?"라고 생각한다면 다음 사진을 살펴보자.

작은 접시에 담긴 와플과 햄버거가 더 크게 보인다

분명 큰 접시와 작은 접시에 담긴 와플과 햄버거는 같은 크기이다. 그럴 것이라고 예상하고 사진을 봤지만, 솔직히 작은 접시에 담긴 것이 더 커 보이지 않는가? 만약 와플을 무척 좋아하는 아이에게 큰 접시와 작은 접시에 담긴 와플을 함께 보여주며 두 개의 와플 중 어떤 걸 고를 거냐고 묻는다면 아이들은 대부분 작은 접시에 담긴 와플을 고를 것이다. 반대로 채소를 너무너무 싫어하는 아이에게, 엄마가 선심을 쓰는 척하며 큰 접시에 담긴 샐러드와 작은 접시에 담긴 샐러드를 보여주며 두 접시 중 어떤 것을 고를 거냐고 묻는다면(물론 샐러드의 양은 같다), 아이는 적게 먹기 위해 큰 접시를 고를 것이다. 그리고 아이는 자신이 엄마에게 배려 받았다고 느낄 것이다. 그릇의 크기를 사소한 차이라고 생각하기 쉽다. 하지만 이것이 아이를 많이 먹게, 혹은 덜 먹게 만드는 이유가 되기도 한다. 왜냐하면 식욕을 좌우지하는 우리의 시각이 그릇의 크기에 민감하기 때문이다. 비만아의 경우 아이가 많이 먹는다고 아예 그릇을 어른용으로 바꿔 주면 아이는 점점 더 많이 먹게 된다. 아이용 그릇으로 두 공기 먹던 것을 어른용 그릇으로 한 공기만 먹게 하겠다는 부모의 의도와는 반대로, 아이는 어른용 그릇으로도 아이용 그릇으로 먹던 것과 마찬가지로 먹는다. 자신도 모르게 아이의 1인분을 점점 늘려 주고 있는 것이다.

그렇다면 많이 먹는 아이의 경우, 아이의 그릇을 당장 작은 것으로 바꾸면 모든 고민이 해결될까? 브라이언 완싱크 교수는, 사람은 먹는 양의 20% 정도가 줄어든 것은 알아차리지 못하지만 30%가 줄면 그 양을 알아차린다는 연구 결과를 발표한 바 있다. 아이가 먹던 양을 갑자기 줄이면 아이는 배고픔을 더 강하게 느낄 수 있다. 지금 먹는 양의 20% 정도를 줄여 담아도 눈으로 보기에는 큰 차이가 없는 그릇을 준비해야 한다. 아이의 양을 늘리려고 하는 부모라도 20% 정도는 눈치채지 못한다는 공식을 기억하면 많은 도움이 될 것이다. 하지만 아이의 양을 늘리거나 줄이는 가장 좋은 방법은 5~10% 사이로, 한 숟가락에서 두 숟가락 정도로 아주 조금씩 자연스럽게 진행해 아이의 거부감을 최소한으로 줄이는 것이다.

제작팀의 두 번째 실험은 브라이언 완싱크 교수를 인터뷰하기 위해 코넬대학교를 찾아갔을 때 이루어졌다. 실험은 미국의 성인 여성 두 명을 대상으로 실시되었다.

제작팀은 맛과 모양이 똑같은 초콜릿을 파란색, 빨간색으로 색깔만 다르게 준비하여, 사각 접시 두 개에 이 초콜릿을 나눠 담았다. 한 접시에는 파란색 초콜릿과 빨간색 초콜릿을 색깔대로 분류하여 담고, 다른 접시에는 섞어서 담았다. 그리고 나이와 취향, 신체 조건이 비슷한 20대 여성 두 명을 섭외했다. 둘은 각각 다른 방에서 초콜릿을 먹으며 같은 영화를 봤다. 한 명에게는 색깔대로 분류된 초콜릿 접시를, 다른 한 명에게는 색깔이 섞인 초콜릿 접시를 제공했다. 영화가 시작되자 두 여성은 초콜릿을 먹기 시작했다. 두 여성 중 누구도 초콜릿의 색깔을 확인한다든지, 초콜릿을 골라 먹는다든지 하는 행동은 보이지 않았다. 별 의식 없이 눈은 화면에 고정한 채 기계적으로 초콜릿을 집어 입안에 넣었다. 실험이 진행된 지 30분 후, 제작팀은 두 개의 초콜릿 접시를 확인했다. 색깔을 섞어 놓았던 접시의 초콜릿이, 색을 나눠 놓은 접시의 초콜릿에 비해 더 적게 남은 것을 발견할 수 있었다.

> 색깔이 섞인 초콜릿이
> 더 적게 남았다.
> 다양한 색깔은 먹는 양을 늘린다

음식의 색깔 차이, 이 또한 사소한 차이인 것처럼 보인다. 실험에 참여한 여성들 또한 색깔로 인해 초콜릿을 먹는 양이 그렇게 차이가 날 수 있다는 사실에 놀랐다. 모두 초콜릿의 달콤한 맛을 즐길 뿐이지, 초콜릿의 색깔에는 전혀 신경 쓰지 않은 것처럼 보였기 때문이다. 그런데 무의식적으로 기계적으로 먹는다고 생각했는데, 두 접시의 초콜릿 양은 분명히 차이가 났다. 여기에 시각에 영향을 주는 두 번째 열쇠가 있다. 바로 '음식의 색깔'이다. 눈은 다양한 색깔이 섞여 있는 것에 더 매료된다. 그것은 단순히 화려한 색이 눈을 자극해서가 아니다. 단 두 가지의 색깔임에도 불구하고 초콜릿이 섞여 있는 것을 보면, 우리의 뇌 속에는 무의식중에 여러 종류의 음식을 맛보고 싶어 하는 욕구가 생긴다. 우리가 뷔페에 가면 평소보다 더 많은 음식을 먹게 되는 것과 유사한 원리이다.

어린 시절, 이와 비슷한 경험을 한 적이 있을 것이다. 한 가지 사탕이나 젤리가 눈앞에 놓여 있을 경우 "두 개만 먹고 내일 먹겠다"는 엄마와의 약속을 지키기는 그렇게 어렵지 않다. 하지만 여러 가지 색깔의 사탕이나 젤리가 있을 때는 각각의 색깔을 맛보고 싶은 욕구에 엄마와의 약속은 너무 지키기 어려운 것이 되어 버린다. 이때 더 많이 먹고 싶은 것은 단순히 사탕에 대한 욕심이 아니라 더 많이 먹으라는 뇌의 명령 때문이다. 초콜릿이 섞여 있는 상황, 단지 두 가지 색깔이었음에도 불구하고 섞여 있는 것은 우리 눈에 다양한 음식을 상상하고 더 많이 먹게 했다. 자꾸만 과식하는 아이, 너무나 적게 먹는 아이의 음식을 선택하거나 만들 때, 아이의 눈이 색깔로 인해 먹는 양을 늘리기도 줄이기도 한다는 사실을 기억하면 좋을 것이다. 더불어 식탁에 너무 많은 음식을 차리는 것은 과식의 주범이 될 수 있다는 사실도 잊지 말자.

사람들은 자신이 먹는 양을 배로 가늠하지 않는다. 눈으로 가늠한다. 배는 얼마만큼 먹었는지 가늠할 수 있을 정도로 예민하지 않다. 하지만 눈은 이미 먹기 전부터 음식을 보며 '이 정도 먹으면 배가 찰 것이다'라고 먹을 양을 가늠한다.

브라이언 완싱크 교수는 과식을 걱정한다면 우리가 '배로 먹는 것이 아니라 눈으로 먹는다'는 사실에 관심을 가질 필요가 있다며 위와 같이 설명했다.

식탁 앞 TV를 치워라

몇 가지 실험으로 우리의 식욕은 시각의 영향을 강하게 받는다는 것을 알았다. 눈으로 먹은 음식의 양을 확인했을 때 덜 먹었고, 그릇의 크기에 따라 음식을 담는 양이 달라졌다. 또한 색깔이 섞여 있으면 다양한 음식을 모두 먹고 싶은 욕구를 일으켜 더 많이 먹게 했다. 그렇다면 이 모든 정보를 전달하지 못하게 하면 어떨까? 만약 눈이 음식의 양이나 그릇의 크기, 종류에 집중하지 못하게 한다면 결과는 어떻게 달라질까?

제작팀은 초등학교 4학년 아이 세 명을 실험실로 초대했다. 세 명의 아이들에게 텔레비전을 보면서 피자를 먹도록 했다. 텔레비전에서는 아이들이 평소 좋아하는 만화가 방영되고 있었다. 피자는 조각당 115kcal로 모두 열두 조각이 제공되었다. 세 명의 아이들은 모두 부담 없이 실험에 임했다. 아이들은 만화에 눈을 고정한 채 더듬듯 피자를 하나씩 집어 맛있게 먹었다. 첫 번째 남자아이는 텔레비전을 보는 동안 피자 열두 조각을 모두 먹었다. 두 번째 여자아이는 총 다섯 조각을, 세 번째 남자아이는 총 여섯 조각을 먹었다.

며칠 뒤, 제작팀은 이 세 명의 아이들을 다시 실험실로 초대했다. 이번에는 텔레비전을 끈 상태에서 피자를 먹도록 했다. 피자는 지난번 제공했던 것과 같은 열량으로 제공됐다. 아이들은 텔레비전 없어 뭔가 허전한 듯 두리번거리며 피자를 먹기 시작했다. 지난번 실험에서 유일하게 열두 조각을 모두 먹어치운 첫 번째 남자아이, 그러나 텔레비전을 끈 상황에서는 여덟 조각밖에 먹지 못했다. 두 번째 여자아이의 경우, 지난번에는 다섯 조각을 먹었지만 이번에는 고작 세 조각만 먹었다. 세 번째 남자아이는 지난번에 여섯 조각, 이번에는 다섯 조각을 먹었다.

> 아이들 모두
> TV를 켜 놓은 상황에서
> 피자를 더 많이 먹었다

모르는 사이, 아이가 과식한다

비만아를 가진 가정 대부분이 텔레비전을 켜 놓고 식사를 한다. 이전에 제작팀이 만나 보았던 민재와 인혁이의 집도 마찬가지였다. 아이들은 식사를 하면서도 텔레비전에서 눈을 떼지 못했다. 부모들도 나름대로 TV를 켜 놓는 이유가 있었다. 아이가 밥 먹는 것에만 너무 집중해서 빨리 먹어치우는 것을 막기 위해 일부러 텔레비전을 켜 놓는다는 것이다. 천천히 먹으면서 얼마나 먹었는지, 즉 위에 음식물이 얼마나 찼는지를 느끼며 먹으라는 의도였다. 과연 부모들의 생각이 옳은 걸까? 눈만 잡아 두면 먹는 양은 조절할 수 있을까? 결과는 부정적이다. 실험에서 알 수 있듯이 아이들은 텔레비전을 켜 놓은 상황에서 더 많이 먹었다. 첫 번째 아이의 경우 텔레비전을 켜 놓은 상황에서 자신이 평소 먹는 양의 30% 이상을 더 먹어치웠다. 그러나 아이들이 느낀 포만감은 먹은 양과 달랐다. 제작팀은 실험에 참여한 첫 번째 아이에게 텔레비전을 끈 상황에서 왜 더 적게 먹었는지 물었다. "TV를 볼 때는 TV에 집중하느라 배가 부른지 몰랐던 것 같아요. 그런데 TV를 안 볼 때는 피자에만 집중하게 되니까 금방 배가 부른 것 같아요." 나머지 두 명의 아이들 역시, 텔레비전을 꺼 놓은 상황에서 배가 더 빨리 불렀다고 했다. 심리적인 비만 치료로 유명한 듀크대학교 신경심리학과 게리 베넷 교수는 실험 결과에 대해 다음과 같이 설명했다.

일반적으로 사람들은 TV를 볼 때 피자 박스나 과자 통을 옆에 끼고 있다. 이렇게 되면 먹는 행위는 무의식중에 일어나는 행동이 된다. 우리는 우리가 무엇을 먹고 있는지 깨닫지 못한 채 계속 먹고 또 먹게 되는 것이다. 그렇기 때문에 나는 내가 관리하는 환자들에게 하루에 두 시간 이상 TV를 보지 말라고 경고한다. 나는 두 시간 이하로 TV를 보는 것이 비만 집단의 체중 증가를 막는 데 도움이 되는 적당한 양이라고 생각한다.

실험에서 제공되었던 피자 한 조각에는 115kcal의 열량이 들어 있었다. 실험에 참여한 아이들의 나이는 11세, 2005년 한국인 영양학회에서 발표한 한국인 영양 섭취 기준에 따르면 이 아이들에게 하루에 필요한 열량은 1,700~1,900kcal 정도이다. 열두 조각이라면 1,380kcal에 해당된다. 여섯 조각만 해도 690kcal이다. 이 아이들이 한 끼에 섭취해야 할 열량은 500~600kcal밖에 되지 않는다. 텔레비전을 보면서 무심코 먹는 피자 한두 조각을 우습게 생각할 수도 있다. 그런데 피자 한 조각을 운동으로 소모하려면 수영의 경우 14분, 빨리 걷기의 경우 39분, 축구의 경우 22분을 지속해야 소모되는 열량이다. 텔레비전을 보면서 자신도 모르게 과식하는 아이들, 결코 쉽게 넘길 일이 아니다. 텔레비전을 보는 사이 넘쳐버린 열량은 지방이 되어 아이 몸속에 차곡차곡 숨어든다.

텔레비전이 과식을 유발한다는 것은 이미 많은 연구를 통해 밝혀진 과학적인 사실이다. 미국의 한 의학 잡지는 아동기의 TV시청 시간으로 성인기의 비만을 예측할 수 있다는 충격적인 연구 결과를 발표한 바 있다(소아과 전문지 *The Journal of Pediatrics*, 2005). 연구를 통해 30세 성인비만 환자들을 분석한 결과, 다섯 살

때 TV시청 시간이 한 시간씩 늘어날 때마다 성인이 되었을 때 비만이 될 위험은 7%씩 늘어나는 것으로 나타났다. 그 밖에 TV와 신체 활동량의 상관관계를 밝힌 연구도 있다. 원리는 간단하다. TV를 많이 볼수록 운동을 적게 해 더 뚱뚱해진다는 것이다. 그렇기 때문에 미국 질병통제본부는 비만 예방과 관련해 가장 쉬우면서도 효과적인 방법으로 텔레비전 시청 시간을 줄일 것을 권유한다. 혹, 비만인 아이들에게 먹는 속도를 느리게 할 양으로 TV를 틀어 주는 집이 있다면, 당장 식탁 앞에서 TV를 치우는 것이 바람직하다. 천천히 먹게 하고 싶다면 식사 시간에 가족 간의 관심어린 대화가 더 중요하다. 회사에서 있었던 일, 학교에서 있었던 일, 서로에게 하고 싶었던 이야기를 식사를 하면서 편안하게 털어놓는 것이다. 과식을 줄이는 것은 물론, 가족 관계를 더욱 친밀하게 하는 데에도 도움이 될 것이다.

분명 우리는 위가 아니라 눈으로 음식을 먹는다. 하지만 눈이 먹는 양과 종류를 결정한다는 것이 식욕 조절에 부정적이지만은 않다. 눈으로 먹는다는 사실을 역이용하여 아이가 먹을 음식의 종류와 양을 조절할 수도 있기 때문이다.

포만감, 식사 속도에 달려 있다

당신은 배가 터질 듯이 부른 상황에서 음식을 더 먹을 수 있는가? 충분히 배가 부르다고 생각되는 상황에서도 맛있는 음식이 제공된다면 꾸역꾸역 더 먹을 수 있는가? 물론 그럴 수 있는 사람도 있다. 하지만 충분히 배가 부르다는 느낌이

들면 우리 뇌의 만복중추가 작용해 먹는 것을 멈추기 때문에, 대부분 배가 부르면 더 먹지 않는다. 그런데 배가 부르다는 느낌, 위가 제법 찼다는 느낌, 즉 포만감을 제대로 느끼지 못하게 방해하는 것이 바로 시각이다. 그렇다면 시각이 부적절한 식욕을 부추기지 않도록 그릇의 크기나 색깔을 조절하여 작은 그릇에 적당한 색깔로 식사를 준비한다면, 더욱이 문제가 되는 텔레비전도 꺼 놓은 상황이라면, 아이들은 결코 과식을 하지 않을까? 유감스럽게도 대답은 "NO!"이다.

일본 도쿄대학 의학부의 사토시 사사키 교수의 논문에 따르면, 천천히 먹는 여성과 빨리 먹는 여성을 비교한 결과 체중이 평균 6kg 정도 차이가 난다고 한다.

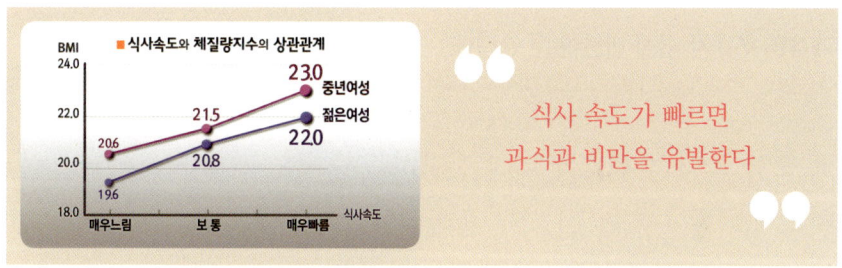

식사 속도가 빠르면
과식과 비만을 유발한다

빨리 먹는 식습관 또한 과식과 비만을 유발할 수 있다. 그 이유는 간단하다. 우리의 뇌가 먹은 양을 파악하는 속도가 우리 아이들이 음식을 먹는 속도보다 느리기 때문이다. 고도비만 판정을 받는 수경이도 뇌가 먹은 양을 파악하기 전에 이미 많이 먹어 버리는 경우였다. 수경이가 가장 좋아하는 것은 삼겹살. 그런데 수경이가 살이 찌는 이유는 지방함량이 높은 삼겹살을 즐겨 먹는다는 것 때문만은 아니다. 바로 먹는 속도에 있었다. 제작팀이 수경이의 식사 시간을 여러 차례 관찰해 본 결과, 수경이의 평균 식사 시간은 고작 7분이었다. 빨라도 너무 빨랐다. 우리가 음식을 먹으면 음식물은 식도를 거쳐 위로 전달된다. 식사가 계속 진행되어 위가 충분히 차면 그 정보가 뇌의 시상하부에 전달되고, 우리는 비로소 배가 부르다는 포만감을 느낀다. 그런데 이 정보가 전달되기까지는 최소 15~20분이라는 시간이 걸린다. 비만치료 전문가들이 천천히 먹을 것을 수도 없이 강조하는 이유도 바로 이 때문이다. 음식을 빨리 먹으면 뇌가 포만감을 느낄 틈이 없기 때문에 더욱 많이 먹게 된다. 수경이의 경우도 이에 해당되었다. 수경이는 식사를 하면서 배가 부르다는 것을 느끼기보다 식사가 다 끝난 후에야 너무 배가 불러 불편함을 느꼈다. 수경이처럼 어린 시절부터 지나치게 빨리 먹는 식습관은 과식을 부추겨 쉽게 비만아를 만든다.

배가 꽉 찼다는 신호를 뇌에 전달하려면 어느 정도 시간이 걸린다. 빨리 먹는 사람들은 신호가 미처 전달되기 전에 지나치게 먹어 버리는 경우가 많다.

'식사 속도와 체질량지수의 상관관계'에 대한 논문을 발표한 사토시 사사키 교수의 설명이다. 그는 또한 오사카대학교의 히로야즈 이소 교수와 30~69세 일본 남녀 3,287명을 대상으로 음식을 먹는 속도가 비만에 미치는 영향을 조사했다. 그 연구에서도 빨리 먹는 사람은 그렇지 않은 사람에 비해 비만 위험이 두 배 이상 높은 것으로 나타났다. 그렇다면 천천히 먹으려면 어떻게 해야 할까? 제작팀은 수경이가 먹는 모습에서 그에 대한 해답 또한 발견할 수 있었다. 수경이가 삼겹살을 입에 넣고 삼키는 시간은 1~2초. 매번 삼겹살을 몇 번 씹지도 않고 꿀꺽 삼켜 버렸다. 밥도 마찬가지였다. 밥을 된장국에 말아 씹는다기보다 마신다고 표현해야 옳을 정도로 후루룩 넘겼다. 이런 식습관 때문에 열 살밖에 되지 않은 여자아이가 7분이라는 짧은 시간에 식사를 마칠 수 있었던 것이다. 뇌가 보내는 포만감 신호를 제때 느끼려면 식사 시간을 최소 20분 이상으로 하고 그 동안 최대한 천천히 먹어야 한다. 천천히 먹기 위해서는 음식을 20번 이상 씹어야 한다. 20번 이상 씹는 것은 식사 속도를 늦추는 것뿐 아니라 음식의 맛을 제대로 느끼고 소화에 대한 부담을 줄여 주는 역할도 한다. 그러나 요즘 아이들은 씹는 것을 싫어해 딱딱한 것보다 부드러운 것을 찾는다. 이럴 경우 음식 맛을 제대로 느낄 수 없고 필요 이상의 열량을 섭취할 확률도 높아진다. 수경이도 딱딱한 것보다는 부드러운 빵이나 아이스크림을 좋아하고, 오래 씹어야 하는 것보다는 두어 번 씹어 꿀꺽 삼키는 음식을 좋아한다. 이런 아이들에게 갑자기 20번을 꼭꼭 씹으라고 하면 순순히 따라할 수 있을까?

일본 '씹기 교육'의 현장

> 꼭꼭 씹는 버릇은 비만을 예방한다

일본 도쿄 센쥬사쿠라 초등학교의 경우, 요즘 아이들의 이런 식습관을 개선하고자 '씹기 교육'을 정기적으로 실시하고 있다. 제작팀은 씹기 교육이 한창인 센쥬사쿠라 초등학교를 찾아갔다. 초등학교 2학년 교실에 하얀 옷을 입은 할아버지, 할머니들이 들어섰다. 자세히 보니 이들의 모습은 우리 입안의 '이'를 나타낸 것이었다. 이분들은 지역보건소와 연계하여 정기적으로 학교를 찾는다고 했다. 한 할머니가 나와 씹기 교육에 대해 간단히 설명했다. 그리고 아이들에게 '껌'을 나누어 주었다. 껌은 씹기 교육의 재료 중 하나이다. 할머니는 껌을 나눠준 뒤, 씹는 방법에 대해서 설명한다. "이 안에는 세 개의 껌이 들어 있어요. 한 개를 꺼내 앞니로 씹어 보세요. 두 번째는 왼쪽 어금니로 씹어 보세요. 세 번째는 오른쪽 어금니로 씹어 보세요. 껌 한 개는 반드시 30초씩 씹도록 합니다." 아이들은 설명대로 껌을 씹기 시작한다. 아이들은 치아 분장을 한 할머니, 할아버지의 지도를 받으며 신나는 놀이라도 하듯 열심히 껌을 씹었다. 아이들은 30초 후 자신이 씹은 껌을 뱉어 그 모양을 살펴보았다. 놀이를 통해 씹기 교육을 하는 것이다. 하지만 씹는 것에 익숙하지 않은 아이들이라 껌 하나를 30초 동안 씹는 것은 쉬운 일이 아니었다.

씹기 교육이 한참 진행되는 동안 교실 한편에서는 엄마들이 일본 전통과자인 전병을 굽고 있었다. 빵이나 케이크에 비해서 딱딱한 전병은 요즘 아이들은 별로 좋아하지 않는 과자이다. 아이들은 이 전병을 가지고도 껌과 마찬가지로 30초씩 씹는 훈련을 했다. 자극적인 맛이 전혀 없이 담백한 맛을 가진 전병. 게다가 아주 딱딱하기까지 하다. 씹기 교육을 받고 있는 반 아이들에게 제작팀은 맛이 어떤지 물었다. 아이들은 "처음에는 바삭한데요. 마지막에 씹을 때는 부드러워졌어요", "치즈 맛이 나요"라고 대답했다. 오래 씹음으로써 아이들은 음식 맛을 제대로 음미할 수 있는 능력이 생긴 것이다. 센쥬사쿠라 초등학교에는 이런 씹기 교육을 진행하는 담당 치과 의사가 따로 있었다. 담당 치과 의사 카와무리 쿠라조는 이러한 씹기 교육에 대해서 다음과 같이 설명했다.

현대에는 어른이나 아이나 시간에 쫓기기 때문에 빨리 씹는 버릇이 생긴다. 그래서 꼭꼭 씹어서 천천히 먹는 것이 따로 관심을 갖고 교육시켜야 하는 게 되어 버렸다. 하지만 꼭꼭 씹는 것은 아이들의 건강에 무척 중요하다. 어린 시절부터 꼭꼭 씹는 버릇을 들이면, 아이들 스스로도 잘 씹고 포만감을 제때 느끼면 비만이 방지된다는 사실을 알아챌 거라고 생각한다. 따라서 이 시기에 확실하게 씹기 교육을 시키는 것이 중요하다.

너무 빨리, 너무 많이 먹는 아이들, 내 아이가 지금 그런 과식을 부르는 식습관을 가졌다면 우리 가정에서도 전통과자나 껌을 이용하여 씹기 교육을 해 보는 것은 어떨지. 물론 처음에는 잘 안 되겠지만, 놀이처럼 반복하다 보면 우리 아이들도 센쥬사쿠라 초등학교의 아이들처럼 음식이 지닌 고유한 맛을 음미하고, 꼭꼭 씹어서 천천히 먹는 식습관을 가질 수 있을 것이다.

> 칼로리 낮고
> 오메가3 풍부한 **생선**,
> **무조건 믿지 마라**

상식의 재발견 ❽

먹을거리에 대한 안전성이 어느 시대보다 불안한 요즘 많은 사람들이 선호하는 것이 바로 생선이다. 생선은 육류만큼 단백질이 풍부하면서도 비만의 염려가 없기 때문이다. 생선은 다른 식품에 비해 영양은 많으면서 칼로리는 낮은 한마디로 건강식품이다. 게다가 생선 속에는 아이들의 정서와 학습, 행동장애를 개선시켜 준다는 '오메가3'도 풍부하게 들어 있어, 부모들이 육류보다 선호하는 식품이다. 실제로 오메가3 지방산은 두뇌를 이루는 지방산으로 음식을 통해서만 섭취할 수 있는 성분이다. 따라서 흔히들 생선을 두뇌 발달 식품이라고 부른다. 오메가3는 보통 등푸른 생선처럼 지방이 많은 생선에 더 많이 함유되어 있다.

하지만 그렇다고 생선이 우리 아이들에게 완전한 식품은 아니다. 생선에는 두뇌를 발달시키는 오메가3가 들어 있지만, 뇌세포를 파괴시키는 중금속 '수은' 또한 중독을 일으킬 만큼 많이 들어 있다. 수은에 중독되면 경미한 경우에도 주의산만, 현기증, 방향감각상실, 수면방해 등의 증상이 나타난다. 미국의 수은중독 전문의 제인 하이타워 Jane M. Hightower 박사는 자신의 환자 중에는 생선을 좋아하는 사람이 많았고, 피로, 집중력 저하, 복통, 관절염, 근육통, 불면증, 우울증 등의 증상을 보였으며, 두통이 가장 심하게 나타났다고 한다.

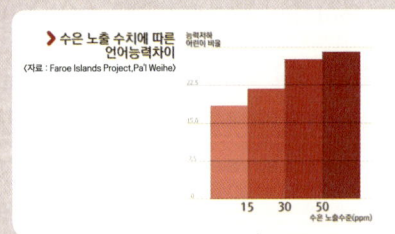

▶ 수은 노출 수치에 따른 언어능력차이
〈자료 : Faroe Islands Project, Pa'l Weihe〉

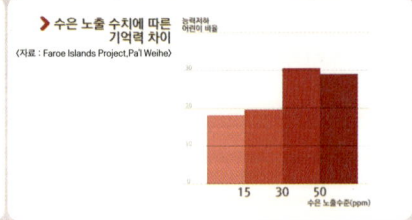

▶ 수은 노출 수치에 따른 기억력 차이
〈자료 : Faroe Islands Project, Pa'l Weihe〉

제작팀은 바다와 가까운 여수의 한 초등학교와 서울의 한 초등학교 학생들을 대상으로 식습관에 대한 설문조사를 하고, 머리카락의 수은 농도를 검사해 보았다. 검사 결과 여수의 초등학교 학생들 중에는 세계보건기구(WHO) 기준치인 1ppm에 근접하거나 그보다 높은 수준의 수은 농도를 보인 아이들이 생각보다 많았다. 한 반 29명 정원 중 다섯 명이 세계보건기구의 기준치를 벗어나 있었다. 이 아이들의 공통점은 모두 생선을 자주 먹는다는 것이다. 이들은 매일 생선을 먹거나 혹은 하루걸러 한 번은 생선을 먹었다. 이에 반해 서울 초등학교의 학생들은 문제가 없었다. 생선을 많이 먹을 경우 몸에 수은이 축적될 수 있으며, 그로 인해 수은 중독에 걸릴 수도 있다.

수은은 뇌가 한창 발달 중인 태아나 성장기 아이의 뇌 발달에 치명적인 영향을 줄 수 있으므로 특히 주의해야 하는 중금속이다. 수은 함유는 크기가 큰 생선일수록 심한데, 미국 식품의약국(FDA)에서는 아이들을 위한 생선 섭취 가이드라인을 정하고, 수은 함량이 낮은 어패류라 하더라도 주 2회로 섭취를 엄격하게 제한하고 있다. 우리나라는 아직 정부 차원의 가이드라인은 제정되어 있지 않은 실정이다.

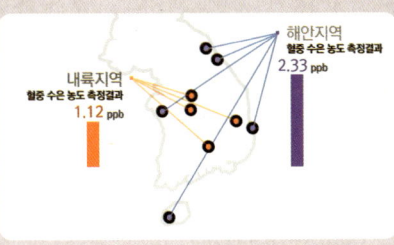

03 과식의 또 다른 주범

패스트푸드, 아이의 미각을 공격하다

지금까지 우리는 아이가 가지고 있는 식욕 조절의 비밀에 대해서 알아보았다. 하지만 이 비밀을 알고 부모가 대처하는 것만으로 아이의 과식에 대한 문제가 해결되지는 않는다. 우리 아이들을 과식하게 하는 요인은 아이 외부에도 존재하기 때문이다.

> 초등학교 3학년 영균이는 수업이 끝나자마자 부리나케 학교 앞 패스트푸드점으로 향했다. 제법 빨리 뛰어왔다고 생각했는데, 이미 줄을 서 있는 친구들이 많았다. 한참을 기다려 영균이는 먹음직스러운 불고기버거 세트를 주문했다. 영균이는 10분도 안 되어 불고기버거와 프렌치프라이, 콜라를 해치우고 영어학원으로 향했다.

우리 주위에는 영균이 같은 일상을 가진 아이들이 많다. 학교가 끝나고 출출할 때 햄버거 하나 정도 먹는 게 무슨 대수냐고 생각할 수도 있다. 그런데 오후

한 시 반에 수업이 끝나는 영균이는 이미 급식으로 점심을 먹은 상태였고, 아이가 먹은 열량은 햄버거가 420kcal, 프렌치프라이가 170kcal, 콜라가 160kcal로 총 750kcal에 해당된다. 한 끼 필요 열량이 600kcal인 10세 아이가 먹은 간식 치고는 매우 많은 열량이다. 문제는 햄버거를 먹은 영균이가 그렇게 배가 부르다고 느끼지 않는다는 것이다. 간단하게 먹고 빨리 학원에 갈 생각으로 항상 주문하던 특불버거를 주문하지도 않았다. 프렌치프라이도 가장 작은 양으로 골랐고, 콜라도 작은 것으로 먹었기 때문이다. 조금 허전한 듯했지만, 엄마가 패스트푸드 먹는 것을 싫어하니 착한 영균이는 나름대로 엄마를 배려한 결정이었다. 그렇게 가볍게 먹은 750kcal의 열량, 이것은 학교에서 먹는 점심과 집에서 먹는 아침과 저녁으로 채워지는 1,900kcal(만 9~11세 평균 필요 열량) 이외의 것으로, 고스란히 과잉 열량으로 계산된다. 무려 밥 두 공기 반에 해당하는 열량이고, 자전거를 3시간 40분 타야 소모되는 열량이다.

과식의 또 다른 주범

2008년 12월 미국 캘리포니아의 아즈사대학교 베르난 데비스 연구팀은 패스트푸드점과 가까운 곳에 있는 학교에 다니는 학생들이 그렇지 않은 학생들에 비해 비만이 될 확률이 높다고 발표했다. 연구팀은 2002년부터 2005년까지 캘리포니아 전역의 중학교와 고등학교 학생 50만 명을 대상으로 조사를 벌였다. 패스트푸드점과 학교 간의 거리는 800m 이내로 했다. 조사를 이끌었던 데비스 교수는 "조사 결과 패스트푸드점 인근에 있는 학교에 다니는 아이들이 체중이 더 많이 나갔다"고 발표했다. 가까운 곳에 있으니 더 많이 들르게 되고 더 많이 먹게 되니, 체중이 더 많이 는다는 것이다. 여기까지의 연구 결과야 그다지 새로울 것이 없어 보였다. 그저 막연히 알고 있던 것을 수치상으로 정리해 준 정도. 그런데 연구팀이 위의 연구 결과와 함께 전한 또 하나의 사실은 조금 충격적이다. "패스트푸드점와 가까운 곳에 있는 학교에 다니는 아이들은 채소나 과일을 적게 먹고 탄산음료를 많이 마신다"는 것이었다. 물론 연구팀은 이 같은 현상이 미국 전역에 나타나는 것인지 확실치 않다는 말을 덧붙이면서 추가적인 연구가 필요하다고 설명했다. 하지만 패스트푸드 자체의 열량만이 아니라 아이들의 식습관이나 입맛까지 변화시킬 수 있다는 점은 그냥 지나치기 어려운 문제다.

패스트푸드의 나쁜 점은 이미 잘 알려져 있다. 같은 무게라도 다른 식품에 비해 열량이 엄청나게 높다(밥 210g은 약 300kcal, 햄버거 216g은 약 620kcal이다). 지방 함량 또한 너무 높다. 우리가 보통의 식사를 할 경우 전체 열량의 20% 이하를 지방에서 얻는 것이 보통이지만, 패스트푸드를 먹을 경우 40% 이상을 지방에서 얻게 된다. 지방의 과다 섭취는 알다시피 비만뿐 아니라 고혈압, 뇌졸중, 심근경색 등을 유발할 수 있다. 또한 나트륨도 많다. 초등학생의 경우 햄버거 하나와 프렌치프라이 하나를 먹었을 경우 나트륨 1회 섭취 기준을 두 배 이상 초과하게 되고, 피자 한 조각을 먹었을 경우도 기준량의 1.5배를 초과하게 된다. 나트륨의 과다 섭취는 고혈압과 뇌졸중을 부른다.

또한 패스트푸드는 고열량 식품임에도 열량에 비해 비타민과 무기질이 크게 부족하여 비만과 영양 불균형을 일으킬 수 있다. 비타민이 부족하면 입맛이 없어지고, 불안, 초조, 두통 등의 증상이 나타난다. 또한 식이섬유도 적어 변비, 대장암, 담석증, 당뇨병, 비만을 초래할 수 있다. 미처 나열하지 못한 패스트푸드의 나쁜 점은 아직도 많다. 하지만 이렇게 많은 나쁜 점으로도 모자라 또 한 가지 더 해진 것이 아이의 입맛을 변화시킬 수 있다는 점이다.

아이들은 누구나 패스트푸드를 좋아한다. 어른도 마찬가지다. 2007년 11월 '파이낸셜 타임스'에 따르면 누구나 패스트푸드를 좋아하는 것은 인간이 선천적으로 선호하는 단맛, 짠맛, 지방을 갖췄기 때문이라고 한다. 원시시대의 인류는 설탕, 소금, 지방을 강하게 선호했다. 영양분이 풍부한 음식이 적었기 때문에 지방과 설탕은 칼로리 생산을 위해 필요했고, 소금은 수분을 보존하여 탈수 증상을 막는데 도움이 됐다. 설탕, 소금, 지방에 대한 선호는 지금 우리의 유전자에도 고스란히 남아 있다. 요즘 사람들의 입맛을 조사해 보아도 달고 짜고 기름진 것을 좋아하는 사람이 많다. 그런데 패스트푸드는 우리가 좋아하는 맛을 모두 담고 있다. 설탕, 소금, 지방이 모두 몸에 좋지 않은 것은 잘 알고 있지만, 태초부터 가지고 있는 입맛이라 한 번만 먹어도 쉽게 중독된다. 게다가 패스트푸드 속의 설탕, 소금, 지방의 양은 일반 식품에 들어 있는 양보다 훨씬 많다. 또한 맛도 강하다. 이것들은 순수한 설탕, 소금, 지방의 형태가 아니라 갖가지 강한 인공감미료까지 뒤집어 쓴 형태라 매우 자극적이고 강력하다. 그렇기 때문에 한 번 맛을 들이면 다른 자연식품들은 너무 밋밋하게 느껴질 수밖에 없다. 한마디로 섬세한 미각을 잃어버리고 무조건 짜고 달고 자극적인 맛만 선호하게 되는 것이다. 따라서 패스트푸드를 좋아하는 아이는 엄마가 아무리 맛있는 음식을 만들어 줘도 그 맛을 제대로 느낄 수가 없다. 짜고 달고 자극적인 맛에 이미 길들여져서 그렇기도 하지만, 아이의 미각은 엄마가 준비한 건강한 밥상의 맛을 느끼기에는 너무 둔해져 있기 때문이다.

이렇게 미각을 잃어버린 아이들은 어떻게 될까? 점점 더 자극적인 맛을 찾을 것이다. 그래야 맛있다는 생각이 들기 때문이다. 그런데 애통하게도 아이들의 미각을 앗아가고 있는 패스트푸드는 우리 아이들을 아예 노예로 만들 셈인지, 점점 더 큰 사이즈의 제품을 내놓고 있다. 아이가 패스트푸드점에 갈 때마다 조금 더 양이 많은 것을 먹으라고 부추긴다. 빅, 슈퍼, 더블, 특이라는 말을 붙여 이전 크기의 1.5배에서 2배가 되는 제품들을 내놓고 있다. 입맛을 정복당한 아이들은 서서히 더 큰 것을 주문해 먹으면서 자신의 1인분 양까지 늘려간다. 크기가 커진 햄버거는 그 열량 또한 1.5배에서 2배에 달한다. 콜라와 프렌치프라이의 경우 몇백 원만 추가하면 선심 쓰듯 큰 사이즈를 준다고 친절하게 광고한다. 그런데 그 또한 아이가 섭취하는 열량을 2배로 늘린다. 만약 가장 큰 햄버거(620kcal)에, 가장 큰 프렌치프라이(385kcal), 리필로 콜라를 두 잔(320kcal)을 마실 경우 아이는 10분 남짓한 시간 동안 하루에 먹어야 할 열량의 2/3를 해결한 셈이 된다. 그렇게 먹고도 패스트푸드점을 나서면서 아이는 이 세상에서 가장 맛있는 음식을 내일 또 먹었으면 좋겠다고 생각할지 모른다.

설탕보다 달콤한 액상과당의 비밀

빈 깡통처럼 영양은 없고 열량만 높은 패스트푸드. 아이의 1인분을 조금씩 늘리고, 미각까지 둔하게 만드는 패스트푸드가 미운 이유가 한 가지 더 있다. 바로 짝꿍처럼 추가시키는 '청량음료'이다. 대표적인 패스트푸드인 햄버거와 피자, 아이들뿐 아니라 어른들 역시 햄버거와 피자를 먹을 때는 청량음료를 마시는 것을 너무나 당연하게 생각한다. 청량음료는 많이 마시면 마실수록 비만이 될 확률이 높다. 청량음료는 '설탕물'이라고 부르는 사람이 있을 만큼 당분 함량이 높기 때문에 비만으로 연결되는 것은 너무나 당연하다. 하지만 비만을 유발한다는 사실보다 더 놀라운 비밀이 청량음료 속에 숨어 있다. 청량음료 역시 아이의 식욕 조절 능력을 상실하게 만든다.

얼마 전 대학병원까지 가서 비만 판정을 받은 초등학교 4학년 은해. 하지만 은해는 단맛의 유혹을 떨칠 수 없다. 엄마 또한 몸에 좋지 않다는 것은 알지만, 아이가 워낙 좋아하기 때문에 그나마 이전보다 양을 줄여서 주는 수밖에 없다. 식사를 마치고 후식으로 먹는 아이스크림, 하굣길에 먹는 과자 한 봉지, TV 만화를 보면서 마시는 청량음료. 이 모든 것은 은해의 입을 너무나 행복하게 만든다. 엄마는 두 개 주던 것을 한 개로, 하루에 한 번 먹던 것을 이틀에 한 번으로 줄이고는 있지만, 은해의 반발이 너무 거세다. 왠지 엄마가 보지 않는 곳에서 은밀히 단맛을 즐길 것 같은 느낌이다.

달콤한 과자, 청량음료, 아이스크림……. 아이들이 너무나 좋아하는 이 달콤한 음식들에는 좀 더 강한 단맛을 내기 위해 첨가되는 성분이 있다. 바로 '액상과당'이다. 액상과당은 음료수, 과자, 아이스크림뿐 아니라 다양한 가공식품에 사용된다. 액상과당은 1950년대 중반 미국의 한 식품연구소에서 개발되었다. 과일이나 식물에서 추출한 액체 상태의 당으로 설탕보다 더 달면서 가격은 훨씬 싸다. 이후 많은 연구로 실용화 단계를 거쳐 1980년 코카콜라에 설탕 대신 사용되기 시작했다. 그 후 과일주스, 과자, 잼, 요구르트, 아이스크림 등 거의 모든 가공식품에 사용되고 있다. 값은 싸면서 설탕보다 더 강한 맛을 내기 때문이다. 액상과당은 지금 당장 집에 사다 놓은 가공식품의 성분분석표를 확인해 보면 쉽게 발견할 수 있을 것이다. 단맛이 난다 싶은 제품에는 대부분 액상과당 성분이 들어 있다.

그런데 얼마 전 이 액상과당이 과식을 유발한다는 충격적인 연구 결과가 발표되었다. 이 연구 결과는 미국영양과학협회의 우수논문상을 받기도 했는데, 연구를 진행한 사람은 존스홉킨스 의과대학의 대니얼 레인 *Daniel Lane* 석좌 교수이다. 뇌신경과학자인 대니얼 레인 교수는 쥐를 두 그룹으로 나눠 실험을 진행했다. 한 집단의 쥐들에게는 포도당을, 다른 집단의 쥐들에게는 액상과당을 투여했다. 그리고 각각 다른 먹이통에 넣었다. 두 집단의 쥐들 모두 먹이통에 들어가자마자 먹이를 먹었다. 5분 후, 포도당을 투여한 쥐들과 액상과당을 투여한 쥐들의 행동에 차이가 생기기 시작했다. 포도당을 투여한 쥐는 어느 정도 먹자 더 이상 먹지 않았다. 하지만 액상과당을 투여한 쥐는 계속해서 먹이를 먹었다. 왜 그런 것일까?

"액상과당을 투여한 쥐는 배부름을 느끼지 못해 먹이를 계속 먹는다"

액상과당은 두뇌에 영향을 미쳐 식욕을 촉진하는 역할을 한다. 포도당과 같은 당분은 먹으면 두뇌가 포도당을 감지해 우리 뇌는 음식을 더 이상 먹지 않도록 명령한다. 즉, 식욕을 떨어뜨리는 것이다. 하지만 액상과당은 두뇌가 '그만 먹으라'는 명령을 내리지 못하도록 두뇌에 영향을 미쳐 계속 식욕을 촉진한다. 액상과당과 포도당은 우리 두뇌에 전혀 다른 영향을 미친다고 볼 수 있다.

대니얼 레인 교수의 설명이다. 우리가 밥이나 빵을 먹으면, 그 속의 당 성분은 체내에서 포도당으로 바뀐다. 포도당은 식욕을 억제하는 호르몬 분비를 촉진시켜 뇌의 시상하부가 포만감을 느끼는 데 도움을 준다. 그 결과 식욕이 억제되는 것이다. 반면 액상과당은 오히려 식욕을 억제하는 호르몬의 분비를 줄여, 뇌의 시상하부가 포만감을 느끼지 못하게 한다. 즉 자연식품 속의 당 성분은 식욕을 억제하지만, 가공식품 속 액상과당은 오히려 식욕을 자극한다. 그렇기 때문에 액상과당이 든 음식을 먹으면 배부름을 잘 느끼지 못해 과식을 하게 된다. 실제로 설탕이 든 콜라는 한꺼번에 많이 마시면 속이 메슥거리지만, 액상과당이 든 콜라는 많이 마셔도 그런 느낌이 없다. 한 연구에서는 콜라에 설탕 대신 액상과당이 사용되기 시작한 1980년대 이후 아이들의 비만이 6~16%까지 늘었다고 보고했다.

아이의 손을 잡고 마트에 나가 보자. 아이가 좋아하는 과자, 음료수, 젤리, 잼, 요구르트, 아이스크림 등 대부분의 식품에서 '액상과당'을 확인할 수 있을 것이다. 어른들이 먹는 것도 예외는 아니다. 그러나 가장 심각한 것은 아이들이 먹는 음료수다. 자일리톨 함유, 비타민 함유, 칼슘 함유 등 아이들 몸에 좋은 것을 잔뜩 첨가했다고 광고하는 어린이용 음료 역시 액상과당을 사용하는 제품들이 많다. 물론 백설탕을 첨가한 음료도 있다. 설탕이든 액상과당이든 일부러 단맛이 첨가된 음료나 식품을 먹일 필요는 없겠지만, 부득이하게 골라야 할 상황이라면 어떤 것을 골라야 할까? 이 시간 이후 액상과당이 든 식품 쪽에 손이 가는 일은 없기를 바란다.

아이의 과식, 아직 희망이 있다

과식에 대한 이야기를 시작하면서 제작팀이 만나 보았던 세 아이들을 기억하는가? 8세 인혁이, 10세 수경이, 11세 민재. 이 세 아이는 모두 내장지방형 고도비만 판정을 받았었다. 또한 인혁이와 수경이는 경도 지방간이었으며, 민재는 중등도 지방간이었다. 아이들이 단지 조금 뚱뚱하다고만 생각했던 부모들은 정밀검사 후 적지 않은 충격을 받았다. 특히 가족 중에 간암이나 간경화로 사망한 경력이 있는 민재 부모의 경우, 그 충격은 더했다. 제작팀은 지금까지 알아본 아이들의 과식의 비밀, 식욕 조절의 열쇠를 가지고 세 아이들의 비만에 접근해 보기로 했다.

세 아이들의 식습관을 분석하기 위해 제작팀은 오랜 시간 아이들을 관찰했다. 8세 인혁이와 11세 민재의 경우 식사를 하는 동안 항상 텔레비전을 시청했고, 가공식품으로 인한 액상과당의 섭취가 많았다. 10세 수경이는 7분 만에 끝나는 빠른 식사 속도와 꼭꼭 씹어 먹지 않는 식습관이 있었다. 수경이 또한 가공식품으로 인한 액상과당의 섭취가 많았고, 가장 좋아하는 음식이었던 삼겹살 때문에 지방 섭취도 다른 아이들에 비해 많은 편이었다. 그리고 세 아이 모두 식사를 할 때 어른용 그릇을 사용하고 있었다. 우리는 이 세 아이들에게 네 가지 식습관 수칙을 제시했다. 식습관 수칙은 다음과 같다.

첫째, 1인분 밥상에서 식사를 한다.
둘째, 식사 시간에는 반드시 TV를 끈다.
셋째, 20번 이상 씹고, 20분 이상 식사를 한다.
넷째, 액상과당이 든 가공식품의 섭취를 피한다.

고도비만 판정을 받은 아이들에게 내린 처방 치고는 너무 간단해 보일 수도 있다. 하지만 이미 굳어져 버린 식습관을 개선하는 것은 아무리 작은 일이라도 비만인 아이나 아이를 돌보는 부모에게 결코 쉬운 일이 아니다. 그럼에도 불구하고 세 아이 모두 씩씩하게 네 가지 수칙을 두 달 동안 최선을 다해 지켜 주었다.

8세 인혁이의 경우, 엄마가 갑자기 어린이용 작은 그릇을 내밀자 적잖이 당황했다. 엄마 또한 인혁이의 밥상을 따로 차려 본 적이 한 번도 없었던 터라, 매번 초등학생 권장량만큼 1인분을 일일이 저울로 달아 밥상을 차리자니 여간 번거로운 게 아니었다. 하지만 고도비만에 지방간 판정을 받은 아들을 위해서 열심히 음식의 재료를 저울에 달고 또 달았다. 이로써 인혁이는 자기가 먹고 싶은 양이 아닌 초등학생 권장량 즉 정해진 1인분을 먹어 보게 되었다. 1인분 밥상을 차리면서 인혁이와 인혁이 부모님은 모두 '이 정도로 배가 부를까?' 하는 의문을 가졌다. 그러나 신기하게도 인혁이는 조금 덜 찬 듯한 허전함을 느끼긴 했지만 이전과 비슷하게 '배가 부르다'는 느낌을 받았다.

식사 시간에 TV를 끄자, 인혁이, 수경이, 민재 모두 조금은 심심해했다. 늘 켜져 있던 텔레비전을 껐으니 그럴 만도 하다. 그런데 어색한 분위기는 그리 오래가지 않았다. 식사 시간에 가족들 간의 대화가 시작된 것이었다. 밥을 먹을 때는 물론이고 하루 평균 3~4시간 보던 TV 시청 시간을 1시간 내외로 줄이자, 아이들은 그 시간을 가족들과 대화를 하고 운동을 하는 데 썼다. 부모님들 역시 TV를 끄자, 아이와 무엇을 하며 시간을 보낼까 고민하기 시작했고, 당연히 가족이 함께 보내는 시간이 늘어났다.

7분 만에 식사를 끝내고 "잘 먹었다"고 말하며 밥상에서 일어났던 10세 수경이. 처음에 수경이에게 반드시 20번씩 씹고 20분 이상 식사를 하는 것은 매우 지루한 일이었다. 하지만 전통과자와 껌으로 엄마와 함께 씹기 교육을 한 것이 수경이의 식사 속도를 늦추는 데 많은 도움이 되었다. 수경이가 또 하나 힘들었던 것은 삼겹살 섭취를 줄이는 것이었다. 제작팀은 수경이에게 삼겹살을 하루아침에 끊도록 강요하지 않았다. 아이의 건강을 위해서 식습관을 바로잡는 것도 중요하지만, 아이가 먹는 것에 스트레스를 받는 것도 좋지 않기 때문이다. 제작팀은 아주 천천히 삼겹살 먹는 횟수를 줄이고, 먹을 때는 지방이 많은 비계 부분은 잘라내고 먹도록 했다. 그렇게 해서라도 열량의 섭취를 줄이기 위해서이다.

잘못된 식습관을 교정하는 과정은 민재 또한 많이 힘들었다. 민재는 다른 두 아이보다 액상과당의 섭취가 많은 아이였다. 민재의 집에는 항상 과자나 음료수, 아이스크림, 소시지와 같은 가공식품이 가득했다. 그런데 식습관 교정을 시작한 첫날, 민재는 그 모든 것을 쓰레기통에 버려야 했다. 과감하게 결단을 내리기는 했지만 그 맛있는 것을 모두 버리자니 무척 아까웠다. 하지만 민재도 건강이 걱정되었는지 순순히 제작팀의 제안을 받아들였다. 그동안 즐겨 먹던 소시지, 햄 등과 작별을 하는 것은 무척 괴로운 일이었다. 하지만 가공식품 대신 삶아서 기름기를 줄인 육류와 식이섬유가 많은 채소 위주의 식단을 의외로 맛있게 먹어 주었다. 달지도 않고 짜지도 않아 낯선 맛일 텐데도 민재는 "치킨 같은 게 먹고 싶을 때도 있지만, 자꾸 먹다 보니 엄마가 해 준 것이 맛있다"고 말했다.

두 달 뒤, 세 아이들은 어떻게 되었을까? 다시 정밀검사를 받기 위해 병원을 찾은 아이들에게 제작팀은 그동안 힘들지 않았는지 물었다. 아이들은 입을 모아 "먹고 싶은데 참는 것이 너무 힘들었어요"라고 대답했다. 과연 아이들의 이번 검사 결과는 어떨까? 검사는 두 달 전에 했던 것과 마찬가지로 기본적인 비만 검사와 내장비만의 변화를 알아보기 위한 복부 CT촬영이 진행되었다. 결과는 놀라웠다. 8세 인혁이의 경우 내장지방이 38%나 줄었고, 10세 수경이 역시 내장지방이 28% 감소했다. 11세 민재 역시 내장지방이 무려 42%나 줄어 있었다. 그만큼 아이들이 비만 합병증의 위험에서 멀어졌다는 뜻이다. 특히 중등도 지방간 판정을 받았던 민재는 콜레스테롤 수치와 간 효소 수치가 모두 낮아졌다. 부모들은 이대로만 하면 아이가 정상으로 돌아올 것 같다며 무척 기뻐했다. 두 번의 검사를 진행한 고려대 의대 소아청소년과 이기형 교수는 더 좋은 결과를 기대하려면 두 달 가지고는 무리라고 충고한다. 6개월 정도 이대로 유지하면 아이들이 더욱 건강해질 것이라고 조언했다.

소아비만은 이 세 아이들만의 문제가 아니다. 지금 세계 각국은 국가 차원에서 소아비만을 해결하기 위해 애쓰고 있다. 소아비만이 성인비만으로 이어져, 자칫 아이의 인생 전체에 악영향을 미칠 수도 있기 때문이다. '아이를 어떻게 먹이는가?'는 정말 중요한 문제이다. 단순히 영양학적인 문제가 아니라 우리 아이들의 미래가 달려 있기 때문이다.

> 강력한 **식욕 촉진** 호르몬, **그렐린**의 취향

상식의 재발견 ❾

그렐린Ghrelin은 위장의 윗부분에서 분비되는 식욕 촉진 호르몬이다. 1999년 '네이처' 지에서 그 존재가 발표되었다. 처음에는 성장호르몬 촉진 작용을 가진 물질로 소개되었다. 그런데 연구를 진행하면서 학자들은 재미있는 사실을 발견했다. 2001년 영국의 한 학자가 정맥 내에 그렐린 주사를 맞은 사람이 그렇지 않은 사람보다 뷔페 음식을 28% 더 많이 먹었다는 연구 결과를 발표했다. 같은 해 미국의 학자는 이 호르몬의 농도가 식사 전에는 78%로 높아졌다가 식사 후 1시간 내에 최저 수준으로 떨어진다는 연구 결과를 발표했다. '그렐린'은 식욕과 관련이 있다 보니 비만을 연구하는 학자들의 단골 타깃이 되어, 해를 거듭할수록 의미 있는 결과들이 밝혀지고 있다.

그중 2002년 우리나라 부산의대 김형회 연구팀이 발표한 연구에 의하면 아침을 거르는 사람의 경우 아침 식사 시간에 그렐린이 별로 분비되지 않는다고 한다. 재미있는 것은 비만인 사람의 경우 대부분이 아침에는 입맛이 없어 끼니를 거르는 특징이 있다. 실제로 2005년 국민건강영양조사를 실시한 동국대 일산병원 가정의학과 오상우 교수팀은 아침을 거르는 아이가 아침을 먹는 아이에 비해 비만이 될 확률이 1.4배나 높다고 밝혔다. 아직 아침을 거르는 것이 다음 끼니에 어떤 영향을 미치는지는 명확히 밝혀지지 않았지만, 어느 정도 밀접한 연관이 있을 것이라는 건 쉽게 추측할 수 있다.

그렐린에 관한 연구 중 또 한 가지 재미있는 사실이 있다. 새벽 1시경, 식사와 상관없이 그렐린의 혈중농도가 최고조로 올라간다는 것이다. 여기에 저녁을 먹은 지 꽤 되었으니 배가 고픈 게 당연하다는 생각과, 밤샘에 대한 보상심리가 작용해 야식을 먹게 된다는 것이다. 아이의 비만을 걱정하는 부모라면, 아침을 싫어하고 야식을 좋아하는 그렐린의 취향을 기억할 필요가 있다. 비만을 막으려면 아침을 챙겨 먹고 밤에 일찍 자는 습관을 들이자.

보너스 정보

우리 아이 1일 적정 식사량은?

도대체 얼마나 먹이는 것이 적당한 걸까? 이미 1인분 계측기를 잃어버린 아이들은 너무 먹겠다고 혹은 너무 안 먹겠다고 하여 부모를 당황시킨다. 2005년 한국영양학회에서 발표한 한국인 영양 섭취 기준에 맞춰 연령별 하루 필요량을 알아보았다.

아이들이 흔히 먹는 반찬과 간식으로 하루 식단을 구성해 보았다. 각 메뉴의 분량에 따라 열량을 계산한 뒤, 아이 연령에 맞춰 먹이려면 어느 정도를 먹여야 하는지 꼼꼼히 따졌다. 우리 아이에게 필요한 한 끼는 과연 어느 정도인지 어림해 보자. 이때 간식은 보통 식사와 두 시간 정도의 간격을 둔다.

아래 식단은 아이가 어린이집이나 유치원, 학교에 다니는 것을 감안하여 모든 연령의 간식을 하루 세 번으로 계산했다. 하지만 아이에 따라 간식은 한 번 내지 두 번 정도로 줄여도 좋다. 그리고 밥의 양을 늘리기보다는 반찬의 가짓수를 더해 한 끼의 열량을 늘리도록 한다.

◀ **어린이 밥공기(평균)**
가로 : 10.5cm
높이 : 5cm
용량 : 200ml~210ml

어른 밥공기(평균) ▶
가로 : 12.5cm
높이 : 6cm
용량 : 400~450ml

1~2세 하루 평균 필요량
1,000 kcal

아침	찹쌀밥 70g (어림량: 어린이 공기 1/3)	100kcal
	두부된장국 100g (어림량: 어린이 공기 1/2)	30kcal
	불고기 20g (어림량: 달걀 1/2 크기)	40kcal
	시금치나물 10g (어림량: 어른 숟가락 1개)	10kcal
간식 1	우유 120ml	70kcal
	치즈 1/2장	30kcal
	사과 1/5개	20kcal
점심	찹쌀밥 140g (어림량: 어린이 공기 2/3)	200kcal
	굴미역국 100g (어림량: 어린이 공기 1/2)	25kcal
	갈치구이 30g (어림량: 3~4cm 크기)	35kcal
	무채나물 10g (어림량: 어른 숟가락 1개)	10kcal
간식 2	우유 100ml	60kcal
	치즈 1/2장	30kcal
	찐고구마 50g (어림량: 아기 주먹 크기)	55kcal
	귤 3쪽	5kcal
저녁	찹쌀밥 70g (어림량: 어린이 공기 1/3)	100kcal
	쇠고기뭇국 100g (어림량: 어린이 공기 1/2)	25kcal
	두부구이 20g (어림량: 아기 손바닥 크기)	35kcal
	버섯볶음 10g (어림량: 어른 숟가락 1개)	10kcal
간식 3	우유 150ml	90kcal
	딸기 3개	20kcal

우리 아이 1일 적정 식사량은?

3~5 세 하루 평균 필요량
1,400 kcal

아침	검은콩밥 140g (어림량: 어린이 밥공기 2/3)	200kcal
	배추된장국 100g (어림량: 어린이 밥공기 1/2)	20kcal
	고등어구이 50g (어림량: 가장 작은 굴비의 1/2 크기)	70kcal
	감자당근채볶음 20g (어림량: 어른 숟가락 2개)	20kcal
	백김치 15g (어림량: 어른 숟가락 1개)	3kcal
간식[1]	우유 100ml	60kcal
	사과 1/4개	30kcal
점심	검은콩밥 140g (어림량: 어린이 밥공기 2/3)	200kcal
	오징어뭇국 100g (어림량: 어린이 밥공기 1/2)	30kcal
	버섯불고기 35g (어림량: 달걀 1개 크기)	60kcal
	호박오가리볶음 20g (어림량: 어른 숟가락 2개)	12kcal
	백김치 15g (어림량: 어른 숟가락 1개)	3kcal
간식[2]	우유 150ml	90kcal
	백설기 50g (어림량: 두부 1/4모 크기)	120kcal
	귤 1개	35kcal
저녁	검은콩밥 140g (어림량: 어린이 밥공기 2/3)	200kcal
	순두부국 100g (어림량: 어린이 밥공기 1/2)	30kcal
	대구전 30g (어림량: 4×4cm 크기 3개)	70kcal
	팽이버섯피망볶음 20g (어림량: 어른 숟가락 2개)	12kcal
	백김치 15g (어림량: 어른 숟가락 1개)	3kcal
간식[3]	우유 150ml	90kcal
	딸기 3개	20kcal

6~8 세(남아) 하루 평균 필요량
1,600 kcal

아침
잡곡밥 140g (어림량: 어린이 밥공기 2/3)	200kcal
마른새우아욱국 100g (어림량: 어린이 밥공기 1/2)	20kcal
계란김말이 50g (어림량: 달걀 1개 사용)	90kcal
시금치두부무침 30g (어림량: 어른 숟가락 3개)	25kcal
김치 15g (어림량: 어른 숟가락 1개)	3kcal

간식[1]
우유 150ml	90kcal
사과 1/3개	40kcal

점심
잡곡밥 175g (어림량: 어린이 밥공기 4/5)	250kcal
쇠고기뭇국 100g (어림량: 어린이 밥공기 1/2)	30kcal
조기구이 50g (어림량: 작은 것 반 마리)	70kcal
연근꿀조림 20g (어림량: 연근 2쪽)	30kcal
김치 15g (어림량: 어른 숟가락 1개)	3kcal

간식[2]
우유 200ml	120kcal
찐빵 1/2개	90kcal
귤 1/2개	15kcal

저녁
잡곡밥 175g (어림량: 어린이 밥공기 4/5)	250kcal
청국장찌개 50g (어림량: 어린이 밥공기 1/3)	15kcal
닭살야채볶음 50g (어림량: 어른 숟가락 4개)	80kcal
매생이전 50g (어림량 4×4cm 크기 5개)	90kcal
김치 15g (어림량: 어른 숟가락 1개)	3kcal

간식[3]
우유 150ml	90kcal
꿀떡 3개	70kcal

6~8 세(여아) 하루 평균 필요량
1,500 kcal

아침	잡곡밥 140g (어림량: 어린이 밥공기 2/3)	200kcal
	마른새우아욱국 100g (어림량: 어린이 밥공기 1/2)	20kcal
	계란김말이 40g (어림량: 달걀 4/5개 사용)	80kcal
	시금치두부무침 30g (어림량: 어른 숟가락 3개)	25kcal
	김치 15g (어림량: 어른 숟가락 1개)	3kcal
간식[1]	우유 150ml	90kcal
	사과 1/3개	40kcal
점심	잡곡밥 175g (어림량: 어린이 밥공기 4/5)	250kcal
	쇠고기뭇국 100g (어림량: 어린이 밥공기 1/2)	30kcal
	조기구이 50g (어림량: 작은 것 반 마리)	70kcal
	연근꿀조림 20g (어림량: 연근 2쪽)	30kcal
	김치 15g (어림량: 어른 숟가락 1개)	3kcal
간식[2]	우유 200ml	120kcal
	찐빵 1/2개	90kcal
	귤 1/2개	15kcal
저녁	잡곡밥 175g (어림량: 어린이 밥공기 4/5)	250kcal
	청국장찌개 50g (어림량: 어린이 밥공기 1/3)	15kcal
	닭살야채볶음 50g (어림량: 어른 숟가락 4개)	80kcal
	매생이전 50g (어림량 4×4cm 크기 5개)	90kcal
	김치 15g (어림량: 어른 숟가락 1개)	3kcal
간식[3]	우유 150ml	90kcal
	꿀떡 3개	70kca

9~11 세(남아) 하루 평균 필요량
1,900 kcal

아침	현미잡곡밥 175g (어림량: 어린이 밥공기 4/5)	250kcal
	배추된장국 150g (어림량: 어린이 밥공기 2/3)	50kcal
	계란야채찜 30g (어림량: 달걀 2/3개 사용)	45kcal
	멸치땅콩볶음 20g (어림량: 어른 숟가락 1개)	35kcal
	시금치참기름무침 30g (어림량: 어른 숟가락 3개)	20kcal
	김치 20g (어림량: 어른 숟가락 2개)	6kcal
간식[1]	바나나 1/3개 + 우유 200ml => 바나나우유	150kcal
점심	현미잡곡밥 210g (어림량: 어린이 밥공기 1개)	300kcal
	사골뭇국 150g (어림량: 어린이 밥공기 2/3)	80kcal
	새우살야채전 40g (어림량: 4×4cm 크기 4개)	90kcal
	갈비찜 40g (어림량: 4cm 크기 2개)	70kcal
	콩나물무침 30g (어림량: 어른 숟가락 3개)	20kcal
	김치 20g (어림량: 어른 숟가락 2개)	6kcal
간식[2]	우유 200ml	120kcal
	찹쌀도넛 1개	80kcal
저녁	현미잡곡밥 175g (어림량: 어린이 밥공기 4/5)	250kcal
	두부된장찌개 100g (어림량: 어린이 밥공기 1/2)	30kcal
	동그랑땡 40g (어림량: 3~4개 정도)	110kcal
	고등어조림 50g (어림량: 가장 작은 굴비의 1/2 크기)	80kcal
	김구이 3g (어림량: 김 5~6장)	21kcal
	김치 20g (어림량: 어른 숟가락 2개)	6kcal
간식[3]	우유 200ml	120kcal
	단호박범벅 50g (어림량: 작은 조생귤 크기)	30kcal
	딸기 5개	35kcal

9~11세(여아) 하루 평균 필요량
1,700 kcal

아침	현미잡곡밥 175g (어림량: 어린이 밥공기 4/5)	250kcal
	배추된장국 150g (어림량: 어린이 밥공기 2/3)	50kcal
	계란야채찜 30g (어림량: 달걀 2/3개 사용)	45kcal
	멸치땅콩볶음 20g (어림량: 어른 숟가락 1개)	35kcal
	시금치참기름무침 30g (어림량: 어른 숟가락 3개)	20kcal
	김치 20g (어림량: 어른 숟가락 2개)	6kcal
간식[1]	바나나 1/4개 + 우유 200ml => 바나나우유	140kcal
점심	현미잡곡밥 175g (어림량: 어린이 밥공기 4/5)	250kcal
	사골뭇국 150g (어림량: 어린이 밥공기 2/3)	80kcal
	새우살야채전 20g (어림량: 4×4cm 크기 2개)	45kcal
	갈비찜 40g (어림량: 4cm 크기 2개)	70kcal
	콩나물무침 30g (어림량: 어른 숟가락 3개)	20kcal
	김치 20g (어림량: 어른 숟가락 2개)	6kcal
간식[2]	우유 200ml	120kcal
	찹쌀도넛 1/2개	40kcal
저녁	현미잡곡밥 175g (어림량: 어린이 밥공기 4/5)	250kcal
	두부된장찌개 100g (어림량: 어린이 밥공기 1/2)	30kcal
	동그랑땡 30g (어림량: 2~3개)	90kcal
	고등어조림 40g (어림량: 가장 작은 굴비의 1/3 크기)	70kcal
	김구이 3g (어림량: 5~6장)	21kcal
	김치 20g (어림량: 어른 숟가락 2개)	6kcal

간식³	우유 200ml	120kcal
	단호박범벅 50g	30kcal
	딸기 5개	35kcal

아이가 흔히 먹는 간식의 칼로리 목록

김밥(1줄)	350~460kcal
라면 120g	450~520kcal
컵라면(소) 70g	250~350kcal
자장면 1인분	600~700kcal
떡볶이 1인분(200g)	350~420kcal
탕수육 1인분(190g)	370kcal
냉동고기만두 1개(15g)	32kcal
냉동치킨너겟 1개(20g)	31kcal

도움말 | 박미녀(분당 함소아한의원 영양사)

Chapter 4

밥상머리 전쟁, 끝내야 할 때

수유량이 현저히 부족한 아이

현수(생후 6개월)는 또다시 젖병을 질겅거리다 밀어냈다. 지금 현수의 몸무게는 6kg. 현수가 젖병으로 분유를 먹기 시작한 것은 생후 5개월, 그러니까 한 달 전이다. 다른 아이보다 작은 편이라 분유로 살을 좀 찌워 보려고 먹이기 시작했는데, 처음에는 엄마 생각보다 잘 빨았다. 분유를 먹으면서 모유도 먹던 대로 먹었다. 문제는 일주일 전 이유식을 시작하면서 발생했다. 이유식을 시작하자 아이가 잘 먹던 젖병을 밀어내기 시작한 것. 이유식은 거부감 없이 잘 먹으면서 갑자기 왜 젖병을 밀어낼까? 일주일 전만 해도 하루 600ml의 분유를 먹던 아이가 요즘에는 100ml도 못 먹는다. 책에서 보면 아직은 이유식보다 수유량이 더 많아야 된다고 하는데, 이유식을 시작하면서 수유량이 현저히 줄어 버린 현수, 계속 분유를 주어야 할지 이유식 양을 늘려야 할지 고민이다.

이유식을 시작하면 아이는 혼란에 빠진다

이유식은 대개 생후 4~6개월부터 시작하는데 이유식을 시작하면 아이는 혼란에 빠진다. 액체상태의 음식을 꿀꺽꿀꺽 삼키는 데에만 익숙했는데 갑자기 딱딱하고 차가운 숟가락이 입안으로 들어왔기 때문이다. 미음 상태라고는 하지만 이유식의 형태 역시 아이에게는 낯설다. 새로운 맛과 새로운 형태의 음식에 아이는 긍정적일 수도 부정적일 수도 있다. 현수도 이런 상태이다. 새롭게 접한 맛이나 형태가 무척 혼란스러울 것이다. 아이의 이런 반응은 일시적일 수 있다. 그래도 모유는 잘 먹는다면, 아이에게 억지로 젖병을 강요하지 말고 며칠 지켜봐 주는 여유가 필요하다. 이런 혼합수유의 상황이 아니더라도 이유식을 시작하면서 아이가 분유나 모유를 잘 안 먹는 일은 흔하다. 숟가락으로 오물오물 받아먹는 이유식에 재미를 붙여서 그럴 수도 있고, 이유식 양이 생각보다 많아 이전처럼 분유를 먹지 못하는 것일 수도 있다. 이유식은 스케줄대로 진행하고, 모유를 먹이면서 아이가 상황에 익숙해질 수 있도록 시간을 주자. 아이가 칭얼거리지 않고 잘 놀며 체중이 증가한다면 이유식을 적절하게 진행하면서 지켜본다.

이유식 맛을 선호하여 분유를 먹지 않을 수도 있다

일주일이 지났음에도 불구하고 상황이 별로 호전되지 않는다면 원인이 무엇인지 다시 따져 보아야 한다. 원인을 밝히려면 우선 이유식을 어떤 방법으로 먹이고 있는지 점검하도록 한다. 숟가락 형태로 주고 있다면, 분유도 이유식과 같은 형태로 조금 걸쭉하게 타서 숟가락으로 먹여 본다. 현수가 이유식과 마찬가지로 분유도 잘 받아먹는다면, 이유식의 맛을 선호한다기보다 먹는 형태를 선호한다고 이해할 수 있다. 만약 이유식을 분유처럼 젖병에 타 주고 있는데 분유만 거부한다면 이유식의 맛을 선호한다고 볼 수 있다. 아이가 새롭게 접한 이유식으로 인해 분유를 먹지 않게 되었다면, 아이가 이유식의 맛을 선호하기 때문인지, 먹는 형태를 선호하기 때문인지 꼼꼼히 따져 보아야 한다. 그렇게 하면 아이의 태도가 왜 갑자기 바뀌었는지 보다 분명한 이유를 파악할 수 있다.

이유식을 잘 먹는다면, 분유를 강요하지 말자

원인을 알아본 결과 아이가 이유식을 선호하는 것으로 나타났다면 분유를 포기하자. 모유를 잘 먹고 있는 상황이라면 별로 걱정할 필요가 없다. 어차피 앞으로는 이유식의 섭취량을 늘리고 분유나 모유의 섭취를 줄여야 하는 상황이다. 모유를 잘 먹는다면 굳이 싫어하는 분유를 먹일 이유가 없다. 분유를 끊고 모유와 이유식을 병행하면 된다. 돌까지 아이에게 가장 좋은 음식은 모유이다. 살을 찌우겠다는 욕심으로 분유를 먹이지는 않았으면 좋겠다. 간혹 모유만 먹으면 아이의 몸무게가 덜 나간다고 걱정하는 부모들이 있는데, 분유를 먹은 아이와 비교했을 때 모유를 먹은 아이는 생후 3~4개월까지는 몸무게가 비슷하게 늘고, 생후 4개월이 지나면 몸무게가 좀 적게 나가지만, 만 2세쯤 되면 비슷해진다. 지금은 이유식을 시작하는 시점인 만큼 너무 초조해하지 말자.

아이는 엄마 젖꼭지의 느낌을 좋아한다

현수뿐 아니라 많은 아이들이 모유와 분유를 혼합수유하는 경우 분유보다 모유를 좋아한다. 현수처럼 모유 수유만 했던 아이라면 더욱 그럴 수 있다. 아이는 익숙해져 있는 촉감(엄마의 젖꼭지)에 더 편안함을 느끼기 때문이다. 5개월 이상 엄마 젖꼭지에 익숙해져 있던 습관을 버리는 것은 아이로서 쉬운 일이 아니다. 엄마 젖꼭지의 촉감은 아이가 태어나기 전부터 가지고 있던 생존의 감각이기 때문이다. 돌 전의 아이에게 모유는 단순히 영양학적인 측면을 떠나 안정감을 주고 엄마와의 스킨십으로 인한 안정된 애착을 형성하게 하는 도구이다. 모유나 이유식을 잘 먹으면서 분유만 적게 먹는다면, 아이가 편안하게 분유병을 받아들일 수 있을 때까지 그냥 두도록 한다.

분유를 꼭 먹여야 한다면 먹이는 방법을 바꾼다

엄마의 걱정대로 아이가 아무리 이유식을 잘 먹는다고 하더라도 생후 6개월이면 영양의 3/4정도는 모유나 분유로 섭취해야 하는 시기이다. 모유의 양이 충분하지 않아 분유를 꼭 먹여야 한다면, 아이가 거부한다고 쉽사리 포기해서는 안 된다. 처음에 분유를 안 먹는다고 포기하면 점점 더 먹이기 힘들어 진다. 이런 경우, 먹이는 방법을 다양하게 시도해 볼 수 있다. 젖병을 거부하는 경우, 젖꼭지를 확인할 필요가 있다. 많은 경우 젖꼭지만 바꿔도 다시 잘 먹는다. 젖꼭지의 구멍이 너무 작아서 분유가 잘 안 나오거나 혹은 너무 커서 분유가 많이 나와 먹기 힘들어하는 경우도 많다. 아이가 젖병을 밀어낸다고 무조건 젖병을 싫어한다고 오해하지 않도록 한다. 분유에 다시 익숙해지려면 엄마가 느긋한 마음을 가져야 한다. 그래야 성공할 수 있다. 먹이는 시간을 일정하게 하여 이유식과 분유를 준다. 분유를 안 먹고 뻗댄다고 급한 마음에 바로 젖을 물리거나 이유식을 수시로 먹이면, 다시 분유를 먹이는 일에 실패할 수 있다. 문제를 잘 해결하려면 아이가 배가 고파야 한다. 만약 아이가 너무 완강하게 거부하거나 아이를 배고프게 만들 자신이 없다면 전문가의 조언을 받아 보도록 한다.

아이의 식생활 File ❶

또래보다 몸무게가 덜 나가면, 또래보다 적게 먹는 것 맞다

아이의 몸무게가 또래보다 적게 나가면 부모들은 어떻게 해서든 또래만큼 먹이고 싶어 한다. 하지만 몸무게가 적게 나간다고 그것을 따라잡기 위해 많이 먹여야 하는 것은 절대 아니다. 또래보다 몸무게가 적다는 것은 또래보다 적게 먹기 때문이다. 그것을 '적게 먹으니까 몸무게가 안 늘지, 많이 먹어야 빨리 늘지'라고 이해해서는 안 된다. 적게 먹는다는 것은 아이가 먹을 수 있는 양이 적다는 의미이다. 그런 아이에게 갑자기 또래와 같은 2~3배의 양을 강요하면 당연히 스트레스를 받는다. 다 먹을 수도 없을뿐더러 먹는 것을 점점 더 싫어하게 된다. 아이의 양을 늘리는 가장 좋은 방법은 적게 먹더라도 기분 좋은 분위기에서 먹게 하는 것이다. 좋은 분위기에서 아이 스스로 지금 먹는 양에서 10% 정도씩만 많이 먹을 수 있도록 유도하자.

이유식 뱉어내는 아이

> 모유 수유 중인 민주(생후 8개월)는 생후 6개월에 이유식을 시작했다. 처음에는 너무 잘 먹어서 더 줘야 하나 말아야 하나 고민을 할 정도였다. 그런데 요즘은 이유식을 너무 안 먹어 걱정이다. 처음 이유식을 시작할 때는 쌀미음으로 하루에 한 번, 한 달 정도 먹였다. 그 후 죽 형태로 하루 두 번씩 먹인다. 오전 이유식에는 고기를 점심 또는 저녁 이유식에는 채소를 주로 하고 있다. 죽 형태로 먹인 지는 벌써 석 달째다. 죽 형태를 처음 시작할 때는 40~50cc 정도는 먹었는데, 언젠가부터 30cc밖에 안 먹는다. 50cc는 먹어야 될 것 같아서 장난감으로 유혹을 해 가며 50cc를 채워서 먹이고 있다. 그런데 요즘은 그렇게 유혹을 해도 도통 입을 안 벌린다. 숟가락만 대면 입을 다물어 버린다. 입이 조금이라도 벌어지면 얼른 숟가락을 집어넣지만 그렇게 하면 들어간 이유식은 곧 뱉어낸다. 울려가면서 먹이기도 하지만 이러다 아이 성격이 나빠질까 걱정이다. 혹 엄마가 만든 이유식이 맛이 없어서 그런가 하여 이유식 배달 업체를 이용해 보기도 했지만 역시 잘 먹지 않는다.

갑자기 잘 먹었다면 갑자기 잘 먹지 않을 수도 있다

처음부터 새로운 형태, 새로운 질감의 이유식을 잘 받아먹었던 아이들 중 갑자기 이유식을 거부하는 경우가 있다. 이유식에 처음부터 천천히 반응하고 적응한 아이들은 이런 현상이 덜하다. 이런 아이들은 오히려 꾸준히 잘 먹는다. 민주가 처음에는 잘 먹던 이유식을 최근 안 먹고 뱉어낸다면 그것은 일시적인 변덕일 수 있다. 우선 엄마는 모유의 양이 너무 많은 것은 아닌지 확인해야 한다. 이유식 양은 현저히 줄었는데 아이의 체중이 잘 늘고 있다면 아이는 모유로 필요한 에너지를 모두 충당하고 있는 것이다. 이런 경우 모유의 양을 줄여야 한다. 만약 모유의 양은 적당한 상황에서 이유식 양이 조금 줄었고, 아이의 체중은 잘 증가하고 있다면 걱정하지 않아도 된다. 생후 8개월 정도가 되면 노는 시간이 많아지고 외부 환경에 대한 호기심도 많아지면서 오히려 이유식에 대한 호기심은 줄 수 있다. 잘 먹던 이유식을 혀로 밀어내거나 입을 꼭 다물고 거부하기도 한다. 고개를 돌려 음식을 피하는 경우도 있다. 이유식 양이 줄었다고 조급해하지 말고 아이가 먹을 수 있는 양만 먹이면서 기다려 준다.

억지로 먹이는 것은 절대 금물!

이 시기 아이들은 싫어하는 음식에는 물론이고 잘 먹던 음식에도 거부감을 표시할 수 있다. 하지만 이것이 일시적인 현상으로 끝나느냐 지속적인 편식이 되느냐는 이유식을 먹이는 사람의 태도에 달려 있다. 만약 민주 엄마가 했던 대로 입이 조금이라도 벌어지면 얼른 숟가락을 집어넣고 울려가면서까지 먹인다면, 아이는 이유식 먹는 것을 더욱 싫어하게 된다. 아이에게 이유식을 한 숟가락이라도 더 먹이려고 애태우는 부모의 모습 또한 이유식을 더 안 먹게 만든다. 음식물을 강제로 먹이는 행위는 아이에게 음식에 대한 부정적인 경험을 갖게 한다. 이런 일이 반복되면 아이는 음식 자체를 부정적으로 생각하게 된다. 아이가 최초 이유식을 한두 번 거절한 것은 단순히 배가 고프지 않거나 기분이 좋지 않았기 때문일 수도 있다. "오늘은 민주가 이유식이 먹기 싫구나" 하면서 이해하고 넘어갔다면, 아이는 다음번 이유식은 잘 먹었을 것이다. 그런데 엄마가 처음부터 억지로 강요하고 힘으로 제압했다면, 그 한 번의 행동이 이유식에 대한 아이의 생각을 온통 부정적인 것으로 만들 수도 있다. 솔직히 아이가 이유식을 갑자기 안 먹는 이유를 정확히 아는 사람은 아무도 없다. 우리는 그저 짐작만 할 뿐이다. 정확한 이유는 아이만 안다. 어른들은 자신들이 모른다고 아이가 이유식을 먹지 않는 행동을 잘못된 행동이라고 여긴다. 그리고 그것을 억지로 교정하려고 한다. 부모가 억지로 교정하려는 순간 아이는 음식에 대한 부정적인 이미지를 갖게 되고, 몇 년 뒤 부모는 징글징글하게 안 먹는 아이를 쫓아다니면서 억지로 밥을 먹이고 있을지도 모른다는 사실을 명심하자.

기분 좋은 상황에서 다시 이유식을 만나게 한다

이유식은 영양을 공급하는 단계이기도 하지만, 자연스럽게 유아식을 접하게 하는 '다리'가 되어야 한다. 그렇기 때문에 영양에 집착하기보다 아이가 음식에 긍정적인 경험을 갖도록 해 주는 것이 중요하다. 여러 가지 음식으로 아이에게 다양한 입맛을 소개하는 것도 중요하지만, 그로 인해 아이가 스트레스를 받아서는 안 된다. 이유식을 먹는 시간은 아이에게 즐거운 시간이 되어야 한다. 일단 아이가 이유식에 대한 부정적인 경험을 가지고 있을 수도 있으니, 이유식용 숟가락부터 다른 형태로 바꿔 보자. 요즘은 크기부터 재질까지 다양한 제품이 나온다. 크기와 재질을 모두 새로운 것으로 바꾼다. 아이가 이전 경험을 잊게 하기 위함이다. 그리고 숟가락으로 먹는 것만을 강요하지 않는다. 식판을 따로 준비하고 식판 위에 아이 잇몸으로 뭉개서 먹을 수 있는 부드러운 음식을 잘게 썰어서 준비한다. 아이가 음식을 굴려 보고, 짓이겨 보고, 떨어뜨려 보고, 숟가락도 엄마가 쥐어 주는 것이 아니라 마음대로 만져 보게 한다. 다 흘리고 별로 먹지 못해도 괜찮다. 받아만 먹던 이전과 달리 음식을 직접 탐험하게 되면, 아이의 기분이 좋아져 이유식을 더 잘 먹을 확률이 높다. 단 뭐든지 새로운 시도를 할 때는 아이가 최상의 컨디션일 때를 선택한다. 그래야 잘 협조한다. 자고 일어난 아이에게 갑자기 이유식을 먹이는 것보다, 재미있게 논 다음 이유식을 먹이는 것이 더 효과적이다.

아이의 식생활 File ❷

아이가 이유식을 먹지 않는 이유, 꼭 있다!

이유 없이 이유식을 안 먹는 아이는 없다. 문제는 대부분의 어른들이 원인을 알지 못한다는 것. 하지만 그렇다고 부모가 아무 대책 없이 있어서는 안 된다. 멀쩡한 아이가 이유식을 안 먹을 때는 뭔가 분명한 이유가 있다. 우선 입안이 헐거나 구내염이 있는 경우도 잘 먹지 않는다. 감기 등으로 몸의 상태가 좋지 않아도 입맛이 떨어져 먹지 않는다. 육류를 너무 안 먹는 아이의 경우, 철결핍성 빈혈로 식욕이 떨어져서 잘 먹지 않는 것일 수도 있다. 따라서 아이가 갑자기 잘 먹지 않을 때는 억지로 먹이기보다 전문가의 힘을 빌려 과학적인 원인을 찾아보는 지혜가 필요하다.

만 1세, 우유만 찾는 아이

현중이(생후 13개월)는 돌 전에는 정말 잘 먹는 아이였다. 이유식도 분유도 다른 아이의 두 배씩 먹었다. 엄마보다도 많이 먹었다. 돌 때 몸무게가 무려 14kg. 이렇게 잘 먹던 아이가 얼마 전부터 밥을 자꾸 뱉어내고 수시로 우유만 찾는다. 그냥 찾는 정도가 아니라 하루 1,000ml 이상은 먹는다. 현중이 엄마는 아이가 이렇게 우유만 찾는 것이 혹시 밥을 줄 때 매번 국에 말아서 먹였기 때문은 아닌지 걱정된다. 먹는 양은 줄어든 것 같지만 현재 현중이는 특별히 보채거나 기운이 없지는 않다. 한 가지 조금 이상한 것은 요즘들어 잘 존다는 것이다. 조용하다 싶으면 어느 틈에 자고 있다. 어디서 들으니 생우유는 철분의 흡수를 방해한다고 하루에 400~500ml 이상 먹이지 말라고 하던데, 밥은 안 먹고 우유만 먹는 아이, 무슨 이상은 없을지······.

'졸려 한다'는 것은 영양부족과 정서적 따분함을 의미한다

아이가 요즘 들어 잘 존다는 것은 두 가지 측면에서 생각해 볼 수 있다. 첫째, 철결핍성 빈혈이나 아연 등 미량 원소가 부족할지 모른다는 것. 아이가 식욕이 떨어지고 수시로 졸려 하거나 기운이 없다면 철분이나 아연 등의 영양소 부족을 의심해 봐야 한다. 전문가를 찾아가 확인해 보는 것이 좋다. 둘째, 아이가 따분해 한다는 것이다. 보통 아이들은 몸이 안 좋거나 기분이 좋지 않으면 이유식보다 우유를 찾는다. 또한 너무 따분한 생활이 이어져도 먹을거리에 흥미를 잃어 우유만 찾을 수 있다. 우선 아이의 건강상태를 체크하여 어디가 안 좋은지 확인하고,

이상이 없다면 아이의 생활을 조금 더 재미있게 만들어 주는 것이 좋다. 또한 엄마와의 상호작용이 너무 적지 않은지도 생각해 보아야 한다. 이 시기 아이들에게 정서적으로 다양한 경험을 시켜 주는 것은, 비단 두뇌 발달뿐 아니라 먹을 것에 흥미를 갖게 하는 데에도 영향을 준다.

물 말아 먹는 습관, 액체만 좋아하는 아이로 키울 수 있다

현중이가 돌 전에 엄마보다 더 많이 먹었다는 것은 충격적이다. 사실이라면 현중이는 또래에 비해 위가 매우 큰 아이였을 것이다. 그런데 그렇게 많이 먹던 아이가 갑자기 양이 줄었다면 그것은 포만감에 의한 것이 아니라 2차적 원인에 의한 것으로 추측할 수 있다. 또래보다 위가 컸던 아이가 식사가 적게 들어왔는데도 괜찮다면, 위에 이상이 생겼거나 밥을 국에 말아서 꿀떡꿀떡 먹다 보니 씹지 않아도 되는 액체만 선호하게 된 것일 수 있다. 한마디로 국이나 물에만 말아서 먹다 보니 이제는 씹어 먹는 것이 귀찮아진 것이다. 현중이가 우유만 찾게 된 것은 엄마의 예상대로 이런 습관이 큰 역할을 한 것으로 보인다. 그 밖에도 밥을 물에 말아 먹으면 안 되는 이유가 더 있다. 말아 먹으면 씹는 훈련이 안 되고, 소화 효소가 희석되어 소화가 잘 되지 않는다. 밥을 국에 말아 주는 것은 풍선에 물을 집어넣는 것처럼 매우 빠르게 위를 확장시키고 소화를 더디게 만든다. 결과적으로 위 기능을 저하시키는 원인이 된다. 또한 반찬을 잘 먹지 않게 되어 영양 부족을 초래하기도 한다.

우유만 마시는 편식, 또 다른 편식을 부른다

엄마들은 아이가 잘 먹지 않으면 '우유라도' 하는 심정으로 우유를 건넨다. 우유를 완전식품이라고 생각하기 때문이다. 그런데 우유만 마시는 것도 엄연한 편식이다. 칼슘과 단백질이 풍부하기는 하지만 우유에는 섬유질이 부족하여 변비를 일으킬 수 있다. 또한 우유는 철분이 부족한 대표적인 음식으로 철결핍성 빈혈을 일으킬 수도 있다. 그렇기 때문에 우유만 먹게 되면 빈혈로 인해 식욕이 떨어지는 악순환이 생긴다. 씹는 습관이 길러지지 않아 두뇌 발달에도 좋지 않다. 만약 우유를 젖병에다 넣어서 먹이고 있다면 이로 인한 치아우식증의 위험 또한 걱정해야 한다. 또한 칼로리 섭취가 과도해져 소아비만의 가능성도 높아진다. 현중이처럼 씹어 먹는 것을 싫어하면 대부분 우유만 찾게 되는데, 이렇게 계속 우유만 선호하다 보면 더욱더 씹는 것을 싫어하게 된다. 이런 식습관은 아이의 다양한 미각 발달을 방해하고 결국 다른 음식들에 대한 편식까지 유발한다.

우유량은 줄이고, 식사 시간에는 씹어 먹는 음식만!

일단 우유는 현재 연령을 고려하여 하루 한 컵 정도만 주도록 한다. 주스 등 액체류의 양은 모두 합쳐 하루 400~500ml로 제한하는 것이 좋다. 만 2~3세가 되면 우유의 양을 하루 두 컵으로 늘린다. 만약 젖병을 사용하고 있다면 젖병을 끊고 컵으로 먹게 한다. 만약 아직도 밤중 수유를 하고 있다면 당연히 밤중 수유도 끊어야 한다. 많은 경우 밤중 수유만 끊어도 우유량이 줄어들고 밥을 잘 먹게 된다. 식사 시간에는 밥을 국이나 물에 말아 주지 말아야 한다. 씹어 먹는 즐거움을 느끼게 해야 하기 때문이다. 우선은 씹어 먹어야 하는 고체음식만 주고, 액체류는 식사 시간과 다음 식사 시간 사이에 주도록 한다. 식사 시간에는 입을 헹구는 정도의 소량의 물만 준다. 음식은 다양한 맛과 색을 경험할 수 있도록 배려하는 것이 좋은데, 그렇다고 너무 '골고루 먹어라', '다 먹어라'를 강요해서는 안 된다. 무엇을 얼마나 먹어야 한다고 강요하지 말고, 단지 식사 때가 아니면 배가 고파도 먹을 수 없다는 것 정도만 가르치면 된다. 우유를 비롯하여 수시로 먹을 것을 주는 것은 바람직하지 않은데, 간식을 주더라도 식사 시간과 최소한 2~3시간의 간격을 두고 아주 조금만 주도록 한다.

아이의 식생활 **File ❸**

우유, 많이 마신다고 좋은 것은 아니다

우유가 완전식품이라 불리는 것은 맞지만, 아무리 마셔도 좋은 식품은 아니다. 우유를 수시로 너무 많이 마셨을 경우 가장 쉽게 생각할 수 있는 부작용이 식욕부진이다. 우유로 배가 차 있어 식욕이 없는 것이다. 요즘 우유에 대한 환상을 깨는 많은 보고들이 나오고 있지만, 여전히 우유는 무조건 좋다고 생각하는 부모들이 많다. 뭐든지 너무 과하면 모자람만 못한 법. 우유 또한 너무 과하면 그 또한 편식이기 때문에 아이의 성격과 식습관, 건강을 망칠 수 있다는 것을 명심하자.

돌아다니면서 먹는 아이

> 승태(생후 19개월)는 먹는 양은 적지만 주는 대로 골고루 잘 먹는 남자아이이다. 문제는 절대 가만히 앉아서 먹질 않는다는 것이다. 식탁에 앉혀 놓으면 먹고 싶은 반찬만 몇 가지 집어 먹고 내려와 버린다. 먹는 양이 걱정되어 엄마가 따라다니면서 먹이면 주는 것은 잘 받아먹는다. 돌 전에는 혼자서 숟가락질도 하려고 하더니, 크면 클수록 숟가락질도 안하고 손으로만 먹는다. 돌아다니면서 먹으면 아예 굶기라고 하기에 굶겨도 봤는데 별로 달라진 게 없다. 한번은 제자리에서 밥을 먹으라고 혼을 내고 엉덩이를 두 대 정도 때린 적도 있다. 그때는 얼마나 마음이 아팠던지. 승태 엄마는 다른 아이들은 이렇게 따라다니면서 먹여도 안 먹는다는데, 그래도 먹는 것이 어디냐는 심정으로 오늘도 한 시간 정도를 따라다니면서 밥을 먹였다.

습관을 잘못 들인 것이다

아이들은 원래 뛰어다니기를 좋아한다. 아이가 뛰어다니면서 먹으려고 하는 것은 그런 의미에서 정상적인 행동이다. 문제는 식사 시간에 이러한 행동이 받아들여졌느냐 그렇지 않느냐이다. 만약 아이가 뛰어다니면서 밥을 먹었는데 전혀 제지를 당하지 않았다면, 굳이 앉아서 먹을 필요성을 못 느낀다. 마음껏 돌아다니면서도 배불리 먹을 수 있는데, 굳이 답답하게 앉아서 밥을 먹을 아이가 어디에 있겠는가? 승태와 같은 잘못된 식습관은 100% 부모에게서 비롯된 것이다. 돌아다니면서 음식을 먹으면 안 된다는 걸 아이는 모른다. 어떻게든 밥만 먹이면 된다는 생각에 사로잡히다 보면 자신도 모르게 아이에게 잘못된 식습관을 만들어 준다. 영양학적으로 보면 따라다니면서 먹이는 것이 도움이 될 수도 있다. 하지만 그것은 단기적인 효과로 장기적으로 보면 아이가 먹는 양이나 종류에 전혀 도움이 되지 않는다. 아이는 '먹는 것'을 스스로를 위한 것이라고 생각하지 않기 때문이다. '먹는 것'을 부모와 거래해야 할 어떤 것이라고 생각한다.

아이와 함께 엄마도 앉아서 밥을 먹는다

우리나라 부엌의 풍경을 보면 엄마들은 식사 시간에 항상 분주하다. 밥을 먹다가도 가족들에게 이것저것 챙겨 주려고 자리에서 일어날 때가 많다. 밥상을 차려 놓고 아이보다 빨리 먹거나, 아이가 다 먹은 다음에 후다닥 끼니를 해결한다. 아이에게 밥을 먹일 때도 아이를 밥상에 앉혀 둔 채, 밥 한 숟가락 먹이고 일하고, 또 한 숟가락 떠먹이고 일하는 모습을 자주 보인다. 엄마는 시간을 아껴 쓰기 위해 분주하게 움직이는 것이지만, 아이는 엄마의 모습을 '밥상 앞에서는 이리저리 움직이면서 먹어도 되는 거구나'라는 메시지로 받아들인다. 아이가 가만히 앉아서 밥을 먹는 것을 가르치고 싶다면 엄마도 아이 옆에 앉아서 식사하는 모습을 보여줘야 한다. 유태인들은 하루에 한 끼 이상 온 가족이 모여 식사하는 것을 가장 중요한 가정교육이라고 생각한다. 얌전하게 앉아서 밥을 먹는 것도 물론 중요하지만 식사는 즐거운 것이라는 경험을 하게 하는 것도 중요하기 때문이다. 일 때문에 언제나 늦게 들어오는 아빠, 식사 준비에 쫓겨 앉았다 섰다 움직이는 엄마, 이런 상황에서 아이만 식탁 앞에 앉혀 두고 "얌전히 먹어라" 하고 말해 봐야 아무 소용이 없다. 아이들에게 식사 시간은 가족이 즐겁게 둘러앉아, 어른들이 먹는 법, 이야기 하는 법을 배우는 귀중한 시간이다.

'돌아다니는 행동'을 무시해라

아이가 밥상 앞에서 돌아다니기 시작하면, 절대 쫓아다녀서는 안 된다. 온 가족이 아이가 돌아다니든 말든 신경을 끄고 재미있게 이야기하며 식사하는 것이 좋다. 아이는 혼자 여기저기 돌아다니다가 며칠이 지나면 곧 소외감을 느껴 스스로 식탁으로 돌아올 것이다. 아이가 아무리 소리치고 관심을 끌어도 무시한다. 혹시 아이와 같이 식사할 사람이 엄마밖에 없다 하더라도, 엄마 혼자만이라도 식탁에 앉아 음식 맛을 예찬하며 맛있게 먹는다. 엄마의 행동과 표정에는 음식을 먹는 것에 대한 즐거움이 가득해야 한다. 아이에게 주는 시간은 단 30분. 그 시간이 지나면 엄마 혼자 식사를 마치고 치워야 한다. 만약 아이가 식탁으로 돌아와 올바르게 식사를 하려고 하면, 칭찬을 해 주고 즐겁게 먹을 수 있도록 도와준다. 이때 식사량에는 절대 신경 쓰지 말자. 첫 번째 목표는 단지 한 숟가락이라도 앉아서 먹는 것이다. 양은 그다음 문제이다.

아이의 식생활 **File ❹**

돌아다니며 먹는 아이, 산만한 사람으로 자란다?

식습관이 아이의 성격에 영향을 끼친다는 것은 이미 많은 사람들이 알고 있다. 여기에서 식습관이란 단지 음식에만 국한된 것이 아니라 잘못된 식사예절까지 포함한다. 잘못된 식사예절 중 돌아다니면서 먹는 버릇의 경우, 아이를 의존적이고 산만한 성격으로 키울 수 있다. 또한 자립심이 부족하고, 다른 사람을 배려하지 못하는 사람으로 만들 수도 있다. 무엇보다 건강한 사회성에 영향을 끼쳐 유치원 등 공동체 생활에서 여러 가지 문제를 야기할 수 있다.

먹을 것으로 손장난 하는 아이

> 동욱이(생후 22개월)는 장난치기 좋아하고 활동적인 전형적인 남자아이. 식사 시간이 되면 엄마는 아이와 전쟁 아닌 전쟁을 치른다. 돌아다니면서 먹는 것은 보통이고, 밥그릇을 엎어서 장난을 치고, 국에 손을 넣고 휘휘 젓는 행동까지 한다. 숟가락과 젓가락을 주면 밥이나 반찬을 집어 먹기는커녕, 밥을 떠서 여기저기 뿌리고 반찬을 찍어서 던진다. 그러다 보니 동욱이가 밥을 먹는 공간은 그야말로 난장판이다. 엄마는 이런 상황을 만들지 않기 위해 아예 밥그릇을 들고 아이를 따라다니면서 먹인다. 쫓아다니면서 먹이는 것은 힘들지만 그래도 그게 난장판이 된 집을 치우는 것보다 낫기 때문이다. 처음에는 동욱이 엄마도 식탁에 앉히고 숟가락으로 점잖게 먹여 보려고 했다. 그런데 동욱이는 식탁에만 앉혀 놓으면 벌떡 서 버려서 엄마의 가슴을 철렁하게 만든다. 몇 대 때리면 행동이 나아지기는 하지만, 굶기는 것으로는 별 효과를 보지 못했다. 동욱이는 배가 고프면 물을 마시면서 하루 정도는 밥 달라는 소리도 안 하고 잘 버티기 때문이다.

숟가락, 젓가락질이 서툴면 음식에 대해 흥미를 잃는다

생후 20개월 전후의 아이들은 활동량이 매우 많아진다. 자신의 능력을 시험해 보려는 듯 물건을 던져 보기도 하고, 주물러 보기도 하면서 자신의 지적 호기심을 채우려 든다. 이 시기 아이들은 뭐든 혼자 하고 싶어 한다. 물을 흘리면서도 혼자 컵을 잡고 마시려고 하고, 반찬을 떨어뜨리면서도 젓가락으로 들어올리려고 노력한다. 22개월 된 동욱이는 지금이 딱 그 시기이다. 식사 시간조차 아이는 뭐든 만져 보고 싶고 실험해 보고 싶어 한다. 그런데 한 가지 문제는 동욱이가 또래처럼 숟가락이나 젓가락, 포크를 잘 이용하지 못한다는 것이다. 엄마의 표현대로 전형적으로 장난치기 좋아하는 아이라 손으로만 음식을 만지는 걸까? 물론 그럴 가능성도 있지만 아이의 소근육 발달이 다른 아이들보다 늦기 때문일 수도 있다. 보통 아이들은 음식을 손으로 만지다가 어느 순간 젓가락이나 숟가락을 사용하여 만지고 싶어 한다. 그런데 동욱이는 그렇게 먹는 기술을 발달시키지 못한 사정이 있는 듯하다. 아이들은 숟가락질을 하면서 소근육도 발달하고, 점점 먹는 기술이 좋아진다. 먹는 기술이 좋아지면 부모가 시키지 않아도 숟가락, 젓가락으로 먹는 것에 흥미를 느끼고 자신감을 갖게 된다. 그렇기 때문에 전문가들은 생후 10개월만 되어도 아이에게 직접 숟가락을 쥐어 주라고 한다. 그래야 소근육을 발달시키고 혼자 먹는 습관을 들일 수 있기 때문이다. 동욱이의 경우, 이유식 시기에 이런 식습관을 들이는 것에 문제가 있었던 것은 아닌지 생각해 보자. 머리로는 숟가락과 젓가락을 이용해 먹고 싶지만, 소근육이 발달하지 않아 아무리 노력해도 그렇게 할 수 없다면, 아이는 먹는 것에 흥미를 잃고, 급기야 여러 가지 맛에 익숙해질 시간이 부족해 편식 습관이 생기기도 한다.

식탁에서 하지 말아야 할 행동을 아이는 모른다

동욱이가 먹는 것으로 손장난을 치는 것은 누가 봐도 잘못된 식습관이다. 두 돌까지는 아이의 행동을 최대한 허용해 주는 게 좋지만, 위험한 행동, 다른 사람에게 피해를 주는 행동은 하지 말라고 일러 줄 필요가 있다. 아이가 호기심에 어떤 행동을 처음 시도할 때, 해야 할 일과 하지 말아야 할 일의 경계를 분명히 해 주어야 한다. 동욱이가 음식으로 장난을 치는 것은 젓가락, 숟가락 사용이 미숙하기 때문일 수도 있지만, 자신의 행동이 하지 말아야 할 행동이라는 걸 배우지 못했기 때문일 수도 있다. 아이에게 식사 시간에 해서는 안 되는 행동을 가르칠 때는 체벌을 하거나 무섭게 해서는 안 된다. 소리 지르고 때리는 행동은 아이에게 식사에 대해 안 좋은 기억을 만들어 줄 수 있다. 단지 얼굴 표정과 행동을 단호하게 하고, 그 규칙을 일관되게 적용하면 된다.

음식에 대한 호기심을 지켜 주면서, 손의 협응력 발달도 도와야 한다

그래도 한 가지 다행스러운 일은 아이가 아직 음식에 관심을 갖고 있다는 것이다. 음식을 가지고 장난을 치는 건 음식에 관심이 있다는 증거이다. 이런 경우, 음식에 대한 호기심도 채워 주면서 손의 협응력 발달에도 도움이 되는 방법을 생각해 보아야 한다. 어제까지 음식을 손으로 집어 먹던 아이에게 이제부터는 식사예절을 제대로 가르친다고 숟가락, 젓가락을 사용하라고 할 수는 없다. 사실 먹을 것으로 장난을 치는 경우, 방법은 두 가지다. 공포를 주거나 흥미를 잃게 해 스스로 멈추게 하는 것. 공포를 주는 경우 효과는 빠르지만, 그렇다고 아이를 일부러 뜨거운 국물에 데게 할 수도 없고, 게의 집게발에 물리게 할 수도 없는 일이다. 어린아이의 경우 바람직하지 않은 방법보다 더 재미있는 방법을 알려 주어, 스스로 행동을 멈추게 하는 게 가장 좋다. 아이가 손으로 음식을 먹고 싶어 한다면, 아예 쌈을 싸서 먹을 수 있는 음식을 차린다. 채소를 잘 먹는 아이는 채소쌈을 이용해도 좋고, 달걀지단이나 김을 이용해서 놀이하듯 돌돌 말아 먹게 해도 좋다. 아이를 요리에 직접 참여시켜 음식의 재료를 마음껏 만져 보게 하는 것도 도움이 된다. 엄마와 함께 빵을 만들면서 빵 반죽에 초코칩이나 견과류를 한 알씩 박아 보는 것도 좋은 방법이다. 식사 시간 이외에는 밀가루나 찰흙을 이용한 놀이도 좋다. 이런 놀이는 손의 협응력을 발달시킬 뿐 아니라 무언가를 조작하고 싶어 하는 이 시기 아이들의 욕구도 해소해 줄 수 있다.

아이의 식생활 File ❺

칭찬은 아이도 밥 먹게 만든다

식사 시간은 아이든 부모든 누구에게나 즐거운 시간이어야 한다. 아이를 조금이라도 덜 혼내기 위해서 엄마가 화를 참으며 밥알로 어지러운 집 안을 치운다면, 엄마에게 식사 시간은 조금도 즐거운 시간이 아니다. 아이의 장난이 심하지 않다면 아예 같이 놀아 주자. 음식을 만들 때 참여시켜 실컷 가지고 놀게 하거나, 좋아하는 캐릭터의 숟가락, 젓가락을 이용하여 식사 시간을 놀이 시간처럼 만들어라. 이렇게 하면 아이는 점차 음식과 숟가락 사용에 흥미를 보일 것이다. 이때 아이가 흘리거나 잘못하더라도 개의치 말고, 아주 조금이라도 잘한 것을 과장하여 칭찬해 준다. 식습관이 나쁜 아이에게 칭찬만큼 좋은 보약은 없다.

동생을 본 후 밥을 먹지 않는 아이

동생이 태어난 지 한 달, 민상이(생후 26개월)는 밥 먹이기 힘든 아이가 되었다. 돌아다니며 먹는 것은 기본이고, 쫓아다니면서 먹여도 엄마가 애원을 해야 겨우 받아먹는다. 사실 돌아다니는 것뿐 아니라 하루 종일 징징거리는 탓에, 엄마는 너무 힘이 든다. 밥은 안 먹으면서 자기가 먹고 싶은 것, 엄마가 먹지 말라고 한 것, 예를 들어 빵, 과자, 사탕, 초콜릿 등은 어떻게든 먹고야 만다. 배고프면 징징거리고, 밥은 안 먹으려고 하는 큰 아이와 아직 한 달밖에 되지 않은 작은 아이 때문에 요즘 민상이 엄마는 혼자 울 때가 많다. 큰 아이가 잠든 것을 보면 먹는 것 가지고 소리 지르거나 때리지 말아야지 하면서도 막상 상황에 맞닥뜨리면 엄마 자신도 제어가 안 된다. 동생이 태어나기 전에는 좀 천천히 먹긴 했어도 제법 앉아서 밥을 잘 먹었는데, 요즘 큰 아이를 보면 엄마를 골탕 먹이려고 작정한 아이 같다.

엄마의 사랑이 그리워서 하는 행동이다

동생이 생긴 아이들이 흔히 보이는 행동이다. 동생이 생긴다는 것은 아이에게 엄청난 스트레스이다. 자신보다 아기에게 더 달라붙어 있는 엄마, 아빠, 다른 가족을 보면서 처음에는 신기했다가 아이는 이내 동생이 자신의 사랑을 빼앗아간 경쟁자라고 생각한다. 그래서 아기처럼 굴기도 하고 말을 안 듣기도 하고 심지어는 동생을 때리기도 한다. 대부분은 시간이 지나면 좋아지는데, 아이의 문제행동이 계속된다면 아이의 스트레스가 계속되고 있다고 이해해야 한다. 동생을 본 스트레스는 민상이의 경우처럼 식습관이나 행동으로 쉽게 나타나지만, 스트레스가

지속되면 면역력이 떨어져 크게 아프거나 잔병치레가 많아지는 등 신체적 건강 이상으로 진행되기도 한다. 동생이 태어나고 아이가 스트레스를 받는 근본적인 이유는 바로 '엄마의 관심을 받고 싶은 마음' 때문이다. 동생처럼 아기 같은 행동을 하는 것도, 자꾸 짓궂게 말을 안 듣는 것도, 계속 징징거리는 것도 동생이 미워서가 아니라 예전 같은 엄마의 사랑이 그리워서이다.

밥 먹이기보다 엄마의 사랑을 확인시켜 주는 것이 중요하다

아이에게 밥을 먹이려고 하기 전에 먼저 엄마의 사랑을 알려 주는 것이 중요하다. 동생을 본 후 허전해진 아이의 마음을 헤아려 봐야 한다. 민상이 엄마의 경우 지금 두 아이를 키우는 것이 무척 힘들고 힘에 부치겠지만, 큰 아이를 위해 하루 한 시간이라도 집중된 관심 혹은 놀이 시간을 가져야 한다. 그렇지 않으면 아이는 엄마가 자신의 마음을 몰라준다는 생각에 더욱 고집스러운 행동을 하게 된다. 이러한 배려 없이 미안한 마음에 계속해서 애원하듯이 밥을 먹이면, 아이는 '밥 먹는 것'을 이용해서 엄마의 사랑을 확인하기 위해 더욱더 애원해야 밥을 먹는 상황을 만들 것이다.

무조건 큰 아이가 최고라고 치켜세워라

동생이 생긴 아이가 받는 충격은 생각보다 크다. 아이는 동생으로 인해 부모가 자신을 싫어하게 되었다고까지 착각할 수 있다. 이럴 때는 무조건 큰 아이가 최고라는 이미지를 심어주어야 한다. 맛있는 음식도 큰 아이 먼저 주고, 선택권을 줄 때도 큰 아이에게 우선 고르게 한다. 둘째가 어려서 엄마가 챙길 수밖에 없다면, 엄마를 제외한 다른 가족들은 큰 아이를 더 챙겨 주어야 한다. 그래야 동생이 생긴 어마어마한 스트레스를 잊어버린다. 또한 모든 상황에서 동생은 너와는 경쟁이 되지 않는 작은 존재라는 것을 일깨워 준다. 너무 연약하고 작기 때문에 '슈퍼 형아'가 챙겨 주어야 한다고 치켜세워라. 이때 큰 아이에게 동생을 돌보는 일을 분담시키는 것이 좋다. 가령 아기에게 밥을 먹일 때 손수건을 갖다 달라고 한다거나, 동생이 먹을 음식을 맛보고 뜨거운지 적당한지를 결정해 달라고 부탁하자. 아이는 스스로 동생보다 자신이 훨씬 중요한 존재라고 생각하게 될 것이다. 동생이 생기면서 나타난 민상이의 문제행동은 주변 어른들이 아이의 마음을 헤아리면서 따뜻한 애정으로 감싸 주면 서서히 나아질 것이다.

씹지 않고 물고만 있는 아이

하늘이(만 4세)는 요즘 아침을 먹을 때마다 출근하는 아빠에게 혼이 난다. 하늘이 아빠는 아이가 돌아다니면서 밥을 너무 천천히 먹는다며 아침만이라도 같이 먹으면서 아이의 버릇을 고치고 싶어 한다. 아이는 아빠가 무서워서 그런지 아빠가 옆에 있으면 얌전히 앉아서 먹는 듯하다. 계속 그렇게 얌전히 잘 먹어 주면 좋으련만, 문제는 아이의 행동이 그저 먹는 시늉이라는 것이다. 하늘이는 밥을 한 숟가락 입에 넣고 씹지 않고 물고만 있다. TV를 보면서 멍한 표정으로 입안에 밥을 물고만 있다. 엄마랑 있을 때처럼 밥을 물고 돌아다니지는 않아 낫긴 하지만, 이렇게 씹지 않고 10분은 물고 있으니 엄마 아빠는 답답할 따름이다. 하늘이가 이렇게 밥을 씹지 않고 입에만 물고 있는 것은 생후 16~18개월 때부터였다. 이후 지금까지 윽박질러도 보고 달래도 보고 정말 갖은 방법을 다 써 봤다.

먹고 있다는 증거로 물고 있다!

밥을 입에 물고 다니는 것은 밥을 먹으라고 강요하면서 생긴 습관일 가능성이 높다. 심한 아이들은 유치원 점심시간에 먹은 것을 집에까지 물고 오기도 하고, 저녁에 먹던 것을 입에 물고 잠자리에 드는 경우도 있다. 아이는 엄마 아빠가 지나치게 먹으라고 강요하니, '나 먹고 있다', '먹고 있는 중'이라는 것을 시위하기 위해 밥을 입에 물고 있는 것. 아이가 이런 행동을 보일 경우 다음 몇 가지 이유를 생각해 봐야 한다. 첫째, 너무 강요하지 않았는가? 둘째, 음식의 양이 아이가 감당할 수 없을 만큼 많지 않은가? 셋째, 씹기에 너무 질긴 음식을 준 건 아닌가?

넷째, 식사 시간이 너무 재미없지는 않은가? 등이다. 하늘이의 경우는 씹지 않고 물고만 있는 행동이 생후 16~18개월 때부터 나타나기 시작했다고 했으므로, 혹 밥을 물이나 국에 말아 먹여서 씹는 훈련을 제대로 하지 못한 건 아닌지도 생각해 봐야 한다.

씹어 먹는 것이 왜 좋은지 설명한다

음식을 씹어 먹는 행동은 맛을 음미하는 즐거움을 주고, 뇌세포를 활성화시켜 두뇌 발달도 돕는다. 또한 소화작용에도 중요한 영향을 미친다. 만 4세 정도면 이런 것을 동화책이나 손 인형 등을 통해 설명해 주면 충분히 이해할 수 있다. 씹게 되면 치아끼리 부딪히고 그 충격이 뇌로 전달된다. 그러면서 뇌는 "맛있는 밥을 먹는구나", "밥을 먹고 힘을 내야지", "에너지를 만들어야지", "더 똑똑해져야지" 하는 생각을 한다. 만약 잘 씹어 먹지 않으면 똑똑해질 수 없고, 친구들보다 힘이 세질 수도 없고, 키도 안 큰다는 것을 설명해 주자. 잘 씹지 않아서 생기는 단점들에 대해서 이야기해 주는 것도 좋다. 가령 꼭꼭 씹는 동안 입속에 침이 생기고 침이 소화를 도와주는데, 씹지 않고 삼켜 버리면 입에서 소화가 되지 않은 음식이 덩어리째 뱃속으로 꿀떡 넘어가 위가 하는 일이 많아지고, 위가 너무 힘들면 배가 아플 수도 있다고 설명해 준다.

처음부터 다시 씹는 훈련을 시작해라

늦었지만 다시 씹는 훈련을 시켜야 한다. 일본의 한 초등학교에서 실시한 껌

씹기 훈련이나 딱딱한 전병 먹기 훈련처럼 하늘이에게도 꼭꼭 씹어 먹는 훈련을 시킨다. 20초 혹은 20회 씹기를 해 보고 느낌이 어떤지, 씹은 음식의 모양이 어떻게 변했는지 말해 보게 한다. 이때 처음부터 너무 딱딱한 음식, 너무 질긴 음식, 너무 많은 음식을 주어서는 안 된다. 특히 한입 가득, 한 숟가락 가득 먹이는 것은 좋지 않다. 최대한 아이의 의사를 존중하여 진행해야 한다. 씹기 쉬운 음식부터 시작해 점점 딱딱한 음식으로 진행시킨다. 식탁에서 씹기 게임을 하는 것도 좋은 방법이다. 아주 쉽고 재밌는 문제를 내서 맞힐 수 있게 하되, 반드시 열 번 씹은 다음 손을 들고 삼킨 다음 답을 말하도록 한다. 아이가 열 번 씹는 것을 잘하면, 다음번에는 열다섯 번 씹고 손을 들고 삼키게 하고, 그다음에는 스무 번을 씹도록 한다. 이런 식으로 밥을 다 먹으면 칭찬 스티커를 주는 식으로 훈련을 시킨다. 사실 아이가 씹지 않는 이유와 쉽게 할 수 있는 해결책은 아이의 부모가 가장 잘 알고 있다. 여기 제시한 방법을 사용해도 좋고, 내 아이만의 맞춤 해결책을 부부가 상의한 뒤 적용해 보는 것도 좋다.

아이의 식생활 File ❻

밥도 공부처럼 집중해서 먹자

아이가 밥을 먹는 시간은 먹는 행위에만 집중할 수 있도록 한다. 음식의 맛을 음미하고 식사 시간을 즐길 수 있도록 다른 자극은 모두 차단한다. 그런 의미에서 텔레비전을 켜 놓고 식사하는 것은 바람직하지 않다. 장난감 놀이를 하거나 책을 보면서 밥을 먹는 것도 바람직하지 않다. 무엇보다 가족 모두 식탁에 앉아 즐거운 이야기를 하면서 꼭꼭 씹어서 밥을 먹어야 한다. 밥도 공부처럼 집중해서 열심히 먹어야 제맛을 느낄 수 있고, 그 안의 영양분을 제대로 흡수할 수 있다.

먹고 토하는 아이

> 운재(생후 33개월)는 배가 빵빵한 상태에서 뭐라도 먹으면 다 토해 버린다. 목에 뭔가 걸린 것처럼 헛구역질을 하고 한 번 뱉어낸 다음 분수처럼 와락 토한다. 가뜩이나 입이 짧고 잘 안 먹는 아이라 한 끼를 먹이는 데 세 시간이 걸리는데, 그걸 다 토해 버리고 나면 운재 엄마는 너무 허탈하고 속상하다. 운재가 먹는 밥 양은 어린이 공기 2/3 정도이고, 국 한 그릇, 반찬 조금을 먹는다. 그렇게 많이 먹는 것도 아닌데 왜 이렇게 토하는지 엄마는 정말 걱정이다. 특히 밥을 먹고 우유를 먹었을 때 심하다. 시어머니는 운재의 식도가 다른 아이들보다 좁아서 그런 거라고 하신다. 토해 놓고 운재도 많이 당황스러워 한다. 운재는 신생아 때도 너무 잘 토하는 아이였다.

질감이 불쾌하게 느껴졌을 때, 구강 운동 발달이 늦을 때

아이의 위는 어른보다 작고 거의 일직선 모양이다. 그래서 음식을 먹으면 위가 옆으로 휘어져 있는 어른보다 훨씬 토하기 쉽다. 아이들이 자주 토하는 이유는 위식도 괄약근 기능이 아직 미성숙해 생기는 위식도 역류가 대부분이다. 위식도 역류는 식도의 아래 근육이 약하여 위 배출이나 근육경련, 변비 등에 의해 복부의 압력이 높아지기 때문에 발생한다. 그러나 생후 1~2년 내에서 이런 역류에 의한 구토는 흔한 증상이다. 시어머니는 운재의 식도가 다른 아이들보다 좁은 것 같다고 하셨는데, 아이들의 식도가 어른보다 좁아서 토하기 쉬운 것은 사실이지만, 식도 자체는 너무나 잘 늘어나는 기관으로 음식물이 안 들어갈 정도로 좁지 않다. 그보다 운재가 과거 특정 음식을 먹고 토한 적은 없는지 생각해 보자. 특정한 음식의 질감을 유난히 불쾌하게 느낄 경우, 아이는 그 음식을 다시 먹었을 때 자신도 모르게 토하기도 한다. 또 구강 운동 발달이 늦는 경우 식사 중에도 구역질을 하는 아이들이 있다. 만약 운재가 만 3세가 넘어서까지 자주 구토를 한다면 주기성 구토증후군 혹은 다른 질환이 있을지도 모르므로 전문의의 진찰을 받아 보는 것이 좋다.

꾸역꾸역 먹인 것은 아닌지 체크!

전문의의 진찰을 받아 보았는데 아무 이상이 없고 아이의 체중이 꾸준히 잘 늘고 있는데도 자주 토한다면 다른 원인을 생각해 보아야 한다. 혹 아이의 뱃고래가 또래보다 작을 수도 있다. 아무리 또래 아이들은 다 먹는 양이라고 하더라도, 정작 내 아이가 가진 뱃고래가 작으면 아이는 당연히 토하게 된다. 또한 식사 후 너무 금방 우유를 마시게 한 것은 아닌지 생각해 보자. 이런 아이의 경우 조금씩 자주 먹이는 것이 우선이다. 쉽게 토하는 아이라면 우유는 식사를 마치고 2시간 정도 간격을 두고 먹이는 것이 좋다.

짧은 시간에 조금만 먹이고, 음식에 대한 미련을 버린다

아무 문제가 없다고 하더라도 아이는 어른보다 잘 토한다. 조금만 싫은 느낌이 나도, 조금만 많이 먹은 것 같아도 왝왝 토해 버린다. 자주 토하는 아이의 경우 가장 좋은 것은 음식을 조금씩 여러 번 먹이는 것이다. 먹고 토했다고 다시 먹을 것을 챙겨 먹이면 또 토한다. 3시간 동안 먹이면 1~2시간 뒤에 다시 다음 식사 시간이 된다. 그렇게 되면 아이는 계속 먹고 있는 셈이 된다. 아이의 위가 쉴 시간이 없는 것. 식사 시간은 30분 정도로 잡는다. 이후 못 먹는 음식이나 토한 음식에 대해서는 미련은 버려라. 1~2시간 후에 약간의 간식을 먹일 수도 있고, 또 그 1~2시간 후에는 식사 시간이 있으므로 별로 걱정 안 해도 된다. 무조건 짧은 시간 안에 조금만 먹이고, 그런 다음 토하지 않으면 만족해야 한다. 이런 식으로 반복해 가면서, 아이의 연령이 증가함에 따라 조금씩 한 번에 먹는 양을 늘리도록 한다.

아이의 식생활 File ❼

'아이의 식욕'을 인정하면, 식습관 문제는 해결된다

기질적인 문제나 의학적인 문제가 없을 경우 아이의 부적절한 식습관은 대부분 부모가 아이의 음식에 대해서 '언제', '무엇을', '얼마나' 먹을 것인지 인위적으로 정하기 때문이다. 부모가 강압적인 양육태도를 가졌을 경우 아이들은 쉽게 체하고, 먹고 토하는 행동을 자주 보인다. 아이가 바람직한 식습관을 갖게 하려면 무엇보다 먼저 부모가 '아이만의 식욕'을 인정해야 한다. 아이에게도 자신만의 자연스러운 식욕이 있다. 식사 시간과 식탁에 차려 놓는 음식의 종류는 부모가 결정할 수 있지만, 그중 무엇을 얼마나 먹을지는 아이가 결정하게 해 주어야 한다. '잘 먹는다'는 것은 생각보다 여러 가지 깊은 뜻이 있다. 먹기도 잘해야 하지만 소화흡수도 잘해야 정말 알차게 잘 먹는 것이다. 이를 위해서는 자신의 양에 맞게 스스로 즐겁게 먹을 수 있도록 도와 주어야 한다.

밥만 안 먹는 아이

지성이(생후 39개월)는 4kg으로 태어난 아주 통통한 아이였다. 돌 전까지만 해도 통통한 몸만큼 잘 먹었다. 그러나 세 돌이 지나면서 아이가 달라지기 시작했다. 아이가 갑자기 밥을 너무 안 먹는 것이다. 그 때문인지 감기, 장염, 축농증 등 잔병치레는 더 많아져 약을 달고 산다. 지금도 축농증 약을 한 달째 먹고 있다. 밥을 어찌나 안 먹는지 한 끼에 먹는 양이 어른 숟가락으로 두 숟가락 정도. 그것도 다 먹지 않고 깨작거리다가 "그만 먹을래, 배가 터질 것 같아"라고 말한다. 말은 어찌나 잘하는지 이리저리 핑계만 대는 것 같다. 밥을 잘 먹게 하려고 녹용 넣은 한약도 먹여 보고, 영양제, 비타민, 홍삼, 유산균 식품, 건강보조식품까지 먹여 봤지만 소용이 없다. 그런데 사실 밥 말고 다른 것은 좀 먹는 편이다. 오늘 아침에도 밥은 얼마 안 먹고 사과를 달라고 졸랐다. 이럴 때는 줘야 하는지 말아야 하는지 고민된다. '그래 그거라도 먹어라. 굶는 것보다는 낫지' 하면서 주었더니, 옥수수 캔 큰 것 한 개, 카스텔라 한 개, 사과 한 개, 삶은 달걀 한 개, 주스 한 잔까지 다 먹어치웠다. 지성이는 과일과 주스는 아무리 줘도 마다하지 않는다. 사람들이 간식을 너무 잘 먹어 밥을 안 먹는 거라고 해서, 하루 정도 간식을 끊은 적이 있는데, 하루 종일 아무것도 안 먹고도 지성이는 밥 달라는 소리를 안했다. 저녁 늦게야 걱정이 돼서 다시 간식을 주고 말았다. 아예 밥 먹이는 것을 포기하고 간식으로 영양을 채우는 것이 낫지 않을까 하는 생각도 든다.

밥을 안 먹는 것이 아니라 단 음식에 길들여진 것이다

지성이는 밥을 안 먹는 아이라기보다 단 음식에 길들여진 아이라고 해야 맞을 것 같다. 옥수수, 카스텔라 등은 밥과 같은 탄수화물 식품, 즉 곡류군이라서 밥의 대체 식품이 된다. 하지만 밥보다 상대적으로 당분 함량이 많아서 달다. 그러니 지성이의 입에는 밥이 너무 싱거워 맛이 없고 달콤한 간식이 좋은 것이다. 하루 종일 줘도 마다하지 않는다는 과일과 주스도 밥에 비하면 무척 단 음식이다. 아이의 혀가 이렇게 단맛에 자주 노출되면, 웬만한 맛에는 별 '맛'을 느낄 수 없고, 단맛 또한 무뎌져 점점 더 강한 맛을 원하게 된다. 이런 아이에게 밥을 어떻게 먹여야 할까? 갑자기 아이 입에는 너무 싱거운 밥을 무조건 먹어야 한다고 강요할 수는 없다. 일단 싱거운 밥 대신 콩나물 밥, 잔멸치 주먹밥, 달걀 볶음밥 등 다양한 밥을 제공해서 밥에 대한 이미지를 개선해야 한다. 아이가 조금씩 밥을 잘 먹게 되면 흰밥에 여러 가지 채소와 아이가 좋아하는 반찬을 넣어 비빔밥 형태로 주어도 좋다. 아이에게 밥도 간식 못지않게 맛있는 음식이라는 인식을 심어주어야 한다.

간식은 절대 밥의 대체물이 될 수 없다

아이가 간식으로 다양한 음식을 먹을 경우 엄마들은 '밥 대신 간식을 먹이면 왜 안 될까?'라고 생각하기도 한다. 보통 밥 1/3공기와 옥수수나 고구마 1/2개, 감자 1개, 식빵 1개의 열량은 같다. 하지만 이런 식품들은 밥처럼 반찬과 같이 먹을 수 없으므로 영양 불균형이 초래된다. 더욱이 이런 식품들은 대부분 설탕, 버터, 잼 등과 함께 먹기 때문에 지나치게 당분을 많이 섭취하게 한다. 그렇기 때문에 한국영양학회에서는 한국인의 건강을 지키기 위해 밥과 반찬 형태의 식사를 주식으로 하라고 권장하는 것이다. 아이가 밥 먹기를 거부하는 가장 큰 이유는 부모가 어떻게든 먹이려고 들기 때문이다. 부모가 한 숟가락이라도 더 먹이려고 몸에 좋지 않은 간식을 자꾸 주면 아이의 밥투정은 결코 나아지지 않는다. 특히 밥의 대체물로 간식의 양을 늘려가는 것은 나쁜 식습관을 더욱 나빠지도록 조장할 뿐이다.

며칠간 굶기더라도 단 간식은 일체 끊어라

한두 끼 정도 굶겨 보았는데도 아이가 밥을 먹지 않으면, 안쓰럽고 걱정이 되어 다시 간식을 주는 부모들이 많다. 그런데 이렇게 하면 아이는 밥과 더욱더 멀어진다. 지성이 같은 경우 간식으로 먹는 열량이 너무 많기 때문에, 간식을 일체 끊어야 한다. 며칠을 굶기는 한이 있어도 약 30분 정도의 식사 시간이 끝나면 아이에게 식사 시간이 끝났음을 알리고 음식을 모두 치운다. 물론 간식은 전혀 주지 않는다. 과일이나 주스도 주지 말아야 한다. 아이에게 식사 시간 이외에는 배가 고파도 먹을 수 없다는 것을 명확히 인식시켜야 하기 때문이다. 이런 경우 밥을 먹으면 뭘 사 주겠다거나 하는 약속은 절대 하지 않도록 한다. 먹는 것을 가지고 아이와 거래를 하기 시작하면 올바른 식습관을 들이기가 점점 어려워진다. 거짓말을 해서 밥을 먹게 해서도 안 된다. 얼마간은 엄마의 인내심이 절실히 필요할 것이다. 아이가 밥을 잘 먹게 되어 다시 간식을 주게 되더라도 단맛의 간식은 피한다. 엄마가 직접 만든 담백한 쿠키나 검정콩, 잔멸치 등 건강한 간식 메뉴를 생각해 보자.

잠들기 전 꼭 먹어야 하는 아이

> 희연이(만 2세)는 정말 조금 먹는 아이다. 아침밥은 어린이 공기로 1/4 정도, 점심은 거의 먹는 둥 마는 둥, 간식도 많이 먹지 않는다. 바나나 반 개, 요구르트 하나 정도이다. 저녁도 식사를 차려 놓으면 반찬 몇 개만 집어 먹고 만다. 억지로 먹이지 말자가 엄마의 신조라 따라다니면서 먹이지 않다 보니 하루 동안 먹는 양이 너무 적다. 주변에서는 조금 먹고도 잘 논다고 신기해한다. 그런데 밤만 되면 희연이의 식욕이 발동한다. 오후 10시쯤 자려고 누우면 이것저것 먹고 싶은 것을 읊어댄다. 어제도 달걀 프라이에 생선 한 마리, 생우유 200ml를 먹고 잠이 들었다. 먹고 자면 안 좋을 것 같아 조금 놀아 주려고 했는데, 희연이는 바로 잠이 들어 버렸다. 하루 종일 안 먹는 아이가 왜 자기 직전에 먹을 것을 찾는지 모르겠다. 돌 전에도 하루 종일 120ml밖에 안 먹던 아이가 자기 전에는 200ml를 거뜬히 먹곤 했다. 자기 전에 많이 먹으면 경기를 한다고 하던데, 이렇게 계속 먹여도 될지 걱정이다.

밤에 많이 먹기 때문에 낮에 안 먹는다

식사는 습관이다. 희연이는 어릴 적부터 잘못 만들어진 식습관 때문에 낮에는 안 먹고 밤에만 먹을 걸 찾는 것이다. 잠들기 전에 많이 먹으면 소화를 해야 하기 때문에 위가 활동을 하느라 깊게 잠을 잘 수 없다. 잠을 깊게 자지 못하면 아침에 늦게 일어난다. 늦게 일어난 아이는 저녁에 야식을 많이 먹었기 때문에 전혀 식욕이 없다. 하루 종일 식욕이 없지만 낮 동안 활발하게 논 탓에 저녁에는 다시 식욕이 생긴다. 잠들기 전에야 먹을거리를 찾게 되는 것. 희연이의 식습관은 이런 식으로 악순환을 반복하고 있다. 이렇게 계속 먹이다 보면 불규칙한 식습관이 굳어지는 것은 물론, 소화 기능에도 문제를 일으킬 수 있다. 자기 전에 많이 먹는다고 경기를 하는 것은 아니지만, 매우 안 좋은 습관이다. 아이의 성장에는 일찍 먹이고 깊이 재우는 것이 가장 좋다.

안쓰럽더라도 자기 전에는 주지 않는다

자기 전에 먹고 하루 종일 안 먹는 악순환의 고리를 끊으려면, 안쓰럽더라도 자기 전에 먹을 것을 주지 말아야 한다. 자기 전 2시간은 공복 상태를 만든다는 생각으로 먹을 것을 주지 않는다. 만약 아이가 배가 고파서 잠을 못 잘 정도라면 우유 반 잔 정도만 준다. 잘 안 먹는 아이의 경우 우유는 특히 조심해야 한다. 우유는 식사를 잘 마치고 2시간 정도 지난 뒤 간식의 개념으로만 주어야 한다. 전날 밤 음식을 주지 않았는데도 아이가 낮 동안 먹지 않는다면 그냥 굶겨라. 낮에 먹지 않았다고 다시 밤에 음식을 주어서는 안 된다. 이렇게 하루 정도만 굶기면 그 다음날 아침은 배가 고프기 때문에 먹을 수밖에 없다. 아이가 낮에 먹게 되면 그때부터는 일찍 잠자리에 들게 하는 것이 좋다. 그래야 일찍 일어나게 되고, 아침에 깨어 조금 놀면서 위장이 워밍업된 상태에서 식사를 할 수 있다. 이렇게 되면 아이의 아침 식사량은 점점 늘어난다. 위와 장의 운동이 활발해지면 점심과 저녁도 제시간에 먹을 수 있고 먹는 양도 늘릴 수 있다. 낮 동안에 좀 더 햇볕을 쬐고 운동량을 늘려 주면 식욕이 돌아오는 데 도움이 된다. 체중이 미달된 상태라면 식욕을 떨어뜨리는 빈혈이나 미량 영양소의 결핍은 없는지 전문의의 진찰을 받아볼 필요가 있다.

아이의 식생활 File ❽

자기 전에 먹는 것은, 잠투정의 일환

아이들의 경우 잠드는 것을 엄마와 분리되는 것이라고 생각하기 때문에 안 자려고 버티는 경우가 있다. 이것을 '잠투정'이라고 한다. 안아 달라고 하거나, 계속 책을 읽어 달라고 하거나, 노래를 불러 달라고 하거나, 징징대거나……. 아이들이 자지 않기 위해 동원하는 방법은 생각보다 많다. 자기 전에 이것저것 달라고 하는 것도 그런 행동일 수 있다. 잠드는 시간을 최대한 늦추기 위해서 엄마가 낮 동안 가장 원했던 행동을 하는 것이다. 엄마는 늦은 시간이지만 먹는다는 게 고마워서 먹을 것을 챙겨 주게 된다. 하지만 아이의 요구를 자꾸 들어 주다 보면 자기 전에 음식을 먹는 것이 습관으로 굳어져 아이의 건강까지 해칠 수 있음을 잊지 말자.

너무 오래 먹는 아이

지원이는 밥 먹는 걸 너무너무 싫어하는 6세 남자아이다. 여섯 살인데도 키가 작은 편이라 남들은 네 살 정도인 줄 안다. 지원이는 어릴 때부터 자기 스스로 먹질 않았는데, 살을 찌워야겠다는 생각에 먹여 줘 버릇했더니 이제는 아예 스스로 먹으려 하지 않는다. 혼자 먹는 방법을 잊어버린 것 같다. 혼자 먹어야 자립심도 생긴다고 해서 며칠 전부터 혼자 먹게 하고 있지만, 먹기는커녕 식탁 앞에서 한 시간이고 두 시간이고 멍하니 앉아만 있다. 밥을 먹으라고 다그치면 밥 한 숟가락을 입에 넣고는 씹지 않고 쪽쪽 빨아 먹는다. 엄마는 협박도 해 보고, 달래도 보고, 벌도 세우고, 때리기도 한다. 전문의의 진찰을 받아 봐도 별 이상이 없다고 하는데 왜 이렇게 먹질 않을까? 친정 엄마는 세 시간 먹는 아이도 봤다면서 참으라며 다시 먹여 주라고 하시는데, 어찌해야 할지 모르겠다. 한 달 뒤면 유치원에 가야 하는데 그래서 더 걱정이다.

심리적인 원인은 대부분 부모에게서 기인한다

아이가 밥을 잘 먹지 않을 때 가장 먼저 살펴보아야 할 것은 몸 상태가 나쁘지 않은가이다. 건강상으로 문제가 없다면 다음은 심리적인 요인을 살펴본다. 심리적인 요인을 찾아보면 대부분 그 이유가 부모에게 있다. 지원이처럼 식탁에서 벌을 서듯이 오래 앉아 있는 습관도 대개 어릴 때 부모가 억지로 먹인 것이 원인인 경우가 많다. 오랜 시간 밥을 먹는 아이를 보면 지나치게 의존적인 성향을 가진 경우가 많다. 엄마가 급한 마음에 어릴 적부터 먹여 주었기 때문이다. 의욕이 없거나 호기심이 없는 경우도 많은데, 엄마가 밥상에서 지나치게 주도적이었기 때문이다. 밥을 오래 먹는 아이들은 자존감이 낮은 경우도 많다. 이 또한 부모가 먹는 것으로 지나치게 야단을 쳤기 때문에 나타나는 결과이다. 반복되는 엄마의 야단과 식사에 대한 집착은 아이로 하여금 먹는 것을 부담스럽게 느끼게 한다. 자아상이 손상되어 위축된 아이가 되는 것이다. 이런 아이는 밥상에서는 물론, 생활 전반에서 모두 무기력하다.

급하다고 먹여 주면, '식사란 먹여 주는 것'이라고 생각한다

아이들에게는 누구나 스스로 하겠다고 우기는 시기가 있다. 보통 돌 즈음부터 그렇다. 밥상 앞에서도 마찬가지다. 아직 혼자 먹는 기술이 부족하지만 음식을 흘리면서도 손으로, 숟가락으로 음식을 집어서 혼자 먹으려고 한다. 이때 음식을 흘린다고, 손으로 먹는다고 혼을 내거나 먹여 주면 아이는 위축된다. 혼자 숟가락을 쓰면서 얻을 수 있는 성취감을 맛볼 수 없게 된다. 생후 18개월까지 혼자 숟가락으로 먹는 연습이 제대로 되지 않으면 두 살이 되어도 아이는 먹여 달라고 입만 벌리고 있다. 혼자 먹을 줄 모르기 때문이다. 돌 이전부터 숟가락을 주고 충분히 연습하게 했다면, 아이는 두 돌쯤 되면 충분히 숟가락질을 할 수 있게 된다. 아이가 혼자 먹을 수 있는데도 좀 더 빨리 많이 먹일 욕심에 먹여 준 것이 아이를 무능하게 만든 것이다. 또한 두 돌까지 쭉 엄마가 먹여 줘 버릇한 아이는 이제는 '식사란 먹여 주는 것'이라고 생각하여, 좀 자라서 숟가락을 쓸 수 있는 기술을 습득해도 혼자서 먹으려 들지 않는다.

잔소리는 줄이고, 이벤트를 준비해라

밥을 오래 먹는 것이 습관이 되면 고치기가 참 힘들다. 엄마는 하루 종일 아이 밥 먹는 것에만 매달리게 되고, 식사 시간마다 옆에서 이것저것 간섭하거나 잔소리를 하느라 바쁘다. '밥 먹을 때는 개도 안 건드린다'는 옛말처럼 이런 분위기에서 식욕이 도는 아이는 없을 것이다. 기분도 좋고 분위기도 밝아야 없는 입맛도 생긴다. 그러려면 그냥 마음만 먹어서는 안 된다. 식사 시간에 이벤트를 준비해 보자. 매일 먹는 밥그릇이 아니라 가끔은 예쁜 모양으로 주먹밥을 만들어 본다. 바닥에 아이가 좋아하는 그림이 그려진 그릇을 준비하여 밥을 담아 주어도 좋다. 아이는 밥을 조금씩 먹을 때마다 나타나는 그림에 즐거워할 것이다. 아이와 함께 쌀을 씻어 보기도 하고, 손을 담가 직접 밥물을 재어 보게도 한다. 아이는 자기가 지은 밥에 좀 더 애정을 보일 것이다. 어른들은 영양학적인 지식이 있어 아이에게 골고루 섭취해야 한다고 강요하지만, 아이들은 그런 지식을 갖추고 있지 않다. 그런 아이들에게 좋은 음식이니까 꼭 먹어야 한다고 강조하는 것은 별 설득력이 없다. 그보다 먹는 시간을 재미있게 해 주고, 아이가 음식을 먹을 때 관심을 보여주는 것이 더 효과적이다.

식사 시간 후에 재미있는 시간을 남겨둔다

그런 의미에서 식사 시간 후에 재미있는 시간을 마련해 두는 것도 좋다. 혼자서 주어진 분량을 다 먹으면 거실에서 재미있는 게임을 하기로 한다든지, 옛날이야기를 해 준다고 약속한다. 아이가 좋아하는 어떤 행사가 있을 때는 밥을 먹고

난 뒤로 시간을 조정해 둔다. 그러면 아이는 밥을 먹고 난 뒤의 시간이 기대돼 긴 시간 식탁 앞에 앉아 있을 수 없을 것이다. 지원이의 경우 한 가지 다행스러운 것은 한 달 뒤에 유치원을 간다는 점이다. 엄마는 그래서 더 걱정스럽다고 했지만, 오히려 그 때문에 아이의 식습관이 더 나아질 수 있을 듯하다. 특별히 심리적으로 문제가 없다면 아이는 또래들의 행동에 영향을 받아 좀 더 빨리 먹으려고 들기 때문이다. 그리고 세 시간이나 먹는 아이도 있으니 그냥 먹여 주라고 하신 친정 엄마의 말씀은 새겨듣지 않는 것이 좋겠다. 세 시간이나 먹는 아이는 절대로 정상적인 경우가 아니다. 그런 말에 위로 받아 아이의 잘못된 식습관을 계속 방치해서는 안 된다. 소아비만이나 저신장, 식습관에 문제가 있는 아이들의 경우, 가족들의 잘못된 위로로 문제가 심각해지는 경우가 생각보다 많다.

패스트푸드만 찾는 아이

엄마가 패스트푸드를 좋아해서 그런지 종국이(만 5세)도 패스트푸드를 너무 좋아한다. 요즘 조금 고치기는 했는데, 두 달 전만 해도 매일 저녁은 햄버거로 먹었다. 지금은 그 정도는 아니지만 이틀에 한 번 꼴로 치킨을 먹고, 일주일에 세 번은 햄버거를 먹는다. 이렇게 먹어서인지 밥은 잘 먹지 않는다. 좋아하는 반찬이 있을 때는 앉은 자리에서 세 공기도 뚝딱인데, 그 좋아하는 반찬이라는 것도 소시지, 햄 같은 것들이다. 한번은 영양이 너무 걱정되어 패스트푸드를 완전히 끊어 보려고도 했지만, 시어머니나 친척들이 놀러 올 때마다 피자나 치킨 등을 시켜 주니 끊을 수도 없는 노릇이다. 다행히 아토피는 없지만, 먹는 양이 적지 않은데 변비가 심한 것이 섬유질이 부족한 패스트푸드 때문은 아닌가 싶다. 밥을 안 먹다 보니 자꾸 좋아하는 패스트푸드라도 먹이게 되는 것 같다.

패스트푸드, '일찍', '자주' 노출될수록 중독된다

패스트푸드는 맛과 향이 강하고, 달고 짜고 또 지방질이 많아 부드럽다. 태어날 때부터 단맛에 약한 아이들은 이런 패스트푸드를 좋아할 수밖에 없다. 패스트푸드를 먹다 보면 다른 음식의 간은 상대적으로 약하다고 느껴져 맛이 없다고 생각한다. 아이들의 이런 입맛 자체를 문제라고 할 수는 없다. 문제는 이런 패스트푸드에 중독되도록 방치하는 것이다. 아이들의 패스트푸드 중독 현상은 어린 나이에 일찍, 그리고 자주 노출시킬수록 강해진다. 엄마는 일주일에 세 번 햄버거를 먹고 두 번 치킨을 먹는 것을 걱정하지만, 종국이가 이대로 계속 패스트푸드만 찾게 되면 자랄수록 점점 선호도가 강하져 엄마가 제어하는 것이 불가능해질 것이다. 왜냐하면 패스트푸드는 단순한 음식의 선호 수준이 아니라 마약과 같이 나쁜 줄 알지만 스스로는 멈출 수 없는 '중독'을 부르기 때문이다. 그렇기 때문에 패스트푸드는 되도록 늦게 노출될수록, 또는 먹지 않을수록 좋다.

집안 어른들부터 패스트푸드를 끊는다

패스트푸드는 정상적인 미각 발달을 저해하여 더 짜고, 더 달고, 더 강한 맛을 원하게 만든다. 비만, 당뇨, 고혈압 등의 원인이 될 수 있으며, 쉽게는 충치도 일으킨다. 체중은 늘지만 체력이나 면역력은 오히려 약해져 각종 유행 질병에 우선적으로 걸린다. 패스트푸드만 먹다 보면 섬유질이 부족해지고, 고기 위주의 식단이다 보니 종국이처럼 변비가 생기기도 한다. 변비가 생기면 식욕부진이 같이 오는데, 어린아이의 경우 패스트푸드 외에 다른 음식은 전혀 안 먹는 편식을 가져온다. 그런데 아이들이 이런 나쁜 패스트푸드에 중독되는 것은 100% 어른들 책임이다. 종국이 엄마가 말했듯이 본인이 좋아해서 아이에게 일찍 노출시킨 것이 가장 큰 원인이다. 엄마부터 패스트푸드를 완전히 끊어야 한다. 엄마는 먹으면서 아이에게만 먹지 못하게 하는 것은 전혀 설득력이 없다. 그다음 엄마뿐 아니라 조부모나 친척들의 언행도 모두 통제해야 한다. 엄마는 애써 아이를 설득시켰는데 친척들이 갑자기 패스트푸드를 사 오면 아이의 식습관은 영원히 개선되지 않는다.

밥을 안 먹어도 패스트푸드는 금물!

밥을 먹지 않는다고 밥 대신 패스트푸드를 먹게 하는 것은 정말로 피해야 하는 식습관이다. 한식 위주의 반찬보다 소시지나 햄이 물론 더 맛있다. 하지만 밥을 안 먹는다고 자꾸 이런 것들을 주면, 아이는 조금만 안 먹고 버티면 더 맛있는 것을 먹을 수 있다는 생각에 밥을 더 안 먹게 된다. 나쁜 식습관을 고칠 수 없게 되는 것이다. 밥을 잘 먹었다고 해서 식사 중간에 피자나 치킨 등 지나치게 칼로리가 높은 음식을 먹이는 것도 금물이다. 아이는 이미 칼로리를 채웠기 때문에 정작 식사 시간에는 그다지 식욕을 느끼지 못한다. 이러한 규칙은 모든 가족, 친척들이 함께 지켜야 한다. 아이에게 가장 좋은 식단은 한식 위주의 식단이다. 하루아침에 패스트푸드를 끊는 것이 어렵다면, 패스트푸드에 엄마의 아이디어를 더해 아이의 입맛이 조금씩 건강식으로 변하도록 시도해 본다. 햄버거의 재료를 일부 건강한 식재료로 대체하거나 곁들어 먹는 음식을 건강식으로 제공하는 것이다. 예를 들어 햄버거에 넣는 가공식품인 소스를 과일소스로 대체하거나 신선한 채소를 더욱 듬뿍 넣어서 만든다. 두부나 생선살을 이용해서 햄버거 패티를 만들어 볼 수도 있다. 또한 햄버거를 먹을 때 콜라 대신 생과일주스나 고칼슘 우유를 곁들이는 것도 좋다. 햄버거 속 채소에는 집에서 직접 만든 과일을 갈아서 넣은 플레인 요구르트를 뿌려 주는 것도 좋은 방법이다.

아이의 식생활 X File ❾

먹지 말아야 하는 이유, 아이가 직접 듣게 한다

편식이 심하거나 패스트푸드만 찾을 때, 아이가 말을 알아듣는 연령이라면 나쁜 점을 직접 설명해 주는 것도 좋은 방법이다. 유치원이나 어린이집에서 배포하는 자료나 한국식품의약품안전청 홈페이지 등을 살펴보면 부모가 필요한 자료를 충분히 얻을 수 있다. 설명을 할 때는 아이의 언어로 아이의 관심사에 맞춰서 해야 한다. "햄버거만 많이 먹으면 얼굴이 햄버거처럼 변한대", "피자만 먹으면 코코몽에 나오는 완두돼지들처럼 키가 하나도 안 큰대" 하는 식으로 설명해 준다. 그런데 아무리 훌륭한 설명도 엄마나 아빠가 해서는 효과가 없는 경우가 많다. 그럴 때는 유치원 선생님이나 소아청소년과 전문의의 도움을 받는 것이 좋다. 유치원 선생님이나 의사 선생님에게 미리 내용을 전해 주고, 아이를 만나면 그 얘기를 꼭 해 달라고 부탁한다. 아이의 식습관을 교정하는 말들은 대부분 아이의 욕구에 반대되는 것이라, 부모가 말할 경우 강한 반감을 사기 쉽다. 올바른 식습관을 만든다고 너무 강경하게 나가면 자칫 아이와의 관계에 금이 갈 수도 있다. 이때 아이가 잘 따르는 전문가에게 그 일을 맡기면 의외로 쉽게 아이의 협조를 끌어낼 수 있다. 부모는 아이의 섭섭한 마음을 잘 보듬어 주면서, 아이의 입장에서 도와주듯 식습관 고치기를 진행하면 된다.

청량음료를 너무 많이 먹는 아이

은호(만 4세)는 얼마 전 치과에 갔다가 벌써 이가 네 개나 썩었다는 말을 들었다. 사탕도 과자도 별로 먹지 않지만 청량음료를 너무 좋아하는 것이 원인이었다. 돌 전부터 아이를 돌봐 주시는 할머니 할아버지가 장난 삼아 아이 입에 조금씩 맛보여 주신 것이 입맛이 되었는지, 너무 톡 쏘는 청량음료가 아니면 은호는 곧잘 마신다. 하루에 한 번, 아니면 이틀에 한 번은 한 잔 정도 마신다. 물은 하루에 청량음료를 마시는 정도밖에 마시지 않는다. 청량음료를 단칼에 끊어 보려고도 했으나, 안 주면 밥도 안 먹고 달라고 떼쓰는 것이 보통이 아니라 매번 지고 만다.

단 음식을 많이 먹을 경우, 비만, 식욕부진까지 올 수 있다

단맛에 빠진 전형적인 사례다. 아이가 사탕이나 청량음료 등 단 음식을 많이 먹을 경우 은호와 같이 충치가 생기는 것은 물론이고 비만, 식욕부진까지 올 수 있다. 심한 경우 주의력 결핍 장애와 과잉행동 등 다양한 이상 증세가 나타날 수 있다는 학설도 있다. 특히 0~3세는 아이의 뇌가 급격하게 발달하는 시기이고, 4~6세까지는 성인 뇌 용량의 95%가 형성된다. 이렇게 두뇌가 폭발적으로 발달하는 시기에는 그 어느 때보다 고른 영양 섭취가 중요하다. 때문에 0~6세 아이를 둔 부모라면 우선 아이가 좋은 음식을 잘 먹고 있는지를 체크하고, 그것 못지않게 좋지 않은 음식에 입맛을 뺏기고 있지는 않은지 살펴야 한다. 특히 단 음식에 지나치게 노출되지 않도록 관리해야 한다. 은호는 이미 청량음료에 많이 노출되어 있는 상태다. 은호를 위한 최선의 방법은 청량음료를 끊는 것뿐이다.

사다 놓지 않는 것이 최선이다

청량음료를 끊는 가장 확실한 방법은 주지 않는 것이다. 아이가 아무리 울고 떼를 써도 집에는 청량음료가 없다는 것을 인식하게 해 준다. 그러려면 일단 집에 사 놓지 말아야 한다. 집에 숨겨 놓았다가 들키는 날에는 아이가 청량음료를 더 열렬히 원하게 되고, 또 아이의 애원에 엄마의 마음도 약해질 수 있기 때문이다. '조절해서 주면 되겠지' 하고 숨겨 두고 조금씩 주다 보면 아이의 먹고 싶은 욕구가 더 강렬해진다. 따라서 과자건 청량음료건 먹이지 말아야 할 음식은 처음부터 사 놓지 말아야 한다. 또 집에 사다 두고 다른 식구들은 즐겨 먹으면서 아이한테만 주지 않는 것도 설득력이 없으므로 아이가 청량음료를 끊는 동안은 온 가족이 청량음료를 자제하는 것이 좋다. 청량음료뿐 아니라 주스도 너무 많이 주지 않도록 한다. 100% 과일주스 또한 과당이 농축되어 충치를 쉽게 유발하고 단맛에 중독되게 만든다. 주스의 경우 생후 첫 6개월간은 어떤 경우에도 주지 말아야 하며 6개월 이후 영유아 시기에도 하루 120ml를 넘겨서는 안 된다.

단맛에 대한 의존도, 서서히 낮추다 아예 끊어야 한다

완전히 끊는 것이 가장 좋지만 입맛이라는 것은 하루아침에 변하는 것이 아니다. 3~6개월 정도 시간을 두고 서서히 청량음료에 빼앗긴 아이의 입맛을 찾아와야 있다. 일단 청량음료를 끊기로 결심한 이상, 절대 사다 놓지 않는다. 대신 신선한 과일을 얼음을 넣고 갈아서 꿀을 조금 넣어 엄마표 음료수를 만든다. 만약 사각사각하는 과일 얼음 주스에 아이가 별로 흥미를 보이지 않는다면 권장하는 방법은 아니지만, 탄산수에 설탕을 약간 넣어 엄마표 청량음료를 만들어 줄 수도 있다. 탄산수에 설탕을 넣다 보면 아이가 좋아하는 설탕의 양이 엄청나다는 것을 발견할 것이다. 왜냐하면 한두 숟가락 정도로는 아이가 잘 먹지 않기 때문이다. 실제로 탄산음료에는 엄청난 양의 설탕이 들어 있다. 아이가 하루 종일 넉넉히 마신다면 아마도 각설탕 수 십 개를 꿀꺽 삼킨 셈이 될 것이다. 처음에는 아이가 잘 마실 정도의 설탕을 넣고 차츰 설탕의 양을 줄여 간다. 이때 초반에는 대체 감미료(프리스위트, 당알코올 등)를 조금 사용하는 것이 도움이 된다. 처음에는 보채고 힘들겠지만 이런 식으로 단맛에 대한 의존도를 낮춰야 한다. 대부분 3~6개월 정도 기간을 정하고 서서히 진행시켜 나가면 청량음료 중독을 해결할 수 있다. 은호 정도의 나이라면 청량음료의 나쁜 점을 구체적으로 이야기해 준다거나, 청량음료가 어떻게 치아를 상하게 하는지 시청각 자료로 설명해 주는 것도 괜찮다. 엄마표 청량음료와 병행하면 좀 더 빨리 식습관을 개선할 수 있을 것이다.

보너스 정보

식습관 트러블 일으키는 소아질병은 이것!

아이들이 식습관 트러블을 일으키는 원인의 중심에는 '부모'가 있다. 단맛을 선호하고 쓴맛을 거부하는 본능적인 입맛을 부모가 제대로 이해하지 못하고, 너무 강압적이거나 너무 허용적인 경우 아이는 식습관 트러블을 갖게 된다. 하지만 이것이 식습관 트러블을 일으키는 원인의 다는 아니다. 대부분의 식습관 트러블은 정서적인 것에서 기인하지만, 몇몇의 것들은 질병과 관련되기 때문이다.

간혹 질병으로 인한 식습관 트러블인데도, 정서적인 원인인 줄 알고 대처했다가 아이의 고생을 방치하는 경우가 있다. 아이가 아프면 당연히 식욕이 떨어지는 것을 트러블이라고 오해하는 것이다. 식습관 트러블을 일으키는 소아질병은 무엇이며, 엄마가 눈치챌 수 있는 방법은 무엇인지 알아보자.

식욕부진을 일으키는 급성 원인

갑자기 생긴 질병으로 밥을 잘 안 먹게 되는 경우이다. 이때 아이가 식습관 트러블을 일으키는 기간은 길어야 1주일에서 2주일 정도. 대부분 질병이 회복되면 잘 먹게 된다. 갑작스런 질병으로 인해 밥을 잘 먹지 않는 경우, 억지로 먹이기보다는 먹이지 않는 편이 낫다. 억지로 먹이게 되면 완치 후 저절로 없어질 식습관 트러블이, 질병이 나은 후에도 계속해서 이어지는 부작용을 낳을 수 있다.

열성 질환

감기는 물론이고 열을 일으키는 질환의 경우 아이의 밥맛을 앗아간다. 아이가 갑자기 밥을 잘 먹지 않고 늘어져 잘 놀지 않으며 열이 있다면, 전문의를 찾아야 한다.

급성 위장염

아이가 갑자기 열이 나거나 구토를 하고 복통을 호소하며 설사까지 한다면 급성 위장염을 의심할 수 있다. 이런 경우 대부분 갑자기 식욕이 감퇴한다.

급성 신우염

세균으로 인해 요로에 감염이 생길 경우에도 식욕이 떨어진다. 이 질병 역시 급성 위장염과 마찬가지로 구토와 열 증세를 보일 수 있다.

아프타 구내염

입안에 병이 있는 경우는 당연히 잘 먹을 수 없다. 아프타 구내염은 입안의 점막(입술, 혀, 입천장, 잇몸 등)에 둥근 모양의 궤양이 생긴 경우이다. 바이러스 감염에 의해 생긴다고 보는데, 이 구내염은 평상시보다 침을 많이 흘리고, 생각보다 많이 아프다. 아이들의 경우 아프타 구내염에 걸리면 이로 인해 음식을 잘 먹지 못한다. 대개 1~2주 정도 지나면 좋아지기는 하지만, 증상이 심한 경우는 통증을 줄이기 위해 약물을 바르거나 먹기도 한다.

헤르페스 잇몸 구내염

헤르페스 바이러스에 의해 입술 안쪽, 혀, 잇몸에 1~3mm의 조그마한 궤양이 여러 개 생기는 병이다. 이 구내염의 경우 열이 나기도 하고 아이가 다소 보챌 수도 있다. 물론 밥도 잘 먹지 못한다. 심한 경우 헤르페스 치료약을 먹는다.

아구창

아이의 입안에 허연 우유 찌꺼기가 끼어 있는 것 같다면 아구창에 걸린 것이 아닌지 의심해 봐야 한다. 구내염 중 아구창은 우유 찌꺼기 같은 흰 반점이 혀 등 구강 인두 점막을 덮고 있는 특징이 있다. 이런 경우 입안이 아파서 아이가 잘 먹지 못한다. 아구창은 곰팡이에 의한 감염이므로 자연 치유를 기다리는 것보다 아구창이 생긴 부위에 항진균제를 발라 주거나 치료약을 먹는 것이 좋다.

외상 구강 궤양

바이러스나 곰팡이 때문이 아니라도 아이 입에 구내염이 생길 수 있다. 실수로 볼 안쪽을 이로 깨물거나 뜨거운 음식을 잘못 먹어도 궤양이 생긴다. 이런 경우도 궤양이 없어질 때까지 아이가 잘 먹지 못한다.

식욕부진을 일으키는 만성 원인

아이가 밥을 먹지 않아서 각종 방법을 다 동원해 봤지만 효과가 없었다면 혹 만성적인 질병 때문은 아닌지 확인해 보아야 한다. 취학 전 아이들의 경우 철결핍성 빈혈로 인해 식욕이 떨어져 밥을 먹지 않는 경우가 종종 있다. 질병으로 인한 식욕부진은 그것이 일시적인 것이든 장기적인 것이든 그 원인을 파악하지 않으면 문제를 해결할 수 없다. 따라서 아이가 이유 없이 장기간 밥을 먹지 않을 때는 무턱대고 '잘 안 먹는 아이'라고 낙인찍을 것이 아니라 진료기관을 찾아 정확한 진단을 받아보도록 한다.

철결핍성 빈혈

생후 6개월에서 3세 경 아이들의 식욕부진 중 가장 흔한 원인이다. 모유, 분유, 우유, 미음만 오랫동안 섭취했거나 만성 설사, 흡수불량 증후군, 소화궤양 등이 있다면 철결핍성 빈혈에 걸릴 수 있다. 이외 미숙아이거나 아이의 성장속도가 너무 빨라 철 수요량이 갑작스럽게 증가하는 경우, 기생충, 소화궤양, 코피 등으로 인해 출혈이 있는 경우도 의심해 볼 수 있다. 아이에게 철결핍성 빈혈이 있으면 가장 먼저 나타나는 증상이 식욕부진이다. 기운이 없고 창백하고 쉽게 피로감을 느낀다. 잔병치레가 많은 것처럼 각종 감염이 잦을 수 있다. 철결핍성 빈혈은 소아청소년과를 찾으면 간단한 혈액검사로 알아낼 수 있으며, 철분제를 복용하면 단시일 내에 식욕이 좋아질 수 있으므로 의심된다면 빨리 검사를 받는다. 철결핍성 빈혈에 걸리지 않으려면 철분이 많은 음식(붉은 살코기)과 비타민C가 풍부한 음식을 챙겨 먹인다. 단, 정확한 진단 없이 함부로 철분제를 복용하지 않는다.

만성 변비

아이가 오랫동안 변비가 있어도 식욕이 떨어질 수 있다. 만성 변비를 앓고 있는 경우, 자주 배가 아프다고 말하며, 잘 자라지 않는다는 인상을 주기도 한다. 만성 변비의 원인은 섭취량 부족(저섬유질 식사, 탈수, 우유 과다섭취 등), 체질성 요인(대장 무력증), 환경적 요인(지나친 부모 간섭, 화장실 공포증), 심리적 요인(우울증) 등 다양하다. 치료하려면 무엇보다 과일이나 채소와 같은 섬유질이 풍부한 음식을 많이 섭취해야 한다. 하루 중 일정한 시간에 화장실에 가서 힘을 주는 습관을 들이는 것도 좋다. 변이 너무 딱딱해서 보기가 어려울 때는 배변 습관을 익힐 때까지 일시적으로 약을 복용할 수도 있다.

위식도 역류

음식물을 토하는 것으로 주로 만 2세 전 아이에게 나타난다. 적게 먹는 아이가 그나마 먹은 것을 토해 버리면 엄마들은 허탈해지게 마련. 하지만 심하지 않다면 너무 걱정하지 않아도 된다. 어린 아이들은 위에 도달하기 전 식도의 가장 아래쪽 근육, 즉 하부 식도 괄약근이 약하기 때문에 자주 토할 수 있다. 하부 식도 괄약근이 압력을 가지고 닫혀야 하는데, 압력이 떨어지면 내용물이 식도로 역류하게 된다. 아이들은 평상시에도 배에 힘을 많이 주거나, 과식을 하였거나, 삼투압이 높은 음식을 먹었거나, 심한 기침을 했을 경우 하부 식도 괄약근이 약해져 쉽게 토할 수 있다. 자주 토하는 아이들은 식도염이 생길 수 있고, 배나 가슴이 아프거나 밥을 먹으면서도 통증을 호소한다. 이런 경우 당연히 밥을 잘 먹지 못한다. 아이가 토하는 횟수를 줄이려면 되도록 걸쭉하게 먹이고, 머리를 높여 주어 배가 눌리지 않도록 해 주고, 진료 후 약(제산제, 위장 운동 촉진제 등)을 복용하면 도움이 된다. 만 3세 이상의 아이가 지속적으로 자주 토한다면 반드시 진료기관을 찾아 정확한 원인을 알아봐야 한다.

음식 알레르기

음식물 알레르기는 흔히 피부에 그 증상이 나타나지만, 토하거나 삼키기 힘들어하거나 배가 아프다고 하거나 통 입맛이 없어 하는 등의 행동으로 나타나기도 한다. 영아기의 흔한 알레르기 음식은 우유, 달걀, 땅콩, 대두 등이며 나이가 들면서 견과류, 생선, 갑각류 등에 알레르기를 나타내기도 한다. 음식 알레르기는 일단 원인 식품을 알아내어 피하는 것이 좋다. 영아기의 경우 생후 6개월까지는 모유만 먹이고 보충식이 필요하면 완전 가수분해 분유 등 특수 분유를 먹이도록 한다.

결핵, 기생충 등의 만성 감염

매우 드문 질환이기는 하지만, 결핵, 기생충 등의 만성 감염이 있어도 아이의 식욕이 떨어진다. 만성 감염의 경우 짐작만으로는 정확히 알 수 없기 때문에 아이가 이유 없이 오랫동안 밥을 먹지 않는다면 되도록 빨리 전문가를 찾아가 진단을 받는 것이 좋다.

도움말 | 박미정(상계백병원 소아청소년과 교수)

프로그램 소개

EBS 다큐프라임 〈아이의 밥상〉, 그 이상의 의미

아이들은 원래 그렇게 먹는다? NO!

"아이가 밥을 잘 안 먹어요"라는 제목으로 육아포털 사이트에 질문을 올려 보았다. 순식간에 수십 개의 댓글이 달렸다. "어쩜 우리 아이랑 똑같네요." "우리 아이보다는 나아요." "이런 방법 한번 써 보세요." "저런 영양제가 좋아요……." '아이의 식습관'이라는 화두를 던지면 부모들은 할 말이 많다. 먹지 말라는 것은 너무 많이 먹고, 먹으라는 것은 어떻게든 안 먹고 버티는 아이들. 앞에서는 먹는 척하다가 아무도 모르게 슬며시 뱉어 버리는가 하면, 그만 먹겠다고 약속해 놓고 어느 순간 다 먹어 버리기도 한다. 아이의 식습관은 아이의 성장이나 건강과 직결되는 만큼, 좋은 것은 먹이고 나쁜 것은 피하고 싶은 것이 부모 마음인데, 아이들은 부모 마음을 너무 몰라준다.

아이가 몸에 좋은 채소나 밥을 좋아하고, 과자나 사탕, 아이스크림, 패스트푸드, 가공식품 등은 싫어한다면 얼마나 좋을까? 부모들은 이런 바람으로 "어떻게 먹게 할까?"에 온 힘을 쏟아붓는다. 달래도 보고, 사정도 하고, 협상도 하고, 혼내기도 하면서……. 사실 아이 먹이기 혹은 식습관에 관한 책은 많다. 월령별로 알맞게 먹이는 법, 필요한 식습관, 요리 만드는 법, 아이 몸에 좋은 식품 재료 목록, 필요한 먹이기 도구, 도움이 되는 그림책, 편식 다루는 법, 비만아 다루는 법 등 이미 보도된 기사나 연구 논문, 육아서적만으로도 먹이기에 대한 정보는 넘쳐난다. 하지만 넘쳐나는 정보에도 불구하고 효과를 본 부모들은 별로 없다. 아이의 잘못된 식습관은 아주 잠깐 변화된 모습을 보이지만 금세 제자리로 돌아오고 만다. 각종 수단과 방법을 다 동원해 '아이 먹이기 문제'에 집중하던 부모들은, 어느 시점이 되면 '아이들은 원래 그렇다'라는 자포자기식의 결론과 함께 백기를 든다. 기존의 정보 또한 식습관 해결책의 전제는 '아이들은 원래 그렇게 먹는다'였다. 하지만 '원래 그렇다'는 무책임한 전제는 어떤 근원적인 해결책도 제시하지 못했다.

아이의 식습관 속에는 '부모'와 '아이'가 숨어 있다

아이들은 왜 그럴까? 밥은 먹지 않고 과자, 초콜릿, 사탕만 먹으려 하고, 몸에 좋은 채소는 뱉어내면서 피자나 닭튀김은 배가 터질 때까지 먹는다. 〈아이의 밥상〉 제작팀은 아이의 식습관을 하나하나 역추적하며 원인을 찾았지만 아이들이 왜 그렇게 먹는지에 대한 정보는 생각보다 적었다. 결국 외국에 나가 일일이 전문가들을 찾아다니며 취재하고, 직접 실험 조사를 한 지 거의 1년 만에, 아이의 식습관에 대한 놀라운 비밀을 찾아낼 수 있었다. 당연하다고 생각했던 아이의 식습관 하나하나가 모두 이유 있는 것이었으며, 그것들은 그저 당연한 것이 아니라 어쩔 수 없이 당연한 것이었다. 아이들이 과자, 초콜릿, 사탕, 패스트푸드, 요구르트 등에 열광하는 것은 그 속에 있는 단맛 때문이다. 단맛을 싫어하는 아이는 거의 없다는 것을 우리는 잘 안다. 하지만 그것은 아이라서 원래 그런 것이 아니라 원시 인류의 유전자에서부터 비롯된 프로그래밍의 결과였다. 아이 식습관 트러블의 원인을 하나하나 밝혀 나갈수록 제작팀은 놀라움을 금할 수 없었다. 아이의 식습관은 알면 알수록 단지 '먹는 것'만의 문제가 아니었기 때문이다. 아이의 잘못된 식습관에 앞서 아이의 본능적인 입맛에 대처하는 부모의 태도가 있었고, 숨어 있는 아이의 마음이 있었다. 제작팀은 아이의 잘못된 식습관을 본질적으로 해결하기 위해서는, 결과에 맞춰진 대책이 아니라 원인에 맞춰진 보다 근본적인 이해가 필요하다고 생각했다.

아이의 식습관 문제, 음식과 심리의 상관관계로 풀다

제작팀은 우선 단맛을 좋아하고 쓴맛을 싫어하는 아이의 비밀을 밝힌 뒤, 부모들이 아이의 식습관에서 가장 문제 삼는 편식과 과식에 대해 취재했다. 모든 취재에서 가장 우선했던 것은 아이의 심리와 부모의 태도였다. 이렇게 탄생한 국내 최초의 음식 심리 다큐 〈아이의 밥상〉은 학계는 물론 일반인에게까지 음식과 심리의 상관관계를 재미있게 그려냈다는 호평을 받았다. 지금까지 그 누구도 아이의 식습관을 바로잡기 위해서 아이의 입맛과 아이가 가진 특성을 거론하지 않았다. 〈아이의 밥상〉은 아이와의 밥상 전쟁을 끝내기 위해서는 무엇보다 아이의 마음을 읽는 것이 중요하다는 강력한 메시지를 전한다. 식습관 개선은 강요보다는 이해하는 마음으로 접근해야 한다. 프로그램을 시청한 사람이라면 누구나 아이의 잘못된 식습관이 전적으로 부모의 책임은 아니지만, 부모의 역할이 무시할 수 없을 정도로 크다는 사실을 깨달았을 것이다.

이 책은 방송을 보면서 느꼈던 감동을 한층 더 업그레이드했다. 방송에서 다 하지 못했던 아이의 심리와 식습관에 대한 이야기를 더 깊이, 더 자세히 다루었다. 미처 소개되지 못했던 조사 결과를 추가하고, 배제되었던 아이들의 다양한 식습관 트러블 예를 보여주고 소아청소년과 교수, 아동심리학자, 임상영양사, 소아 한의사 등 학계의 전문가들이 직접 참여해 해결책을 제시했다.

아이를 위한, 아이에 의한, 진짜 밥상을 차리다

지금까지 우리 아이들의 밥상은 아이의 마음을 이해하지 못하는 어른들의 밥상이었다. 책으로 출간된 〈아이의 식생활〉에서는 아이를 위한, 아이에 의한, 진짜 아이의 밥상을 소개한다.

챕터 1 〈왜 아이들은 단맛에 열광할까?〉 편에서는 아이들의 단맛 본능을 이해하고 그것에 대처하는 방법을 다룬다. 아이들의 식습관 트러블의 대부분은 '단맛 선호'에서 기인한다. 단맛을 좋아하는 아이는 단맛만 찾고 밥을 잘 먹지 않는다. 단맛이 가진 강한 자극 때문에 다른 맛은 거들떠보지도 않는 것이다. 아이들은 왜 단맛을 이토록 좋아하는 걸까? 그것은 본능일까, 후천적 학습일까? 다양한 실험을 통해, 부모들이 궁금해하는 단맛의 비밀을 풀어 본다. 아이의 단맛 선호는 다분히 본능적인 것이다. 하지만 부모의 대응 태도에 따라 단맛 본능은 상식적인 선을 유지하기도 하고, 문제가 될 만큼 강해지기도 한다. 생각보다 높은 칼로리를 지닌 단맛으로부터 밥맛을 지키는 근본적인 방법을 탐구한다.

챕터 2 〈네오포비아 그리고 푸드 브리지〉 편에서는 단맛으로 인해 나타나는 식습관 트러블 중 '편식'에 대해 이야기한다. 우리는 흔히 까다로운 아이가 편식을 한다고 생각하지만 사실 아이의 편식은 자기 자신을 방어하기 위한 수단이기도 하다. 독으로부터 자신을 보호하려 했던 원시 인류처럼, 아이는 이물감이 들거나 쓴맛이 느껴지는 음식을 뱉어낸다. 아이들이 새로운 음식에 공포를 느끼고 거부하는 것을 '네오포비아'라고 한다. 네오포비아는 아이의 편식에 결정적인 역할을 하는 것은 물론, 아이의 자존감에도 영향을 미친다. 아이의 네오포비아 성향이 강한 시기는 아이의 자존감이 형성되는 시기이기도 하다. 그렇기 때문에 아이의 식습관은 아이의 인성 전체에 영향을 미칠 수 있다. 네오포비아를 극복하려면 아이가 싫어하는 음식을 단계적으로 제시하는 '푸드 브리지' 방법을 활용하는 것이 도움이 된다. 챕터 2에서는 편식에 숨겨진 아이의 심리를 이해하고, 푸드 브리지로 아이의 편식을 해결하는 방법을 일러 준다.

챕터 3 〈우리 몸속 1인분 계측기〉 편에서는 부모들이 가장 걱정하는 식습관 트러블 중의 하나인 '과식'에 대해서 다룬다. 우리 아이는 왜 과식하게 되었을까? 적게 먹는 아이의 부모는 적게 먹어서 걱정이지만, 반대로 한없이 먹는 아이를 보면 그 또한 걱정스러울 수밖에 없다. 분명 돌 전의 모든 아이들은 먹을 만큼 먹고 혀로 젖꼭지를 밀어냈다. 그런데 어느 순간 아이는 주변 환경의 조건에 따라 고무줄처럼 먹게 되었다. 비밀은 '시각'에 있다. 아이들은 만 3세부터 배가 아니라 눈으로 포만감을 느끼기 때문이다. 잘 먹는 아이가 비만아가 되지 않게 하려면 부모는 아이의 1인분 계측기가 사라지는 만 3세에 주목하고, 미리 대처를 해야 한다. 챕터 3에서는 아이가 자신의 1인분에 맞게 식사를 조절할 수 있는 방법은 무엇인지 해결책을 찾아본다.

챕터 4 〈밥상머리 전쟁, 끝내야 할 때〉 편에서는 아이의 다양한 식습관 트러블을 만날 수 있다. 아이의 식습관 트러블을 단맛, 편식, 과식으로 모두 설명할 수는 없다. 연령별로 좀 더 시시콜콜한 궁금증들이 존재한다. 아이가 돌이 지나지 않았다면 아이의 수유량을 걱정할 것이고 이유식이 한창이라면 이유식 진행에 궁금증이 많을 것이다. 떼를 부리기 시작하는 만 2세 이후라면 동생이 생긴 뒤 밥을 먹지 않거나, 음식을 씹지 않고 물고만 있는 아이의 행동이 걱정스러울 수 있다. 챕터 4에서는 아이 성장 과정에서 나타날 수 있는 다양한 식습관 트러블에 대한 맞춤 해법을 제시한다.

선천적인 아이 입맛도 '부모와의 믿음'으로 바뀐다

〈아이의 밥상〉의 기획 의도는 아이의 식습관 속에 숨어 있는 아이의 심리를 발견하는 것이지만, 최종적인 목적은 아이를 더 깊게 이해하는 데 있다. 그렇게 하기 위해서는 부모들에게 아이의 입맛을 자세히 이해시켜야 했다. 아이의 입맛은 원래 그렇다는 무책임한 설명만으로 아이의 마음을 이해하라고 요구하는 것은 무리이기 때문이다. 따라서 국내외 수십 개의 연구 결과를 분석하고 설명했고, 식생활의 궁금증을 밝혀내는 실험도 심리학, 의학, 영양학 전문가들의 자문을 받아 진행됐다. 기존의 식습관 정보가 아이의 입맛에 맞춰 아이를 다루는 법을 알려 주었다면, 〈아이의 밥상〉은 아이의 입맛을 이해하고 배려하는 법을 일러주었다. 이 책을 덮을 즈음 독자들은 분명히 아이의 식습관에 대해 전혀 다른 시각을 갖게 되었을 것이다.

이 책을 덮기 전, 한 가지만 기억해라. 아이의 어떤 식습관도 부모의 긍정적인 태도 하나면 쉽게 바꿀 수 있다는 것! 부모들은 아이를 탓하기에 앞서 아이가 왜 그렇게 되었는가를 생각해야 하고 아이의 마음을 이해하는 자세를 가져야 한다.

챕터 2에서 소개되었던 '맛없어 보이는 과자 실험'에서 제작팀은 아이들의 식습관에 대한 해법이 의외로 단순하다는 것을 발견했다. 제작팀은 단맛도 나지 않고 모양도 색깔도 아주 맛이 없어 보이는 못생긴 쿠키를 준비했다. 그리고 10분의 시간 간격을 두고 과자를 먹어 보도록 했다. 처음에 과자를 먹을 때는 엄마에게 얼굴을 찡그리면서 "이 쿠키는 너무 맛이 없어 못 먹겠다"는 반응을 보이도록 했다. 그리고 두 번째로 과자를 먹을 때는 정말 맛있는 표정으로 먹도록 했다. 이런 실험을 어른들에게 했다면 어땠을까? 똑같은 과자를 들고 상반된 반응을 보이는 것을 보며 의아하고 의심에 가득 찬 눈초리를 보냈을 것이다. 하지만 아이는 달랐다. 엄마가 주는 정보를 이성적인 잣대 없이 그대로 흡수했다. 엄마가 맛없게 쿠키를 먹었더니 그 쿠키를 맛없다고 생각했고, 반대로 엄마가 맛있게 먹었더니 그 쿠키는 맛있는 것이라고 믿었다. 아이의 식습관이란 이런 것이다. 복잡하고 많은 이론이 담겨 있는 듯하지만, 내 엄마가, 내 부모가 보여주는 반응이나 태도에 따라 아주 간단하게 바뀔 수도 있는 것이다.

내 아이를 바꿀 수 있는 마법사는 바로 '부모'다

식습관이든 문제 행동이든 어떤 육아 트러블이라도 부모가 아이의 마음을 진심으로 읽어 주고, 이해하고, 안아 주면 문제는 의외로 쉽게 해결된다. 하지만 부모라는 이름표만 달고 있다고 해서 아무나 이런 마법을 부릴 수 있는 것은 아니다. 부모와 아이 사이의 신뢰, 즉 '애착'이 전제가 되어야 한다.

전문가의 조언

식습관 개선을 위한
10가지 생활수칙

1 가공식품, 패스트푸드 대신 거친 음식을 먹어라

가공식품이나 패스트푸드는 혈당을 급하게 올려 빨리 허기지게 한다. 소시지, 동그랑땡, 참치캔 등의 가공식품은 육류 기름기의 5배라는 사실을 잊지 말자! 반면 섬유질이 많은 현미밥, 통밀빵, 나물 등은 포만감을 더 많이 주기 때문에 적게 먹고도 오랫동안 허기를 느끼지 않는다.

2 20번 이상 씹고, 20분 이상 식사하라!

밥을 빨리 먹으면 비만해질 위험성이 3배 이상이다. 빨리 먹을 경우 시간이 여유롭지 않아 더 많은 양을 먹게 되기 때문이다. 배가 부르다는 포만감을 느끼는 것은 뇌 시상하부 포만중추의 자극 때문인데, 이것은 식사 후 20분이 지나야 느낄 수 있다. 씹기 행위 자체는 뇌 발달에 도움이 된다.

3 아침밥은 반드시 먹도록 한다

뇌는 하루 에너지 20%를 먹어치우는 대식가이다. 따라서 에너지 소비량이 많은 아이들은 혈당을 잘 공급받아야 한다. 물론 한 끼 굶었다고 건강에 치명적인 영향을 주진 않지만, 허기를 느끼면 아이들의 집중력이 떨어져 학업 성적에도 영향을 미칠 수 있다. 뿐만 아니라 아침밥을 먹지 않으면 저녁에 폭식할 가능성이 높다.

4 매일 색깔이 다른 채소, 과일을 섭취하라

패스트푸드, 가공식품을 완전히 끊는 것은 힘들다. 만약 불가피하게 먹게 될 경우, 채소와 함께 섭취하는 것이 좋다. 칼로리는 낮지만 포만감을 주기 때문에 과식하는 것을 막아 주기 때문이다. 또한 채소 속 섬유소의 경우 단순히 변비를 예방하는 것뿐만 아니라 지방의 체외 배출을 돕는 강력한 힘을 갖고 있다.

5 칼슘 1일 허용치를 반드시 섭취하라

칼슘이 많이 든 멸치, 저지방우유(반드시), 브로콜리를 충분히 섭취하도록 한다. 칼슘은 뼈 성장뿐만 아니라 몸 속 내장지방을 몸 밖으로 배출시키는 역할을 한다. 식단에 칼슘이 더 많이 포함될수록 더 많은 지방을 배출시킬 수 있다. 칼슘은 집중력과 기억력 향상, 과잉행동 제어 등 뇌기능에 긍정적인 영향을 미친다는 연구 결과까지 발표되고 있다.

6 최소 이틀에 한 번, 30분 이상 걷기 운동을 하라

운동은 매일 하는 것이 가장 좋다. 지방이 분해되는 데 걸리는 최소 시간은 20분, 따라서 한 번에 30분 이상 운동하는 것이 좋다. 이런 운동의 효과는 48시간 지속된다. 따라서 매일 혹은 최소 이틀에 한 번 30분 이상씩 운동을 하는 것이 가장 효과적이다. 자전거 타기보다는 걷기 등이 훨씬 더 효과적이다.

7 식사일지를 꼭 쓰도록 한다

식사일지는 어떤 음식을 얼마나 먹고 있는지에 대해 자신이 인식하도록 하는 가장 좋은 방법이다. 매일 같은 음식이라 생각하지만 칼로리나 양은 다르다. 특히 소아청소년의 비만 원인으로 지목되고 있는 간식 섭취량도 정확히 알 수 있다. 식사일지 자체가 식생활을 바꾸는 데 큰 자극제가 될 수 있다.

8 식사 후 바로 양치질을 하면, 군것질을 끊을 수 있다

치아의 성분은 대부분 칼슘으로 이루어졌다. 음식 섭취 후 양치질을 하지 않으면 음식의 잔여물들이 치아를 부식시켜 충치가 생긴다. 충치예방을 위해서라도 식사 후 양치질은 필수! 또한 양치질을 하면 간식 등 군것질도 끊을 수 있다.

9   단 과일은 오히려 해가 된다

단맛이 나는 과일은 부드럽고 선호도도 높다. 하지만 과일이라고 해서 다 살이 찌지 않는 것은 아니다. 단맛 나는 과일은 당이 높아 오히려 더 살이 찔 수 있다. 과일은 달지 않은 것으로 섭취하는 것이 좋다.

10   야식은 최대의 적! 일찍 자고 일찍 일어나 다음날 아침에 먹어라

밤에 먹는 야식은 다이어트 최대의 적! 음식을 섭취하면 칼로리만큼의 활동량으로 소화를 시켜야 하지만 대부분의 사람들은 야식을 먹은 후 앉아 있거나 바로 잠자리에 든다. 이럴 경우 다음날 식욕이 없어 아침밥을 거르게 되며 밤에 또 다시 야식을 찾게 되는 악순환이 반복되기도 한다. 맛있는 음식이 있거든 밤에 꽁꽁 숨겨 두었다가 아침에 먹자. 음식을 먹고 싶어서라도 일찍 일어나게 될 뿐 아니라 식욕도 좋아진다.

〈아이의 밥상〉 전문가 소개

책과 방송에 도움 주신 분들

도움말 및 감수

박미녀	분당 함소아한의원 영양사
박미정	인제대학교 상계백병원 소아청소년과 교수
신동길	서초 함소아한의원 대표원장
이지정	인제대학교 상계백병원 영양사
채경선	성산효대학원대학교 가족상담학과 교수

자문

김근영	한림대학교 심리학과 교수
양재혁	관동대학교 의과대학 산부인과 교수
여승근	경희대학교 부속병원 이비인후과 교수
오세희	서울대학교 보건대학원 연구원
이기형	고려대학교 의과대학 소아청소년과 교수
임문환	인하대학교 부속병원 산부인과 교수
임종한	인하대학교 부속병원 산업의학과 교수
정윤경	가톨릭대학교 심리학과 교수
조경덕	서울대학교 보건대학원 환경보건학과 교수
조영제	부경대학교 식품공학과 교수
최종순	고신대학교 의과대학 가정의학과 교수
현미숙	하우코칭 대표. 부모코칭 전문가

해외자문

게리 베넷	듀크대 신경심리학과 교수
대니얼 레인	존스홉킨스대학교 생화학과 교수
브라이언 완싱크	코넬대학교 소비자행동학과 교수
사카모토 미네시	일본 국립 미나마타병 연구소 박사
사토시 사사키	도쿄대 의학부 교수
제인 하이타워	수은중독 전문의 박사
조셉 히벨른	미국 국립 보건원(NIH) 박사
줄리 메넬라	모넬화학감각센터 연구원
폴 로진	펜실베이니아대학교 심리학과 교수
하라다 마사즈미	구마모토대 복지환경학과 교수

그리고 도움 주신 모든 분들께 감사드립니다.

*이름 표기는 가나다순입니다.

〈아이의 밥상〉 제작진 소개

제작본부장	이상범
책임프로듀서	이연규
글·구성	김미지
취재작가	홍민혜
내레이션	최유라
해외리서치	신이은·한지원·김지현
실험리서치	김연진
해외코디	장정훈·이종수·권장호
촬영감독	정재호
촬영보	김태성
6mm 촬영	변종석
야외조명	준조명·토비야
기술감독	김필수·정장춘
특수편집	한명진·박남일
NLE편집	변종석·손승원
음악	이미성·이승진
효과	이용문
특수영상	윤영원
컴퓨터그래픽	정은영
문자그래픽	이민정
세트디자인	최원석
소품	이희신·조영순
타이틀제작	윌픽처스
조연출	장영란·김주성
연출	김광호